幼儿园

自主探究式主题课程

何成文 主编

中国农业出版社
农村读物出版社
北京

编　委　会

　　党的二十大报告指出，教育、科技、人才是全面建设社会主义现代化国家的基础性、战略性支撑。从学前教育的角度出发，学前教育工作者要准确把握学前教育基础素质标准，在坚持五育并举，支持幼儿全面发展上着力；站在全面提高人才自主培养质量的高度，坚持为党育人，为国育才，勇担造就拔尖创优人才的学前教育使命，在德才兼备、自主创新培养队伍上着力；坚持以人民为中心，建设高质量幼儿园教育体系，满足人民"幼有所育""幼有优育"的美好期盼，在办人民满意的优质教育上着力。

　　立德树人是教育的根本任务，是发展中国特色社会主义教育事业的核心所在，是培养德智体美劳全面发展的社会主义建设者和接班人的本质要求。而课程是教育思想、教育目标和教育内容的主要载体，集中体现国家意志和社会主义核心价值观，是学校教育教学活动的基本依据。课程质量决定了教育的高质量，决定了幼儿园保育教育的高质量。习近平总书记在全国教育大会中强调，培养什么人，是教育的首要问题。教育必须把培养社会主义建设者和接班人作为根本任务，这也是教育现代化的方向目标，是学前教育的基础工程。

　　在这种教育改革的大背景下，北京市第四幼儿园长阳分园致力于课程改革实践探索，深入贯彻习近平总书记关于教育的重要论述以及全国教育大会精神。几年来，在上级领导的正确指导下，紧紧抓住课程建设这一载体，开展了自主探究式主题课程实践探索，依托党建引领高质量教育发展思路，把握幼儿教育规律，遵循以自主探究培养完整儿童的课程理念，确立了培养德智体美劳全面发展、知情合一、自我实现的完整儿童课程目标，定位一日生活皆课程，丰富完善课程内容。

北京市第四幼儿园长阳分园（以下简称四幼分园）于 2013 年 5 月成立，是北京市三年行动计划普及普惠安全优质的历史见证。2015 年 7 月，为扩大优质教育资源覆盖面，让更多幼儿享受优质教育，四幼分园建起了分园二部，现一园两址、24 个教学班、720 余名幼儿。建园 10 年来，四幼分园人承担着历史责任与使命，以高起点、高标准、高质量为目标，秉承温馨挚爱、精心养育的办园理念，落实幼儿至上、精心养育、优质办园、追求卓越、示范引领、服务社会的办园宗旨。2015 年晋升为北京市一级一类幼儿园，2017 年 11 月被北京市教委认定为北京市示范幼儿园，2021 年被认定为综合督导评估 A 级园和北京市教育科研先进单位；连续 9 年荣获房山区综合素质教育评价一等奖，被评为房山区人民满意标兵学校；连续 6 年被评为房山区教育优质校，基层党组织先进单位、文明单位，荣获"教工团支部青年文明号"和"五四红旗团支部"等荣誉称号。

自建园以来，四幼分园始终围绕"一日生活皆课程"的教育理念，把课程建设作为园所发展的生命线，本着严谨求实、和谐精进的工作作风，研究支持幼儿园持续、稳步、快速发展的园本课程建设之路。

回顾自主探究式主题课程的建构过程，大致可以划分为四个阶段。

第一阶段：结合新建园特点，关注一日保教活动科学规范开展

2013 年，建园初期围绕"规范科学的一日生活保教常规、为幼儿创设温馨流动的活动空间、支持幼儿自主有序活动"开展研究，即实现生活活动中的温馨、自由、宽松、有序，提高幼儿自理能力，夯实稳定的生活常规，培养自我服务能力，增强为他人服务的本领。

科学规范的一日保教活动挖掘了一日生活的教育价值，为后期理念落实、课题研究、课程架构等打下了良好基础。

第二阶段：以落实《3-6 岁儿童学习与发展指南》精神为契机，关注游戏和生活的独特价值

2015 年落实《3-6 岁儿童学习与发展指南》精神，幼儿园"以游戏为基本活动"，在教育观念上实施破冰之旅，突出幼儿"自由自主释放天性的自发性游戏"。回归游戏本源，依据华爱华教授"游戏就是放手让孩子自己去玩，教师只要管住手、管住嘴"的理念，开展自发性游戏的研究，突出幼儿游戏时的"自由、自主、自选"，为孩子学习松绑，实现了由自发性游戏向自主游戏的过渡，积累了幼儿自主探究游戏活动的初步经验。通过研究，广大教师的教育观、儿童观及教育行为得到很大的转变，他们开始意识到"儿童是积极主动有能力的学习者"，教师要在放手、观察中关注幼儿在活动中的表现和反应，敏锐地察觉他们的需要，及时地以适当的方式应答，形成合作探究式的师幼互动。儿童观、教育观的转变为后期课题研究的推进奠定了坚实的基础。

第三阶段：以课题研究为手段，凝结自主、探究、发现课程特色

"十三五"期间，我园开展了北京市教育学会课题"一日生活中支持幼儿自主探究的实践研究""支持中大班幼儿自发性游戏的实践研究"的研究。有了前期研究的基础，课题研究更加聚焦"一日生活中的自主探究""充分挖掘一日生活的教育价值""幼儿自主性活动的教师支持策略""幼儿自主探究中的师幼互动策略"等。通过研究，广大教师不断明确：珍视生活和游戏的独特价值，将孩子的时间、空间还给孩子，孩子才能有自主探究的可能，师幼互动要以教师关注和了解幼儿的兴趣需要为前提。在全方位实践研究的基础上，总结提升出小雏鹰文化：温馨挚爱、严谨求实、和谐精进的管理风格；阳光、亲和、智慧的教师队伍；自主、探究、发现的课程特色；

自由、自主、自信、坚毅、勇敢、向上的儿童。

第四阶段：在房山区课程领导力项目建设中应势而生，构建全面育人课程体系，推进课程实践

课程改革是教育改革的核心。2019年房山区教委以课程领导力提升为抓手推动新一轮课程改革，以促进区内各学校转型发展，提升教育质量，以此提出了房山区中小学、幼儿园课程领导力提升工程。我园积极开展项目申报，并成为房山区课程领导力提升项目样本园。以全国教育大会提出的"培养德智体美劳全面发展的社会主义建设者和接班人"育人目标为引领，以小雏鹰文化作为课程建设的灵魂，确立了自主探究式主题课程教育实践。三年多来，从课程规划的编制与优化、课程体系建设、园本化的课程评价、课程管理与保障等几个方面推进研究。自主探究式主题课程尊重了幼儿"积极主动学习者"的主体地位，以主题活动统领幼儿一日生活活动（游戏、教学、生活、户外），体现了向一日生活要质量的初衷。

自主探究式主题课程的建设过程体现了我园对构建幼儿园高质量课程体系及奠基人才培养质量体系的不断追求。通过以上四个阶段，我们探索出了自主探究式主题课程结构体系、目标体系、资源开发、实施路径、评价体系，初步形成课程研究成果。

课程实践与探索始终在路上。出版此书，旨在鼓励、肯定、输出教育经验。由于水平有限，难免有疏漏和不足之处，希望各位幼教同仁提出宝贵意见和建议，我们也会不断深化研究，改进不足。愿我们在研究课程建设的道路上永不停歇，赓续新理念、新观点，取得更佳成绩，为幼儿全面发展做出应有贡献。

何成文

于2023年2月24日

目 录

第一章
自主探究式主题课程的确立

第一节　为什么要进行幼儿园课程建设

一、幼儿园课程建设的时代背景

党的二十大报告中指出，"教育、科技、人才是全面建设社会主义现代化国家的基础性、战略性支撑。""我们要坚持教育优先发展、科技自立自强、人才引领驱动，加快建设教育强国、科技强国、人才强国，坚持为党育人、为国育才，全面提高人才自主培养质量，着力造就拔尖创新人才，聚天下英才而用之。"这些论述，不单单强调了教育在全面建设社会主义现代化国家的基础性、战略性支撑地位，更是为各个学段办人民满意的高质量教育提出了新命题，"全面提高人才自主培养质量"成为各个学段培养人才的风向标。

2014 年教育部《关于全面深化课程改革 落实立德树人根本任务的意见》中指出，课程是教育思想、教育目标和教育内容的主要载体，集中体现国家意志和社会主义核心价值观，是学校教育教学活动的基本依据，直接影响人才培养质量。这一论述充分表明了课程在人才培养中的核心作用，课程影响着人才培养质量。

学前教育是终身学习的开端，是国民教育体系的重要组成部分，是重要的社会公益事业，是全面提高人才自主培养质量的根基。幼儿园的教育要为幼儿在未来的教育发展中奠定基础。向教育要质量，向课程要质量，需不断地思考与审视"幼儿园的课程是什么样的""什么样的学前课程能够服务筑牢人才自主培养质量的根基"。

二、幼儿园课程质量标准与特性

《幼儿园教育指导纲要（试行）》（以下简称《纲要》）中对健康、语言、社会、科学、艺术五大领域提出了总括性的课程目标，既讲情感、态度、能力，又讲知识技能。幼儿园教育应为幼儿一生的发展打好基础，幼儿园教育重在培养幼儿健康的体魄、积极乐观的性格、良好的社会性品质等。《3-6 岁儿童学习与发展指南》（以下简称《指南》）中提出，"关注幼儿学习与发展的整体性""尊重幼儿发展的个体差异""理解幼儿的学习方式和特点，幼儿的学习是以直接经验为基础，在游戏和日常生活中进行的。要珍视游戏和生活的独特价值""重视幼儿的学习品质"。《幼儿园保育教育评估指南》（以下简称《评估指南》）中对保育教育过程活动组织提出"关注幼儿学习与发展的整体性，注重健康、语言、社会、科学、艺术等各领域有机整合，促进幼儿智力和非智力因素协调发展，寓教育于生活和游戏中"的要求。基于对《纲要》《指南》以及《评估指南》的理解，幼儿园课程主要有以下特性：

（一）生活性

"幼儿一日生活皆课程"，生活性是幼儿园课程最基本的特性。生活是幼儿园课程内容的重要来源与实施途径。幼儿的年龄特点和身心发展的需要，决定了幼儿园教育目标与内容的广泛性，也决定了保教合一的教育教学原则。儿童只能在生活中学生活、在交往中学交往、在做人中学做人。所以，幼儿园课程带有浓厚的生活化特征，课程内容要来自幼儿的生活，课程实施更要贯穿于幼儿的生活。生活化的本质是通过课程，使幼儿真正处在一个自己的需要、兴趣、潜能可能得到发挥的世界里，使幼儿的生命更具活力地成长。课程生活化的典型特征是课程的具体性、直观性、主体性，课程从幼儿自然的发展规律中设定目标，从以自然态度面对的生活世界中寻找内容，以向现实经验的还原为指针确定实施的策略。[①]

（二）游戏性

游戏是幼儿的天性，是幼儿的基本活动形式，也是他们的一种重要的学习途径。在幼儿园课程中，学习与游戏的关系是辩证统一的。幼儿的游戏中蕴含着丰富的教育价值，能让幼儿在其中生动活泼、积极主动地学习与发展。因此，幼儿的游戏活动本身就是幼儿园课程结构中的重要形式，是实施素质教育的重要渠道。即使在教师专门设计、组织和指导的学习活动中，"游戏性"也是非常重要的，即要符合幼儿的兴趣，让他们在没有压力的情况下，生动活泼、积极主动、富有创造性地学习，并获得愉快的情感体验。为此，《幼儿园工作规程》中明确指出，幼儿园教育工作的基本原则之一是"以游戏为基本活动"。

（三）活动性和直接经验性

学科取向的课程定义是不适合幼儿园课程的，活动取向和经验取向的课程定义更适合幼儿园课程。幼儿园课程就是引导幼儿获得有益经验的过程。儿童心理学表明，儿童主要通过各种感官来认识周围世界，他们只有在获得丰富感

---

① 虞永平．学前儿童与幸福童年［M］．北京：教育科学出版社，2012：9.

性经验的基础上，才能形成对世界的理解和认识。幼儿的这种具有行动性和形象性的认知特点，使得他们与环境相互作用的活动成为其心理发展的基本条件，也使得幼儿园课程必须以幼儿主动参与的教育性活动为基本的存在形式。对幼儿来说，只有他们在活动中的学习，通过直接的经历、感知和相互作用，他们的学习才是有意义的学习，他们才能理解这种学习的价值。

经验性是最符合幼儿学习特点和规律的，也最适合幼儿的需要。所谓设计幼儿园课程就是设计和提供幼儿与课题相互作用的机会。只有关注经验的幼儿园课程，才能真正让幼儿体味幸福①。

(四) 整体性

幼儿园课程是连续的、发展的，而不是孤立的。幼儿园一日生活就是幼儿园课程，而生活是一个连续的整体，不只是反映人类知识体系中的某一部分。所以，教育内容也必定要互相连接成整体，不能四分五裂。陈鹤琴的"五指活动"指出，"五指是活的，可以伸缩，互相联系……课程是整个的，连贯的。依据儿童身心的发展，五指活动在儿童生活中结成一个教育的网，有组织有系统，合理地编制在儿童的生活上。②"同时，幼儿的发展是一个包括身体、认知、情感等多方面相互联系、相互制约的有机整体，他们是以"完整的人"的形象出现在课程中的，因此幼儿园课程必然应是一个整体，而不是以孤立地发展幼儿某一方面的技能为主要任务③。

综上所述，幼儿园课程建设不是静态知识的机械堆砌，也不是既成人类文化的简单筛选，更不是成人对幼儿学习内容的单方面决策。幼儿园课程建设必须从幼儿出发。幼儿园课程的实施是一个有目的、有计划、生动活泼的活动过程，在这个过程中，幼儿运用多种感官去感受、体验和表达，并获得有益的经验。

第二节　为什么确立自主探究式主题课程

一、自主探究式主题课程建设的理论依据

(一) 陶行知的教育思想

社会、自然、生活是陶行知的课程资源观。陶行知遵循"生活即教育""社会即学校"的主张，对课程资源认识的视野极为广阔。他说"我们的实际

---

① 虞永平. 学前儿童与幸福童年 [M]. 北京：教育科学出版社，2012：12.
② 北京市教育科学研究所. 陈鹤琴全集：第二卷 [M]. 南京：江苏教育出版社，1992：613.
③ 虞永平. 试论幼儿园课程及其特质 [J]. 早期教育，2001 (1)：4-6.

生活，就是我们全部的课程；我们的课程，就是我们的实际生活。""全部的课程包括了全部的生活，一切课程都是生活，一切生活都是课程。"陶行知课程视野中的课程资源观是丰富的，是多元的，是在生活中生成的。

陶行知还提出了"教学做合一"的思想。"生活现象之说明，即教育现象之说明，在生活里，对事说是做，对己之长进说是学，对人之影响说是教，教学做只是一种生活之三方面，不是三个各不相谋的过程。""教学做是一件事，不是三件事。我们要在做上教，在做上学。""教学做合一，以做为中心""行是知之始，重知必先重行"，陶行知强调"行"是获得知识的源泉。

（二）陈鹤琴的"活教育"思想

活教育方法。所谓"做"，并不限于双手做才是做。凡是耳闻、目睹（观察、调查研究）都包括在内，也就是我们通常说的"实践"。儿童要获得真实的知识，一定要"做中学"，而教师也应在"做中教"，共同在"做中求进步"。

活教育内容。以大自然、大社会为活教材，与实际紧密地结合。

活教育原则。"凡幼儿能做的，让他自己做；凡幼儿能想的，让他自己想"。

活教育中的"做"就是实践，只有在实践中，幼儿才能切身体会，获得直观体验。他提出的"十七条教学原则"突出了以儿童为学习主体的思想，体现了尊重幼儿的主体性，重视幼儿动手动脑，重视直接经验的价值等思想，奠定了幼儿园教育原则的基础。

（三）张雪门的行为课程

张雪门指出幼儿园课程的标准："课程须和儿童的生活联络。是有目的有计划的活动。"他说："生活就是教育，五六岁的孩子们在幼儿园生活的实践，就是行为课程。这份课程，完全根据于生活，它从生活而来，从生活而开展，也从生活而结束，不像一般的完全限于教材的活动。""从行动中得到知识，才是真实的知识；从行动中所发生的困难，才是真实的问题；从行动中所获得的胜利，才是真实的驾驭环境的能力。①"

从张雪门先生关于幼儿园课程的论述中可以看出，他主张尊重儿童的特点，必须联系儿童的生活，引导儿童在自然和社会的环境中学习，培养幼儿的生活能力。他将生活视为教育的源泉，一方面，幼儿园的教育源于幼儿的生活，其目标、内容、方法都要立足于幼儿的实际生活；另一方面，教育作为有目的的实践活动，要帮助幼儿在生活中学习获得经验。

---

① 戴自俺．张雪门幼儿教育文集（下卷）［M］．北京：北京少年儿童出版社，1994：456.

(四) 杜威的教育思想

美国的哲学家、教育家约翰·杜威提出了"教育即生活"的主张,他说:"生活就是发展,而不断发展,不断生长,就是生活。"但是,没有教育就不能生活,所以教育即生活。在他看来,最好的教育就是"从生活中学习""从经验中学习"。教育就是给幼儿提供充分生活的条件,而不问他们的年龄大小;教育就是儿童现在的生活过程,而不是将来生活的预备。当儿童出生时,教育就在无意识中开始了。这种教育不断发展儿童个人的能力,熏染他的意识,形成他的意识,形成他的习惯,锻炼他的思想,并激发他的感情和情绪。杜威还认为,生活就是生长,儿童的发展与成长就是原始本能生长的过程。他说:"生长就是生活的特征,所以教育就是生长;在他自身以外,没有别的目的。[①]"在他看来,教育绝不是强迫儿童去吸收外面的东西,而是要使人类与生俱来的能力得以生长。儿童教育的目的就在于,通过组织保证儿童继续生长的各种力量,以便使教育得以继续进行。

(五) 维果斯基的教育思想

维果斯基认为,儿童有两种发展水平:一是儿童的现有水平,即由一定的已经完成的发展系统所形成的儿童心理机能的发展水平;二是即将达到的发展水平,即借助于他人的启发帮助可以达到的较高水平。这两种水平之间的差异就是最近发展区。维果斯基强调教学不能只适应发展的现有水平,还应适应最近发展区,从而走在发展的前面,最终跨越"最近发展区"而达到新的发展水平。因此,教学的最佳效果产生于"最近发展区"。他还提出了"支架式教学"的理论,教师可采用教学支架,进行支架式教学,即在学生试图解决超出当前知识水平的问题时给予支持和指导,帮助其顺利通过最近发展区,使之最终能够独立完成任务。同时,他也强调"学习者是自主积极的学徒式学习者",不是被动的接收者。

二、自主探究式主题课程建设的实际需求

幼儿的"学习",无论是内容还是方式,都有自己的独特之处。《指南》中指出:"幼儿的学习是以直接经验为基础,在游戏和日常生活中进行的。"游戏是幼儿极有意义的学习过程和学习方式,而一日生活就是幼儿学习最重要的途径。紧紧把握住幼儿的学习特点,才能"以学定教",更有力地培养幼儿。幼儿的以下学习特点决定了开展自主探究式主题课程的必要性。

---

① 崔聚兴. 中外学前教育简史 [M]. 天津:南开大学出版社,2014:272.

（一）自主性学习

自主性是指个体依靠自身的力量实现自己合理选择的目标及愿望的能力，它贯穿于个体发展始终，是幼儿个体发展的重要内容之一[①]。埃里克森认为，在3~6岁这一时期，如果幼儿表现出的主动探究行为受到鼓励，幼儿就会形成主动性，这为他将来成为一个有责任感、有创造力的人奠定了基础。皮亚杰把儿童看作一个"独立的变量"，他认为知识是主体与外部世界不断相互作用而逐步建构的结果，是一个积极的建构过程，儿童要通过自己的活动，一再建构他的智力的基本概念和思维形式。钟启泉教授研究指出，"自主性并非单纯的教育目标，它同时以一个重要因素的身份存在于学习过程之中，自主性发展既应看作是教育目标，也是教育手段。"《指南》中明确提出学前教育应使幼儿"具有自尊、自信、自主的表现"。幼儿从3岁便开始出现自主意识的萌芽，幼儿园阶段的教育正是伴随幼儿自主性发展而开展的。学前期是个体成长发展的基础与奠基阶段，幼儿自主性的健全发展为其未来更好地融入社会、引领社会打下坚实的基础。

基于以上理论，我们总结出促成幼儿自主学习的几个条件。

第一，兴趣是幼儿自主学习的内驱力，能激发幼儿本身所具备的探索潜力和"渴望学习"的意识。随着课程开展，幼儿游戏的开展不再只有教师的指派和预设，而是由幼儿通过思考、协商、合作来完成的，整个过程也倍加鲜活。

第二，学习是幼儿用自己的方式来计划、实施、回顾生活中各个环节的游戏、生活内容，教师要为幼儿创设充分体现自主性、独立性的一日活动场景。

第三，在与环境、材料、教师、同伴之间的互动中，不断建构知识经验。幼儿在与他人、集体的相互作用中逐渐形成自我意识，激发主动性的萌芽。在与环境材料的相互作用中加工并建构对外界信息的认识。

基于此，我们将自主探究式主题课程开展中幼儿的自主性学习定义为：在幼儿一日生活中，幼儿依据自己的能力，在老师的支持下，自己决定、计划、实施、反思活动内容，依靠自己的力量获得发展的过程。

幼儿是天生的学习者，他们对外部世界充满好奇，渴望学习，渴望获得更多信息帮助他们理解周围的世界。自主性学习就是幼儿在兴趣的驱动下，个体主动探索的过程，是幼儿通过自行操作来建构知识体系和经验的过程。教师抓住幼儿这一学习特点，在一日生活和学习中培养、激发幼儿的自主性，使幼儿发自内心地与周围的环境材料互动，从而获得发展。

---

① 杨英，石一．"我是小主人"幼儿自主性实践课程研究［J］．学前教育，2021：2.

（二）探究式学习

施瓦布将探究式学习定义为："儿童通过自主地参与获得知识的成果，掌握研究自然所必需的探究能力；同时，形成认识自然的基础——科学概念；进而培养探索未知世界的积极态度。"有的重在强调在教师探究式学习过程中的指导作用，如徐学福认为"探究式学习是指在教师指导下，为获得科学素养以类似科学探究的方式所开展的学习活动。[①]"有的重在强调探究式学习的本质，如肖川认为："探究式学习就是从学科领域或现实社会生活中选择和确定研究主题，在教学中创设一种类似于学术（或科学）研究的情景，通过学生自主、独立地发现问题、实验、操作、调查、信息搜集与处理、表达与交流等探索活动，获得知识、技能、情感与态度的发展，尤其是创新精神和实践能力的发展的一种学习方式[②]"。任长松认为："探究式学习是指学生围绕一定的问题、文本或材料，在教师的帮助和支持下，自主寻求或自主建构答案、意义、理解或信息的活动或过程。[③]"《指南》要求幼儿"亲近自然，喜欢探究""具有初步的探究能力""在探究中认识周围事物和现象"。探究是幼儿的天性，是幼儿主要的学习方式和活动方式，具体表现是好奇、好问、好操作。探究式学习方式让幼儿走进生活，亲自操作、自主选择、主动探究、自由表达与表现。

基于以上理论，我们也总结出幼儿探究式学习的特点。

第一，探究式学习助力幼儿认知结构的发展及问题的解决，发挥幼儿潜能，关注幼儿学习创造性的培养，为创新精神和实践能力的形成和发展奠定基础。

第二，探究的内容与幼儿现实生活相联系，具有趣味性，并易于幼儿操作实施，能够吸引幼儿积极主动地参与和表现。

第三，探究式学习是一个过程，关注幼儿学习过程中的体验与感受，强调主体性人格的培养，使幼儿的天性得以发展、生长，使幼儿的多元智能得到全面发展。

据此，我们将自主探究课程的探究式学习概括为：以幼儿自主的发现、探究和解决问题为主的学习方式。探究式学习的意义在于满足儿童探究本能发现的乐趣，促进儿童积极思维，喜欢动脑发现问题、解决问题，形成科学态度和科学精神，追求真善美的情绪情感。

---

① 徐学福. 探究学习的内涵辨析 [J]. 教育科学，2002.3.
② 肖川. 论学习方式的变革 [J]. 教育理论与实践，2002.3.
③ 任长松. 探究式学习 [M]. 北京：教育科学出版社，2005.

第二章
自主探究式主题课程的组织与实施

第一节　自主探究式主题课程的组织结构

一、核心概念界定

以全人教育理念为依据，在课程开展过程中，我们首先对自主、探究式、主题课程的核心概念进行界定。

自主，即幼儿在一日生活中，依据自己的能力，在老师的支持下，自己决定、计划、实施、反思活动内容，依靠自己的力量获得发展的过程。贯彻陈鹤琴先生的思想——凡是幼儿能做的事要让幼儿自己做，强调动手、动口、动脑、动心、动眼，培养幼儿良好的自我意识（自信、自尊、自强、自立）。追求教育的最高境界，即培养具有自我发展意愿、自我教育、自我完善、自我发展能力的人。

探究式，即自主发现学习。探究式学习就是指一种以幼儿自主地发现、探究和解决问题为主的学习方式。幼儿探究是一种本能，具体表现是好奇、好问、好操作。

主题课程，是以一个话题为中心，以幼儿的兴趣需要进行延伸扩展，进而形成更多的话题和活动，在活动中贯穿五大领域培养目标。主题课程贴近幼儿生活，更具系统性、灵活性。

自主探究式主题课程，是围绕一个话题，以幼儿的生活经验与兴趣进行拓展而生成的系列活动。在活动中，最大限度地激发幼儿参与活动的主动性和积极性，支持幼儿提出问题、分析问题和解决问题，从而支持幼儿自主学习、自主发展的课程。

实施自主探究式主题课程，需体现德育为先、能力为重，强调培养幼儿的社会责任感、创新精神、实践能力。

二、目标内容确立

以立德树人为根本任务，践行"为党育人、为国育才"教育使命，依据全人教育理念，以幼儿发展为本，构建科学、系统、循环、反复、可持续研究的园本课程体系。课程在园所"小雏鹰"文化引领下，遵循"温馨挚爱，精心养育"的办园理念，秉持科学性、主体性、生活性、游戏性原则，课程设计基于儿童发展的整体性、全面性、主体性、个性化，遵循科学的教育观、儿童观、发展观，体现"生活即教育"的思想，支持幼儿全面、持续、富有个性的和谐发展。

　　自主探究式主题课程总目标，即培养德智体美劳全面发展、知情合一、自我实现的完整儿童。在自主探究式主题课程的实践中，基于幼儿身心发展特点和规律，以主题活动为切入点与组织形式，利用自然资源、社会资源、文学资源，师幼共同选择与建构主题活动内容。开展主题下的生活活动、游戏活动、集体活动、户外活动与家园共育活动，引发幼儿通过对主题涉及的现象、事件和问题进行探究式学习、合作式学习、体验式学习，从而达成认识启迪、情感浸润、自我实现的课程核心目标。

　　自主探究式主题课程活动分三类，自主认知类活动、自主感受类活动、自我实现类活动。每个主题活动持续时间基本为一个月，主题中均渗透五育和五大领域的教育目标。通过课程审议，教师支持幼儿自主地发现、探究、解决、实现，确保各班在每个学期内开展的3～4个主题活动。

　　在课程统整理论视阈下，以幼儿的发展为出发点，利用自主探究式主题活动支持幼儿认知启迪、情感浸润与自我实现，培养德智体美劳全面发展、知情合一、自我实现的完整儿童。

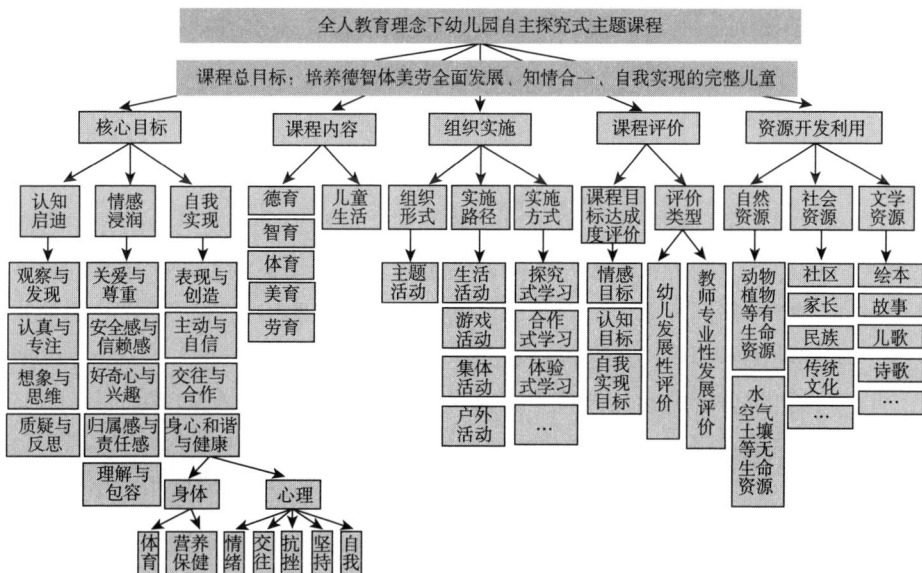

全人教育理念下幼儿园自主探究式主题课程

课程总目标：培养德智体美劳全面发展、知情合一、自我实现的完整儿童

核心目标
- 认知启迪
  - 观察与发现
  - 认真与专注
  - 想象与思维
  - 质疑与反思
- 情感浸润
  - 关爱与尊重
  - 安全感与信赖感
  - 好奇心与兴趣
  - 归属感与责任感
- 自我实现
  - 表现与创造
  - 主动与自信
  - 交往与合作
  - 身心和谐与健康
  - 理解与包容
  - 身体
    - 体育
    - 营养保健
  - 心理
    - 情绪
    - 交往
    - 抗挫
    - 坚持
    - 自我

课程内容
- 德育
- 智育
- 体育
- 美育
- 劳育
- 儿童生活

组织实施
- 组织形式
  - 主题活动
- 实施路径
  - 生活活动
  - 游戏活动
  - 集体活动
  - 户外活动
- 实施方式
  - 探究式学习
  - 合作式学习
  - 体验式学习
  - ……

课程评价
- 课程目标达成度评价
  - 情感目标
  - 认知目标
  - 自我实现目标
- 评价类型
  - 幼儿发展性评价
  - 教师专业性发展评价

资源开发利用
- 自然资源
  - 动物植物等生命资源
  - 水空土壤等无生命资源
- 社会资源
  - 社区
  - 家长
  - 民族
  - 传统文化
  - ……
- 文学资源
  - 绘本
  - 故事
  - 儿歌
  - 诗歌
  - ……

自主认知类主题活动，通过幼儿自主认知、感知感兴趣的新事物，形成新的认知和经验，进而获得自我实现的愉悦感、满足感。偏重以幼儿的观察与发现、认识与理解、想象与思维、质疑与反思为核心发展目标。此类主题活动的开展过程中，教师视角发生改变，由"以目标为中心，单一领域教育"转变为"抓幼儿兴趣需要，关注幼儿在自主发现中生发情绪情感"等，培养完整儿童的教育思想体现在教师的教育行为中。

自主感受类主题活动，通过幼儿自主情绪情感的生发，产生对新的认知感知的探索发现，再生发更深一层的情绪情感，最后达成自我实现的教育效果。偏重以幼儿的关爱与尊重，安全感与信赖感，好奇心与兴趣，归属感与责任感，理解与包容为核心发展目标。通过此类主题活动的开展，尊重、友爱、互助、分享、谦让等社会品质在幼儿的日常活动中表现得越来越多。

自我实现类主题活动，突出"任务—计划—探索—解决—自我实现"。这类课程偏重以幼儿的表现与创造、主动与自信、交往与合作、身心和谐与健康为核心发展目标。此类主题活动更能凸显幼儿在活动中的主体性，所有的环节都由幼儿自己设计和组织，过程中幼儿（小组）制订计划、实施计划、调整计划、合作完成计划，在体验集体活动乐趣的同时，增强了集体意识和凝聚力。

根据不同年龄段幼儿的身心发展特点、年龄特点，形成有侧重的小、中、大班情感浸润自主探究、认知启迪自主探究、自我实现自主探究阶段性目标。制定小中大班冬春季情感浸润自主探究、认知启迪自主探究、自我实现自主探究学期目标。同时，针对不同年龄段开展的主题活动，制订详尽的主题目标，在目标的引领下，开展自主探究活动，达成课程目标和师幼成长发展性评价标准。

在学期初，结合课程目标梳理出主题计划，在开展过程中追随幼儿的意图调整实施内容，学期末将开展过程中梳理出的主题活动案例形成课程案例，在下一次的主题课程开展中，针对不同的幼儿发展水平和方向进行适宜的调整或创新，形成偏向不同核心目标的探究式主题课程。

以下是研制分解的幼儿园自主探究式主题课程目标与主题内容细目。

班级	时间	课程目标	具体目标	主题名称
小班	9—12月	认知启迪	1. 对周围环境中的人、事、物和现象感兴趣,并有好奇心 2. 运用多种感官感知、探究环境中人事物和现象的多种特征和问题,自由表达自己的感受和发现	《幼儿园里有什么》《好玩的球》《有趣的图形宝宝》《冬天里有什么》《秋天来了》《冬天来了》《鞋子嗒嗒响》《颜色的秘密》《各种各样的糖果》《冬天来啦》《花生、花生》《哇!大南瓜》《多彩的小树叶》《我的小手》《红薯宝宝》《奔跑吧小车》
		情感浸润	3. 对各种活动的规则有初步的认知与探索 4. 认识经常接触的成人,感知他们对自己的关爱,初步懂得尊重为自己服务的人	《高高兴兴上幼儿园》《喜欢幼儿园》《你好!》《喜爱的秋果宝宝》《可爱的蚕宝宝》《好听的故事》《我喜欢的小鱼》《我喜欢的车》《样样小车都爱玩》《喜欢我的书朋友》《幼儿园我来啦》《温暖的小手套》《快乐过冬天》《甜甜的红薯》
		自我实现	5. 情绪比较稳定,有比较强烈的情绪反应时,能在老师的安抚下逐渐平静 6. 对环境中的人、事、物有积极的情感,喜欢探索与表现	《穿穿戴戴我最棒》《幼儿园是家》《我上幼儿园》《我是健康宝宝》《我会劳动最光荣》《我和嘟嘟熊学本领》《小小 本领大》《我是干净小超人》《能干的鼠小弟》《幼儿园里我最棒》《我是小能手》《香香的我》
	3—6月	认知启迪	7. 愿意遵守规则。感知规则的作用,初步形成遵守规则的意识 8. 逐步适应幼儿园生活,在规则的指引下,自主、安全地进行各种活动,增长能力	《颜色变变变》《哇!发芽了》《多种多样的水果》《蛋宝宝的秘密》《蜗牛的秘密》《美丽夏天》《我们的蔬菜朋友》《蔬菜多多》《春天的颜色》
		情感浸润	9. 在日常生活和游戏中,观察、模仿、探究与表现感兴趣的事物与问题,尝试加入自己的想象与创造	《宝贝一家亲》《相亲相爱一家人》《亲亲可爱的小蜗牛》《爱爸爸爱妈妈》《可爱的小兔子》《春天真美丽》《夏天真好玩》
		自我实现		《我是清洁小超人》《我和球宝宝》《我的书朋友》《我的小手真能干》《我吃的水果很健康》《我是玩球小能手》《夏天的花衣裳》
中班	9—12月	认知启迪	1. 喜欢接触新鲜事物,能对周围事物或现象进行观察比较,发现其相同与不同 2. 能根据观察结果提出问题,并大胆地质疑推理	《神奇的轨道》《多彩的叶子》《收集东收集西》《秋收里的发现》《冬天里的秘密》《小动物过冬》《有趣的盒子》《病毒的秘密》《我的身体》《有趣的书》《拜访大树》《探秘秋天》《玩具真好玩》

（续）

班级	时间	课程目标	具体目标	主题名称
中班	9—12月	情感浸润	3. 能较快适应人际环境中发生的变化。如换了新老师能较快适应 4. 爱父母长辈、老师和同伴，爱集体，感受他们对自己的爱，会用简单的方式表达自己对他们的爱	《快乐的节日》《欢欢喜喜过大年》《快乐采摘》《我喜欢……》《欢乐冰雪嘉年华》《有趣的恐龙乐园》《快乐升中班》《浓浓的敬老情》《我的家乡》《山丘上的约会》《快乐过冬天》《我和朋友在一起》《我喜欢的冬日节气》《我长大我快乐》
		自我实现	5. 经常保持愉快的情绪，愿意把自己的情绪告诉亲近的人，分享快乐或求得安慰 6. 积极主动与同伴交往，初步学会轮流、谦让、互助与合作，并能尝试解决游戏及生活中出现的问题	《我们一起做玩具》《我和冬天做游戏》《长大真神气》《小朋友们动起来》《冬天里的运动》《我的事情自己做》《游戏规则我来定》《盒子用处多》《垃圾分类小达人》《秋收冬藏》《我的新本领》《我的区域我做主》《我会用筷子啦》《我与海棠相遇》
	3—6月	认知启迪	7. 能按自己的想法进行游戏或其他活动。知道自己的一些优点和长处，并对此感到满意 8. 观察生活中各种不同事物，抓住其主要特征，用自己喜欢的方式表达对事物的深刻印象和情感体验	《神奇的袋子》《奇妙的风》《花花世界》《小种子的秘密》《认识为我们服务的人》《水的秘密》《海底小纵队》
		情感浸润		《我喜欢劳动》《温暖的家》《独特的我》《爱的节日欢乐多》《我爱为我们服务的人》《快乐夏天游戏多》《我和小种子一起长大》
		自我实现		《我爱劳动最光荣》《我劳动我快乐》《我学会本领我助人》《我要升大班了》
大班	9—12月	认知启迪	1. 对自己感兴趣的问题能主动尝试寻找答案。能通过观察、比较与分析，发现并描述不同种类物体的特征和前后变化，并用一定的方法验证自己的猜测 2. 能用数字、图画、图表或其他符号记录和归纳自己的发现 3. 爱集体，爱家乡，爱祖国。有集体荣誉感，尊重他人的劳动	《幼儿园里的树》《探秘树朋友》《小垃圾大奥秘》《独一无二的我》《神奇的影子》《百变的线绳》《小标志大用处》《中国知多少》《太空奥秘》《有趣的符号》《相反大比拼》《节气知多少》
		情感浸润		《长大真好》《我升大班啦》《我和我的好朋友》《合作真快乐》《快乐的节日》《我爱山楂果》《民族大家庭》《喜迎新年》《中国娃爱祖国》《我是中国人》《冬天的味道》《你好大树》《生活在北京》

（续）

班级	时间	课程目标	具体目标	主题名称
大班	9—12月	自我实现	4. 知道引起自己某种情绪的原因并努力缓解，能随着活动的需要转换情绪和注意力 5. 主动友好地与他人交往，体验分享、互助、合作的快乐和意义，掌握交往技能，能独立解决交往中的问题	《幼儿园里我最大》《小生活大智慧》《我的事情我来做》《我们共同的约定》《我和图书的故事》《我发现，我能行》《我的本领大》《我们的运动会》《我的图书世界真有趣》《动画城堡》
		情感浸润	6. 自己的事情自己做，遇到困难主动承担并解决。做了好事或取得了成功后还想做得更好	《春天里的⋯⋯》《图书里的秘密》《日历里的秘密》《环保小卫士》《我长大了》《小工具大妙用》《钟表的用处》
	3—6月	自我实现	7. 喜欢用各种方式表达自己的所见、所知、所想 8. 感知、体会和了解人们的生活与自然环境密切相关，懂得尊重和珍惜生命，保护自然环境。做力所能及的事情保护环境、爱护生命	《难忘的幼儿园》《我爱独特的我》《高高兴兴上小学》《我喜欢的毕业纪念》《爱我身边的⋯⋯》
				《我们班的毕业设计》《我独立我来做》《我要上小学了》《我来表演童话剧》《我们的艺术节》《变废为宝小达人》《我们的毕业典礼》《我是时间小主人》

第二节　自主探究式主题课程的实施流程

　　《指南》的"说明"中明确指出："要珍视游戏和生活的独特价值，创设丰富的教育环境，合理安排一日生活，最大限度地支持和满足幼儿通过直接感知、实际操作和亲身体验获取经验的需要。"然而在实践中，我们发现很多时候教师精心预设的内容并没有达到较好的效果，教师给予的并不是幼儿真正需要的。在自主探究式主题课程实践中，教师如何有效实施课程，是我们在不断探索思考的问题。我们使用案例研修以及研训结合的方式来转变教师的理念问题，达成教师与幼儿在主题活动开展中的角色共识。教师要尊重幼儿发展的水平，摒弃成人的权威和强势，给予幼儿充分的时间和空间去自主探索和尝试，把学习的主动权还给孩子。

一、了解幼儿的兴趣和意图，开展自主探究式课程

幼儿的兴趣和需要与幼儿园课程的生发紧密相连，而幼儿感兴趣的内容存在于他们的周围环境中。教师作为幼儿自主探究的支持者，需敏锐地捕捉幼儿感兴趣的内容，挖掘其潜在的教育价值，激发幼儿积极参与到主题活动中。在开展过程中，教师站在幼儿的视角，敢于打破原来的计划，根据实际情况来调整教育活动内容，使得幼儿能保持持续的兴趣进行一系列探究，促进幼儿学习能力和学习品质的培养。

基于幼儿的兴趣和需要，教师为幼儿创设探究的环境和宽松的氛围，投放丰富的材料，鼓励和肯定幼儿的探究行为，使得幼儿自主参与、自主学习、自由表达，从而获得自身的发展。

二、采用适宜的方式和策略，支持幼儿自主探究

在幼儿探究过程中，教师加入幼儿活动，认真倾听其想法，仔细观察其行为，并进行适时适宜的指导。当幼儿对周围的事物感兴趣的时候，引导幼儿对感兴趣的事物进行观察、比较、分析、判断。当幼儿在探索中发现问题时，观察其状态，在其遇到困难想放弃的时候，鼓励他或者与他一起去尝试、去思考，引发进一步的探究；当幼儿有了新的发现时，用语言给予幼儿充分的肯定，使幼儿在体验成功的同时继续深入探究。

三、支持幼儿经验的表达和交流，推进探索的深入

表达和交流是探究活动的一个重要环节，幼儿要把探究过程中的信息进行整理和分析，然后通过自己的语言来向别人表达说明，这是一个重要的思维过程。教师利用一日生活各个环节，给幼儿表达自己观点的机会。无论对错，教师要用赏识的目光去倾听、鼓励，通过引导幼儿关注个体探究结果的不一致，引发深入的思考，提升幼儿的知识经验。

四、利用白描式案例，进行有针对性的指导与评价

在主题开展过程中，教师通过观察幼儿的实际表现来分析不同幼儿的思维模式，再给予适当的指导。可以每天观察 3 个孩子，每个孩子观察 3 分钟，通过白描的方式重温幼儿游戏情况，在分析中了解幼儿的游戏意图，反思自己的支持策略是否适宜，从而对幼儿的游戏行为进行有效支持。

在主题活动"你好，小学！"中，幼儿想制作幼儿园的沙盘，当作离开幼儿园前的礼物。教师使用案例的方式记录幼儿在制作时发现的探究点，其中对不同位置使用材料的选择给予开放性的提示，引发幼儿对已有经验的调动；在

幼儿使用壁纸刀时，教师在给予支持的同时，引导幼儿注意安全；在一次次的区域点评中引发幼儿的思考和讨论……每一次白描都是为了下一次的活动做铺垫，教师在分析、支持幼儿的过程中助推幼儿明确目标指向的驱动性问题或挑战性问题，最终使幼儿自主地解决问题或完成目标任务。

五、多领域融合开展课程，塑造完整儿童

传统教育以领域教学作为教育方式，领域间的知识、经验是割裂的、零散的。而幼儿一日生活是一个整体，需要多种经验的整合运用和有效联结，形成系统的经验体系。在解决问题的真实需要中，幼儿对不同领域经验的需求会促成幼儿自主学习的动机，从而促进各领域自然的融合。[①] 自主探究主题课程打破了单领域教育方式的格局，教师注重五大领域的整合，帮助幼儿把日常生活中零碎的经验在特定的主题背景中加以整合，并在与教师、同伴的不断互动下，进行自己的探索活动，从而获得新的经验，促进幼儿的全面发展。

儿童的世界是儿童自己去探索、去发现的。在主题活动开展的过程中伴随着幼儿的问题、讨论、解决，之后会出现新的问题，进而生成新的活动，体现幼儿的自主发现、自主探究、自主解决的过程。在教师的支持下，幼儿的经验像滚雪球一样不断地丰富和调整，幼儿的自主探究行为也不断深入。

第三节　自主探究式主题课程的教师支持策略

一、有效支持幼儿自主探究

《幼儿园工作规程》中指出："幼儿园教育应当支持幼儿的自主选择和主动学习，激发幼儿学习和探究的愿望。"《评估指南》"师幼互动"条目中，多个考查要点中提到教师要善于观察，识别幼儿的发展点，并给予环境、材料、语言互动等支持策略，支持幼儿自主地、有深度地探究、学习。本书的自主探究式主题课程，以主题活动为载体，教师给予适宜的支持，让幼儿在探究过程中主动建构知识经验，得出自己的理解和假设，创造意义。

（一）创设物质环境和精神环境，追随幼儿的兴趣生成探究式主题活动

幼儿是有能力的、主动的学习者。自主探究式的环境能激发幼儿思考，调动幼儿经验，引发幼儿自主探究的游戏行为，他们在与环境的互动中建构经验、获得发展。因此我们要为幼儿创设良好的物质环境和精神环境，发挥环境

---

① 沈颖洁，傅蓉萍 . 发现课程——基于园本课程建设的孵化行动［M］. 杭州：浙江教育出版社，2021：11.

的教育价值，促进自主探究式主题课程的开展。

1. 有意识地创设环境。 在日常活动中，教师要随时根据幼儿的兴趣和教育的内容有意识地为幼儿提供环境支持。如随着季节的交替，活动室的环境装饰也要做相应的改变。秋天，教师与幼儿一起采集树叶、观察树叶，制作树叶粘贴画或树叶标本来装饰墙面。在制作的同时，幼儿发现不同大树的树叶结构是不同的，引发幼儿调查研究树叶还可以做什么，从而生成一系列生动有趣的探究活动。我们要注重物质环境的创设，也要让幼儿参与到环境创设的过程中，才能促进幼儿探究活动滚动式地发生。

2. 丰富的材料支持。 符合幼儿身心发展需要的环境能够激发幼儿思考，引发幼儿的行为与活动。而材料是幼儿开展探究活动的刺激物，也是幼儿实现主动建构对周围事物认识的中介和桥梁。因此，丰富的材料是支持幼儿自主探究的必要条件。

在主题活动"春天的故事"中，幼儿结合自己的生活经验，计划开展帐篷节，教师顺应幼儿的想法，为幼儿创设宽松的氛围，引发幼儿讨论怎样制作帐篷以及什么材料可以制作帐篷。教师引导幼儿将家中的帐篷带到幼儿园，通过观察了解帐篷的结构、特点，尝试有计划地探索搭帐篷的方法。经过讨论，幼儿商量出使用木棍、饮料瓶、酸奶盒三种材料来制作帐篷支架，再制作帐篷面围在帐篷支架上。教师又结合幼儿的需求，与幼儿共同搜集制作帐篷支架的材料和连接材料，在探索不同材料的使用方法中发现问题、解决问题，在此过程中逐渐形成受益终身的学习态度和能力。

3. 拓展幼儿的生活经验。 生活化是自主探究式主题课程开展的一个重要特征，课程的内容以及实施都不能脱离幼儿的生活。因为教育就蕴藏在幼儿的生活中，所以教师要关注幼儿日常的一些谈话或者一些有创意的想法。如在神州系列载人飞船升空时，幼儿一直都在讨论相关的问题，教师就可以创设宽松的氛围，引导幼儿来看火箭升空、飞船与空间站对接的视频，激发幼儿对航空航天知识的调查了解，进而开展制作太空舱等有关航空航天的主题系列活动。幼儿的生活经验丰富，才会主动地去探究、去表达，因此教师的倾听、观察、支持是非常重要的。

（二）利用一日生活环节支架幼儿的自主探究

1. 区域活动。 主题活动需要区域活动的支持才能开展得更加丰富充实。幼儿的兴趣点有时会在区域活动中出现、展开、延伸。在区域活动中，丰富的物质材料给幼儿提供了发展的机会和可能。

在开展主题活动"独一无二的我"时，通过在图书区阅读绘本《我的身体》，幼儿了解了健康的生活方式。后来幼儿想把这些保护自己身体的方式通过制作人体结构的立体大书展现出来并讲解给小中班的弟弟妹妹听。在得到全体幼儿的同意后，教师与幼儿共同搜集了大纸、KT 板，幼儿使用绘画的方法来表现食物在消化系统中的变化，选择吸管、塑料管制作大肠、小肠，使用肉色超轻泥当作骨骼，使用红色和蓝色扭扭棒制作了血液循环图，使用报纸团制作了立体的心脏和肺。在经过一系列的探究和制作后，讲解给弟弟妹妹听，幼儿特别有成就感。通过主题活动下区域活动的联动，教师为幼儿提供丰富的操作材料，幼儿通过自己的方式表达自己的认知，在游戏中拓展经验和视野。

2. 生活活动。生活中自主意识的养成，能够使幼儿形成良好的生活卫生习惯和基本的生活自理能力。教师要抓住生活中的探究契机，支持幼儿在日常生活的亲身体验中发现问题、解决问题。

在开展"小工具，大妙用"主题活动中，教师支持幼儿收集幼儿园可修理的破损玩具的想法，引发了一系列探究活动。幼儿发现幼儿园的篮球和自行车没气了，便找来打气筒和球针给篮球和自行车打气。在操作的过程中，探究玩具打气筒的进气孔、出气孔的构造及其作用。通过劳动发现篮球和自行车需要的打气工具不一样，并学会打气工具的使用方法。生活即教育，凡是幼儿能自己做的，教师有意识地让幼儿自己去做，促使幼儿去发现，从而激发出其自主探究的本性。

3. 集体活动。如果说区域活动是幼儿个性化游戏的体现，那么集体活动的开展就是为了让幼儿获得共性经验。自主探究主题下的集体活动是以解决主题下的探究点为主线而开展的教学活动。在教学活动中，教师根据幼儿的问题点设计关键性的提问，促使幼儿有目的地去发现问题、解决问题。

在开展中班"好玩的盒子"主题活动时，幼儿收集了大大小小的纸箱、纸盒。经过讨论，他们想把稍大一些的纸箱搬到操场游戏，但班里面的纸箱非常多，孩子们讨论着怎样搬运，于是生成了"搬箱子"的集体活动。教师在其中针对关键问题进行提问："这些箱子，有什么相同和不同？""这么多箱子，怎么能搬得更多？有什么新的方法？""咱们怎么才能一次就把这么多箱子都搬下去？"抽丝剥茧，逐层深入，激发幼儿积极主动地探究。教师对材料教育价值的分析支持了幼儿在三次递进式的探索中不断迁移已有经验，最终解决了把箱子搬到操场上的问题。自主探究主题下的集体活动为幼儿创造了一个互相学习、互相配合的良好环境，在宽松的氛围中达成教学目标，为幼儿的生活和游戏服务。

4. 户外活动。户外活动是培养幼儿自主探究能力的重要场所，对幼儿的身心发展也会产生直接的影响。在户外宽敞、自由的空间里，多种户外材料的投放，使得幼儿能尽情发挥创意与想象，在操作体验中探索。幼儿教师要善于观察、适时指导，针对不同水平的幼儿做出适宜的调整策略。

在"我们的运动会"主题活动中，幼儿结合自身经验，经过投票，准备开展 14 个项目的比赛，其中有一项是"男生女生向前冲"的单人闯关项目。在开展之前，幼儿选择材料做好设计单，在户外幼儿便开始设计路线、搬运材料，为游戏做准备。有的幼儿在搭好木板试玩的过程中，发现搭的木板有些高，通过讨论，教师支持幼儿合作将木板降低，完成户外游戏材料的组合，"男生女生向前冲"的单人闯关项目也顺利开展。在户外自主探究活动中，教师要精心呵护幼儿在游戏中的好奇心，抓住时机因势利导，为幼儿创设一个宽松、自主的环境，给幼儿调整材料的自由，使幼儿获得成功体验。

（三）巧用三类资源，开展自主探究式主题课程

随着课程的不断深入实践，课程与资源两者形成了相互关联、相互依存的关系。统筹自然、社会、文学三类课程资源，为形成循环式的课程开发与利用提供有力保障，促使幼儿在与自主宽松的环境、多元多样的材料的互动中激发自主探究兴趣，掌握学习方法，提升各方面的能力。

1. 自然资源。《纲要》中指出："教育活动内容要贴近幼儿生活，要充分利用自然环境和社区教育资源，扩展幼儿生活和学习空间。"幼儿与自然有一种天生的亲近感，教师为幼儿创设充满自然情趣的环境，最能激发幼儿参与自主探究主题活动。充分利用动植物等有生命资源以及水、空间、土壤等无生命的资源，如通过园中的山楂树、海棠树、种植园，班中养殖的蜗牛、小兔子、小乌龟，大自然中的影子现象、秋天的丰收等来开展相关主题活动。

2. 社会资源。幼儿园应依托社会生活环境，从儿童的视角来挖掘社会中幼儿所需的一切教育资源。这些教育资源潜藏着许多有价值的课程内容，不仅可以开阔幼儿眼界，丰富幼儿经验，拓展幼儿学习途径，还可以使幼儿更加关注周围的生活，关注社会的发展变化，为幼儿融入社会打下基础。社会资源包含社区、家长、民族、传统文化资源等，如开展"幼儿园是我家""我是大班哥哥姐姐""我们的社区""环保小卫士"等主题活动。

3. 文学资源。幼儿文学作品可以丰富幼儿的认知世界，加强幼儿的素质培养，提高幼儿的思考能力。课程中将文学资源纳入教学体系，教师选择适宜的文学作品，引导幼儿最大限度地理解其内涵，体会其中的教育智慧，并融合各个领域延伸开展系列主题活动，推动幼儿的全面发展。文学资源含有绘本、故事、儿歌、诗歌等内容，如开展"棒棒天使""圆圆的……""收集东收集西""好朋友"等主题活动。

（四）家园社联动，为幼儿自主学习保驾护航

著名教育家苏霍姆林斯基曾经说过："没有家庭教育的学校和没有学校的家庭教育都不可能完成一个极其细微的任务。"2021 年 10 月颁布的《中华人民共和国家庭教育促进法》也要求家长必须"依法带娃",有助于形成学校教育、家庭教育与社会教育的合力,促进幼儿身心健康成长,德智体美劳全面发展。教师在开展自主探究式主题活动时,要注重幼儿园与家庭、社区的联动,促进幼儿的自主学习。

家长作为幼儿信息的提供者、课程材料的支持者、主题活动的参与者、幼儿活动的督促者参与到课程开展中来。例如在大班主题活动"我们的运动会"中,幼儿想要了解奥运会的比赛项目,从而确定班中的运动会项目,教师便巧妙地请幼儿回家去调查,同时,幼儿将家中的运动器材带到幼儿园介绍给同伴。家长和幼儿调查、搜集的过程就是参与班级课程建设中的过程,幼儿的介绍也促进了幼儿间经验的传递。

社区是幼儿生活和学习密切接触的环境,蕴藏着丰富的学习资源。我们也将社区资源引入到课程中,结合家长资源开展实践活动,为幼儿的学习与发展服务。如新冠肺炎疫情下开展的大班主题活动"我是劳动日的小记者",通过线上的方式请幼儿思考劳动节的含义以及劳动者做的事情,幼儿提出可以通过调查、打电话等方法来了解劳动者做的具体工作。教师便发动幼儿在社区采访劳动者,家长们也积极和幼儿一起行动起来,设计调查问卷体验调查的过程。

二、滋养幼儿良好的学习品质

学习品质包括学习态度、学习习惯、学习方法、学习能力、学习行为等诸多要素。积极的学习品质是儿童学习的基础,是儿童发展的起点,是儿童终身学习的重要保障。《指南》指出:"幼儿在活动过程中表现出的积极态度和良好行为倾向是终身学习与发展所必需的宝贵品质。要充分尊重和保护幼儿的好奇心和学习兴趣,帮助幼儿逐步养成积极主动、认真专注、不怕困难、敢于探究和尝试、乐于想象和创造等良好学习品质。"自主探究式主题课程的开展,让我们看到了一个个鲜活的"有能力的学习者"形象。那么如何培养幼儿良好的学习品质呢?

(一)多样的主题活动是培养幼儿良好学习品质的重要途径

幼儿学习品质的养成可以体现在不同领域、不同内容、不同形式的具体活动中。通过自主探究式主题课程激发幼儿兴趣,培养幼儿的好奇心、主动性、专注性、坚持性、独立性、想象和创造能力、抗挫折能力等学习品质。主题活动开展的侧重点不同,突出培养的学习品质也是不同的。

本书将自主探究课程与五大领域、五育并举高度融合,集中体现为幼儿在游戏中自主发现、解决问题、提升经验,在此过程中逐渐形成珍贵的学习品质,幼儿呈现出更加自由、自主、全面发展的状态。如以节日为契机,开展红色主题活动，自主探究"爱"，培养热爱祖国、爱党爱他人的情怀；开展科学类主题活动，幼儿自主探究自然科学中的奥秘、科技创作中的智慧，在刻苦努力中培养持续专注、发现问题、解决问题等独立思考的能力和品质；开展与运动会相关的体育类主题活动，自主探究运动的快乐，感受热爱运动强体魄的精神，培养幼儿坚强的意志品质；开展热爱家乡等主题活动，自主探究艺术美，培养幼儿热爱美、向上向善的心灵；开展服务他人等主题活动，自主探究劳动的乐趣，培养幼儿热爱劳动的意识，讲文明、尊礼仪、爱劳动的良好品德在孩子们幼小的心灵中悄然形成。

（二）要尊重和保护幼儿的好奇心和学习兴趣，满足幼儿个性化学习品质的培养

学习品质在不同幼儿身上表现的方式是不同的。作为教师，要认识到每个幼儿的学习品质具有差异，而不同学习品质的培养需要依赖不同内容和形式的活动来达成，这就要求教师尊重每名幼儿不同的游戏行为表现，通过主题活动的开展来培养学习品质。

好奇心是幼儿学习和探究新事物最重要最持续的动力，是幼儿获得知识和发展能力的先决条件。对于幼儿的好奇心和兴趣，教师要加以尊重和保护，要不厌其烦地回应幼儿的问题，通过提问、设问、应答等方式满足幼儿的好奇心。幼儿的好奇心会随着环境的变化而改变，这也是引发主题活动走向的无数个转折点。教师需要尊重幼儿，耐心倾听幼儿的想法，从和幼儿的讨论中选择有价值的点来开展探究活动，通过一日活动来满足不同幼儿学习品质的个体差异需求。

（三）在师幼、幼幼的互动中，潜移默化地渗透良好的学习品质

从心理学的角度看，人与人之间的交流分享是人际交往的一部分。模仿是幼儿学习别人言行的重要形式。幼儿的学习品质很大程度上是通过对周围成人的观察、模仿学习形成的。教师要了解幼儿，通过有效的师幼互动、幼幼互动，积极解读幼儿的学习与发展。

第一，教师要为幼儿树立榜样，在幼儿游戏遇到困难时，要找准时机，与幼儿一起尝试、讨论，直到找到解决问题的方法。第二，要充分给予幼儿合作游戏、表达分享的机会，在幼儿经验分享、合作商量、同伴交流中形成学习共同体的资源，引发幼儿形成主动思考、积极体验的良好学习品质。虽然这种良好的学习品质是看不见、摸不到的，但它就像空气中的氧气一样不可忽视。教师为幼儿创设真正以幼儿为主体的发展空间，不断地在幼儿的活动中运用有效的策略，潜移默化地培养幼儿良好的学习品质。

第三章
自主探究式主题课程的评价

第一节　自主探究式主题课程评价的价值取向

幼儿园课程评价是幼儿园课程管理中心的重要环节与工作内容，是一种特殊的认识活动，是针对幼儿园课程的特点和组成要素，通过收集和分析比较系统全面的有关资料，科学地判断学前教育课程价值和效益的过程，是幼儿园课程建构、生成与发展的重要环节。它既是整个幼儿园课程运作的终点，又是继续发展的起点，而且伴随着幼儿园课程运作的全过程。

在自主探究式主题课程中，每一个主题都源于幼儿的兴趣和生活经验，支持幼儿生活经验的传递。想要利用课程的评价体系发现、诊断幼儿园课程、教师及幼儿发展等方面的情况，借助课程评价的反馈调节促进课程深入发展、教师专业化成长、幼儿在自主探究中成长，就要把握以下价值取向。

一、评价目的的价值取向

首先要厘清一个观点，评价的最终目的是促进儿童的学习与发展。在自主探究式主题课程中，课程评价的目的有如下四个方面：一是评价便于教师观察、了解每位儿童，通过评价，更科学地分析、支持幼儿发展；二是评价利于儿童发展，在自主探究式主题课程中，除了一日生活评价、互动评价外，班级每月通过观察评价表、评价汇总表、主题实施后幼儿发展星级评价表对每位幼儿的发展进行全方位评价，以便支持幼儿深入发展；三是改善自主探究式主题课程质量，改善课程品质，在评价的同时收集数据，指导课程完善修改；四是实时反馈，进行专业化的家园沟通。教师通过评价观察，深入了解、支持幼儿，及时与家长进行支持幼儿成长的有力沟通，从而提升家园沟通质量。

二、评价内容的价值取向

幼儿园课程评价的内容，狭义上指幼儿园课程评价的对象，包括人、事、物，而广义上包含课程实施中的环境、过程、目标等各要素。虞永平教授指出，幼儿园课程评价对象窄化，普遍关注对幼儿的学习结果和发展状况的测评，且国内的课程评价主要集中在微观领域，少有关于课程整体规划或运行过程的评价研究。因此，我们在课程实践中，注重课程评价的全面性和综合性，尤其注重课程评价内容的多元程度。在自主探究式主题课程横纵交织的评价体系中，纵向看，从课程规划年度评估、课程达标度评价、师幼评价三个维度进行。横向看，三个维度的评价又包含了不同的方面。课程达标度评价从情感目标、认知目标、自我实现目标三个方面进行；师幼评价包含幼儿发展性评价、教师专业发展性评价。评价中，主题后幼儿发展与观察评价表与汇总表、星级评价表、教师专业性发展评价表、教师实施主题活动后效果评价表等直指课程建设核心目标，有力指挥教师在评价前，以指标体系为准绳开展活动，评价后调整不自主的教育教学行为，促进幼儿在自主探究中全面成长。

自主探究式主题课程评价体系

年度评估		课程规划年度评估
课程达标度评价		情感目标
		认知目标
		自我实现目标
师幼评价	幼儿发展性评价	三大探究主题观察评价表
		幼儿发展评价表（星级标注）
		幼儿发展观察记录、教育案例、学习故事评价
		教师设计与实施主题课程综合能力评价
	教师专业发展性评价	教师组织实施主题课程教育效果评价
		教师撰写反思、案例、论文、总结评价

幼儿园课程评价的目的不是为了将幼儿分出优劣或排序，而是为了幼儿个体生命的发展，因此评价内容应该在充分尊重幼儿生命价值和个体需要的基础上确定。在自主探究式主题课程的实践中，"儿童视角下的观察记录、案例、论文"应运而生，既佐证教师实施自主探究课程的程度，又体现幼儿在自主探究活动中全面发展的情况。

三、评价方法的价值取向

《幼儿园课程指南》中对幼儿园开展评价的原则与方法给予了方向性的建议，例如在自然状态下开展评价，注意多元主体参与评价等。自主探究式主题课程在实施课程评价时，采取定性和定量相结合，形成性评价、终结性评价和诊断性评价相结合，日常评价与集体评价相结合，书面资料与实际观察相结合的方式。

四、评价实施的价值取向

自主探究的课程评价实施打破传统的重结果、轻过程的观念，更加重视评价的过程，注重形成性评价。教师在课程实践过程中，每日利用"三三三"方式观察、研读幼儿一点一滴的表现，利用观察记录、案例记录等方式记录幼儿的发展变化，每月保存幼儿的成长档案。

第二节 自主探究式主题课程的评价指标与工具

在自主探究式主题课程理念下，尤其是自主探究式主题课程的评价价值取向的指引下，教师们紧密结合园所的实际情况，建构了课程评价指标体系，对幼儿发展、教师专业发展、自主探究式主题课程进行评价。

一、幼儿发展性评价

（一）评价指标

1. 自主探究式主题课程的评价指标。自主探究式主题课程，通过开展自主认知类、自主感受类、自我实现类三类主题活动，支持幼儿不断浸润情感、积累经验、实现自我，既用情感方式思考，又用认知方式行事，做知情合一、全面发展的人。在课程实践中，形成了小、中、大三个年龄段，基于认知启迪、情感浸润与自我实现三类核心目标下的年龄目标。教师以此作为评量幼儿的依据，进而解读幼儿的学习与发展情况。

年龄段	核心目标	目标内容
小班	情感浸润	1. 情绪安定愉快，积极主动，乐意和老师、同伴交往 2. 愿意与他人讲话并积极应答，能清晰地表达
	认知启迪	1. 在日常生活和游戏中，观察、模仿、探究与表现感兴趣的事物与问题，尝试加入自己的想象与创造 2. 对环境中的人、事、物有积极的情感，喜欢探索与表现
	自我实现	1. 具有基本的生活自理能力，积极主动完成自己的事情，初步具有良好的生活和卫生习惯 2. 喜欢做事情，为自己的好行为或活动成果感到高兴
中班	情感浸润	1. 积极主动与同伴交往，初步学会轮流、谦让、互助与合作，并能尝试解决游戏及生活中出现的问题 2. 观察生活中各种不同的事物，抓住其主要特征，用自己喜欢的方式表达对事物的深刻印象和情感体验
	认知启迪	1. 喜欢接触新鲜事物，能对周围事物或现象进行观察比较，发现其相同与不同 2. 能根据观察结果提出问题，并大胆地质疑推理
	自我实现	1. 能按自己的想法进行游戏或其他活动。知道一些自己的优点和长处，并对此感到满意 2. 自己的事情尽量自己做，为自己的成功感到高兴

(续)

年龄段	核心目标	目标内容
大班	情感浸润	1. 主动,友好地与他人交往,体验分享、互助、合作的快乐和意义,掌握交往技能,能独立解决交往中的问题 2. 喜欢用各种方式表达自己的所见、所知、所想 3. 知道引起自己某种情绪的原因,并努力缓解,能随着活动的需要转换情绪和注意力
	认知启迪	1. 对自己感兴趣的问题能主动尝试寻找答案。能通过观察、比较与分析,发现并描述不同种类物体的特征和前后的变化,并用一定的方法验证自己的猜测 2. 能用数字、图画、图表或其他符号记录和归纳自己的发现
	自我实现	1. 做了好事或取得了成功后还想做得更好 2. 自己的事情自己做,遇到困难主动想办法解决

2. 基于《指南》的儿童经验等级评价指标。《指南》中将幼儿的学习与发展划分为健康、语言、社会、科学、艺术五个领域。每个儿童都需要一些经验去支持他们的主动学习与发展,而且每个儿童的关键经验都可能按照不同的速度发展,有着不同的表现。教师通过自主探究课程支持幼儿全面发展,同时利用《指南》精神,观察幼儿的行为表现,从而进行适宜的支持。

(二)评价工具

基于以上指标,在自主探究式主题课程中,每天对幼儿进行个性化的观察与分析,利用观察记录、幼儿成长档案进行过程性评价;每月对幼儿进行主题活动后的观察评价分析、发展性评价分析、评价汇总分析;每学期对每个幼儿的发展情况进行定期观察、日常测量,或结合教研进行检测,对班级全体幼儿的发展情况进行统计。

1. 日评价工具。

幼儿观察记录

观察名称				
观察教师		观察地点		
观察目标				
观察对象	幼儿姓名		年龄段/班	
观察时间				
观察原因				
观察实录				
观察分析				
教育措施				

2. 月评价工具。

自主探究式主题课程实施中幼儿发展性观察评价表

班级：　　　　　幼儿人数：　　　　　评价教师：　　　　　日期：

全人教育理念下自主探究式主题课程——核心目标

序号	姓名	认知启迪			情感浸润				自我实现			
		观察与发现	认真与专注	想象与思维	质疑与反思	关爱与尊重	安全感与信赖感	好奇心与兴趣	归属感与责任感	理解与包容	表现与创造	主动与自信	交往与合作	身心和谐与健康
1													
2													
3													
4													
5													
6													
7													
8													
9													
10													
11													
12													
13													
14													

备注：●发展良好 ●发展较好 ●发展一般。请对班内幼儿三个核心目标的达成度进行数据分析，统计出各项目标的良好率、较好率、一般率。

自主探究式主题课程实施后幼儿发展性星级评价表

班级：　　　　　评价教师：　　　　　评价时间：

幼儿人数：　　　　主题名称：　　　　主题实施时间：

序号	姓名	核心目标 认知启迪					情感浸润				自我实现						
		对周围事物感兴趣，喜欢探究新鲜事物，过程中专注认真	对感兴趣的事物能仔细观察和比较，在发现中愿意表达自己的发现	乐于动手操作，能在操作和体验中发现事物的不同或有新的发现	遇到问题时，能够尝试多种方式思考的解决问题的过程并梳理	敢于同疑他人的想法，并大胆进行猜想与想象	集体生活中情绪安定，有愉悦、好奇心、求知欲，愿意主动分享	尊重他人、爱集体、爱家乡、爱同伴、爱老师、爱自己	当与他人意见不一致时，能够理解他人的想法，并在发生冲突矛盾时，能够尝试解决问题并原谅他人	有责任心，愿意做自己的事情	愿意用自己的方式、方法，大胆表现或集体表现自己所理解的幼儿园	主动做力所能及的事，当遇到困难时，有信心并坚持完成	能独立或与同伴用多种材料创造作品，并在过程中能够用多种方法完成任务	能适应不同的环境，乐于与人分享与交往，能和同伴友好相处，并一起商量合作解决问题，感受在交往中的快乐与方法	积极参加体育锻炼，提高自己的身体灵活性以及肌肉力量	知道身体需要多种营养，爱吃有营养的食物，不挑食	
1																	
2																	
3																	
4																	

备注：主题活动后幼儿发展性评价，采取星级标注的办法。★表示发展一般；★★表示发展良好；★★★表示发展优秀。最后一栏填写主题活动实施后，幼儿整体发展平均水平。

自主探究式主题课程实施后幼儿发展综合评价汇总表

班级： 幼儿人数： 评价教师： 日期：

序号	幼儿姓名	综合评价	序号	幼儿姓名	综合评价	序号	幼儿姓名	综合评价	序号	幼儿姓名	综合评价
1			2			3			4		
5			6			7			8		
9			10			11			12		
13			14			15			16		
17			18			19			20		
21			22			23			24		
25			26			27			28		

3. 学期评价工具（以小班上学期期末为例）。

2021—2022学年度第一学期期末幼儿发展评估大表

小班幼儿评价：　　　　　评价教师：　　　　　评价时间：

编号	幼儿姓名	健康										认知								语言
		走	跑	跳	平衡	拍球	如厕	进餐	穿衣	卫生习惯	安全	空间	时间	形状	分类	数概念	季节	动物	植物	发音
		两臂前后自然摆动,上体保持正直,步幅较均匀,身体面向前方,不摇晃,轻轻落地,不跺脚	双臂屈肘在体侧,前后自然摆动,头部保持正直,身体保持平衡	能立定跳远50cm,双脚同时落地	能在宽25cm的平行线中间行走时身体保持平衡,两脚左右不摇晃,向前迈	能连续单手拍球5下。拍球时眼睛看着球,手掌自然张开	有大小便时能主动告诉成人。遇到困难能请求成人帮助	能使用小勺独立进餐。在教师指导下,能坚持餐后漱口擦嘴	能自己穿简单的衣裤(如带子、裤子),会穿不系带的鞋,并能分清左右	知道使用自己的毛巾和水杯。在教师提醒下,饭前便后手脏时能洗手	上下楼梯时会靠右侧,一步一步慢慢走,不触换暖瓶、电源、插座等危险物品	能以自身为中心,正确区分上下、前后	能结合生活事件或自然现象,理解白天、黑夜等时间概念	认识圆形、三角形、正方形,能说出名称。在教师指导下,能找出环境中的圆形和三角形	在教师引导下,能按物体的大小、颜色等明显的外部特征进行分类	在成人的指导下,能手口一致地数1~5个物品	能感知秋季和冬季的明显特征,如植物的明显变化等	认识鱼、鸡、兔、子、猫等常见动物,初步了解它们的特征和生活习性,如食性、叫声等	能说出周围环境中2~3种常见的植物、花草或树木的名称	能正确发出普通话中部分难发的语音,如哥、师、老、知、奶、吃等
1		★★★	★★★	★★★	★★★	★★★	★★★	★★★	★★★	★★★	★★★	★★★	★★★	★★★	★★★	★★★	★★★	★★★	★★★	★★★
2		★★★						★★★												★★
3		★★★																		★★★
4																				
5		★★★																		

2021—2022学年度第一学期期末幼儿发展评估大表

小班幼儿评价：　　　　评价教师：　　　　评价时间：

编号	幼儿姓名	语言					社会性									艺术(音乐、美术)					
		倾听	词汇	表达	阅读	理解文学作品	情绪	自我认识	独立性	坚持性	适应	礼貌	轮流与分享	遵守规则	解决冲突	音乐感受	唱歌	音乐伴随下的动作	美术欣赏	绘画	制作
		能安静地倾听别人讲话，不打断别人的讲话，能听懂后能做出反应	能说出与教室周围人、物、事有关的名词、动词(如小哥哥)、形容词(如红红的)	喜欢与教师、同伴交谈，能用较简单的语言表达自己的意愿，能根据词意回答简单的问题	喜欢听成人讲述和看图朗读故事书，会一页一页地翻看图画书，能看懂简单的画面情节	能听懂简单的文学作品	情绪比较稳定，遇到不高兴的事时，经老师说服能逐渐缓解消极情绪	知道自己的姓名、性别、年龄，知道家庭主要成员的姓名，知道所在班级	在教师的鼓励下，愿意自己穿衣、吃饭，有初步的生活自理能力	上课时能集中注意力5分钟左右，有初步的坚持能力坚持5～10分钟	喜欢幼儿园，在园情绪愉快，喜欢参加集体活动，愿意和小朋友一起交往，喜欢和小朋友一起游戏	见到老师、同事时，能有礼貌地打招呼，能主动使用"您好""再见"等礼貌用语	不争抢，不独占玩具，有好的玩具能与小朋友一起玩	在成人提醒下能遵守日常规则，爱护图书、玩具，使用后放回原处等	小打小闹朋友，与引导发现朋友，生冲突时，能如不离开，老师和集体帮助	能在教师引导下感受简单的音乐作品的内容和情感，尝试用简单的语言、动作等表达自己的感受	能够用自然的声音，较完整地演唱六度范围内五音调的歌曲，跟随简单伴奏开始和结束	能在音乐的伴奏下比较合拍地做走步、小碎步、小跑步等基本动作，做听音乐游戏玩律动和音乐游戏	能在教师引导下，能用简单及感知周围美好的事物、小物，能感受色彩鲜明、造型简单、简单的美术作品中的形象和色彩的美	能大胆运用以点、线等手段表现简单的物体、熟悉事物的简单形象	喜欢用泥、纸及其他材料制作简单的物体，并能表现事物的明显特征
1		★★★	★★★	★★★	★★★	★★★	★★★	★★★	★★★	★★★	★★★	★★★	★★★	★★★	★★★	★★★	★★★	★★★	★★★	★★★	★★★
2		★★	★★	★★	★★	★★	★★	★★	★★	★★	★★	★★	★★	★★	★★	★★	★★	★★	★★	★★	★★
3																					
4																					
5																					

二、教师专业性发展评价

教师是课程实施质量的直接负责人，教师的专业性发展，直接影响着课程资源的开发与利用、课程组织与实施。幼儿园一日生活的评价主体是教师，为教师调整改进、完善教育行为提供反馈信息，体现教师与幼儿共同成长，最终促进教师的自主发展。

在教师的专业性发展评价中，其核心不在于对每位教师的评价结果，而是紧随评价之后，促进教师成长与可持续发展的一系列措施。因此，自主探究式主题课程的教师专业性发展评价包括两方面，一方面是教师基于自我检查与评价指标体系进行自主地学习、实施、评价与改进；另一方面是课程领导小组建立机制，搭建平台，支持和促进教师课程行为的实施与改善。

（一）教师自我评价

利用自评的形式引发教师对教育实践的再认识、再思考，以此来总结经验，进一步提高教育教学水平、课程组织能力。

在自主探究式主题课程中，教师的自评方式有如下几种类型：

1. 每日在实施自主探究集体活动后，针对本节活动的目标达成度、幼儿在学习过程中的兴趣、师幼互动的有效性及教学方法的适宜性等方面进行自我评级，并记录在集体教育活动课程设计的日方案上。

2. 利用"三三三"白描方法，每位教师每日观察 3 个孩子，每个孩子观察 3 分钟，每班内 3 人口头白描交流。在交流过程中，班级三位教师以儿童视角分析，在班组教师的共研中，对自身观察解读幼儿行为的能力及有效师幼互动的策略进行自我评价，以便后续找准支持策略，促进教师在评价中逐渐学会走进孩子、读懂孩子，研究孩子行为背后的思想、动机、行为。

3. 利用隔周一次的案例研修小组活动与自主探究式主题课程实践研修小组，通过案例研讨、录像分析等形式进行自评。找出理论上的差距，解析支持幼儿自主探究的手段与方法的差异，从而逐渐提高分析幼儿的能力，调整为更适宜的支持策略。

4. 利用"教师实施自主探究式主题活动效果评价表"，依据目标达成、材料与环境、方法与指导、经验提升四个维度，对每月班级开展的自主探究式主题活动效果进行整体评价。

××学年度第×学期教师实施自主探究式主题活动效果评价表

评价时间：

一级维度	二级维度	三级维度	某班教养员
目标达成	主题内容的选择	主题教育目标具体明确，适合幼儿，操作性强	
		主题教育内容选择注重尊重幼儿已有经验，活动内容能密切联系生活，符合幼儿兴趣与发展需要	
		主题教育活动将五大领域整合起来，符合园本课程培养目标	
		能够结合自然资源、社会资源、文学资源开展适合本班幼儿的主题活动	
	主题活动的达成	在生活活动、集体活动、区域活动以及户外活动中都有所涉及	
材料与环境	游戏材料	主题能带动区域材料的投放，材料随着幼儿的兴趣有更新	
		游戏材料多样、有层次性，支持不同水平幼儿的发展需求，操作性强	
		游戏材料高、低结构结合，符合幼儿发展水平	
	主题和区域环境	幼儿作品丰富，体现幼儿发展足迹阶段成果	
		区域墙饰支持幼儿自主游戏	
		主题环境能突出从幼儿的兴趣出发，并体现幼儿的探究过程	
		主题活动开展中注重探究式学习、合作式学习和体验式学习	
		能够创建有利于幼儿发展和学习的物质与精神环境	
		能够在生活活动、区域活动、集体活动、户外活动中组织实施主题活动	
方法与指导	教师开放性的指导	善于在主题活动中发现问题并解决问题，注重活动的生成性	
		注重幼儿的个体差异，能针对不同水平的幼儿进行不同的指导（平行、交叉、垂直介入法）	
		灵活引导幼儿深入探究主题活动	
		教师给予幼儿足够的探索空间和时间	
		灵活使用各种教学方法来开展主题活动	
	幼儿主体性的体现	幼儿积极主动地参与活动	
		幼儿能够自主发现问题、解决问题	
		幼儿能自主进行探索、合作	
		幼儿能用自己的方式表现表达自己的想法	

（续）

一级维度	二级维度	三级维度	某班教养员
经验提升	教师成长	善于将主题开展经验总结、升华为具有普适性的教育理念	
		善于定期有效反思自身幼儿教育行为	
		善于总结并撰写相关的论文，获得市区级奖项	
	幼儿成长	幼儿均具有良好的行为习惯	
		幼儿身心和谐发展并具备良好的学习能力	
		提升幼儿的相关经验	
教师实施自主探究式主题课程效果整体评价			

（二）教师专业性发展的综合评价

课程评价作为价值判断的过程，需要建立在全面、客观评价的基础上。因此在教师自评的基础上，也要开展多元主体、多种渠道的综合性评价，形成针对每位教师的过程性分析与诊断的形成性评价，为教师调整改进、完善教育行为提供反馈信息，促进教师自主发展。

自主探究式主题课程的教师专业性发展的综合评价由日常评价和集体评价相结合。日常评价主要由保教主管及研修组长完成，保教主管采用推门式、随机式评价，研修组长依据自主探究案例评价教师的观念转变、教育行为及专业能力；集体评价以每月、隔月的形式开展，比如主题活动评价采用隔月集体评，生活饮水环节采用每月评等。家长参与评价，每学期一次，在期末家长开放日后进行。

在教师专业性发展的综合评价中，虽然制定了表现性的评价工具，但对教师的评价目的不在于证明，而在于改进。因此，在对教师进行专业性发展的综合评价时，要尊重教师的发展差异，允许所有教师在同样的评价指标体系中用不同水平来体现自己的课程实施能力。在评价后，注重及时将评价背后的课程理念同教师进行探讨。在这样的过程中，带动所有教师一同研讨评价背后的价值观、课程实施的方法，帮助每位教师逐渐掌握自主探究课程实施的要点，明确专业发展的方向，使教师实施活动的质量得以改善，进而提高总体的课程质量。

1. 日常评价。

自主探究式主题课程日方案评价表

被评价教师： 　　　　　　评价时间：

一级维度	二级维度	三级维度	优秀	良好	合格	不合格
目标达成	主题内容的选择	主题教育目标具体明确，适合幼儿，操作性强				
		主题教育内容选择注重尊重幼儿已有经验。活动内容能密切联系生活，符合幼儿兴趣与发展需要				
		主题教育活动能将五大领域整合起来，符合园本课程培养目标				
		能够结合自然资源、社会资源、文学资源开展适合本班幼儿的主题活动				
	主题活动的达成	在生活活动、集体活动、区域活动以及户外活动中都有所涉及				
材料与环境	游戏材料	主题能带动区域材料的投放，材料随着幼儿的兴趣有更新				
		游戏材料多样、有层次性，支持不同水平幼儿的发展需求，操作性强				
		游戏材料高、低结构结合，符合幼儿发展水平				
	主题和区域环境	幼儿作品丰富，体现幼儿发展足迹阶段成果				
		区域墙饰支持幼儿自主游戏				
		主题环境能突出从幼儿的兴趣出发，并体现幼儿的探究过程				
		主题活动开展中注重探究式学习、合作式学习和体验式学习				
		能够创建有利于幼儿发展和学习的物质与精神环境				
		能够在生活活动、区域活动、集体活动、户外活动中组织实施主题活动				
方法与指导	教师开放性的指导	善于在主题活动中发现问题并解决问题，注重活动的生成性				
		注重幼儿的个体差异，针对不同水平的幼儿能进行不同的指导（平行、交叉、垂直介入法）				
		灵活引导幼儿深入探究主题活动				
		教师给予幼儿足够的探索空间和时间				
		灵活使用各种教学方法来开展主题活动				
	幼儿主体性的体现	幼儿积极主动地参与活动				
		幼儿能够自主发现问题、解决问题				
		幼儿能自主进行探索、合作				
		幼儿能用自己的方式表现表达自己的想法				

（续）

一级维度	二级维度	三级维度	优秀	良好	合格	不合格
经验提升	教师成长	善于将主题开展经验总结、升华为具有普适性的教育理念				
		善于定期有效反思自身教育行为				
		善于总结并撰写相关的论文，获得市区级奖项				
	幼儿成长	幼儿均具有良好的行为习惯				
		幼儿身心和谐发展并具备良好的学习能力				
		幼儿提升了相关经验				

2. 教师课程执行评价。

教师实施主题活动效果评价表

被评价教师：　　　　　　　　　　评价时间：

一级维度	二级维度	三级维度	优秀	良好	合格	不合格
目标达成	主题内容的选择	主题教育目标具体明确，适合幼儿，操作性强				
		主题教育内容选择注重尊重幼儿已有经验。活动内容能密切联系生活，符合幼儿兴趣与发展需要				
		主题教育活动是否将五大领域整合起来，符合园本课程培养目标				
		能够结合自然资源、社会资源、文学资源开展适合本班幼儿的主题活动				
	主题活动的达成	在生活活动、集体活动、区域活动以及户外活动中都有所涉及				
材料与环境	游戏材料	主题能带动区域材料的投放，材料随着幼儿的兴趣有更新				
		游戏材料多样、有层次性，支持不同水平幼儿的发展需求，操作性强				
		游戏材料高、低结构结合，符合幼儿发展水平				
	主题和区域环境	幼儿作品丰富，体现幼儿发展足迹阶段成果				
		区域墙饰支持幼儿自主游戏				
		主题环境能突出从幼儿的兴趣出发，并体现幼儿的探究过程				
		主题活动开展中注重探究式学习、合作式学习和体验式学习				
		能够创建有利于幼儿发展和学习的物质与精神环境				
		能够在生活活动、区域活动、集体活动、户外活动中组织实施主题活动				

（续）

一级维度	二级维度	三级维度	优秀	良好	合格	不合格
方法与指导	教师开放性的指导	善于在主题活动中发现问题并解决问题，注重活动的生成性				
		注重幼儿的个体差异，针对不同水平的幼儿能进行不同的指导（平行、交叉、垂直介入法）				
		灵活引导幼儿深入探究主题活动				
		给予幼儿足够的探索空间和时间				
		灵活使用各种教学方法来开展主题活动				
	幼儿主体性的体现	幼儿积极主动地参与活动				
		幼儿能够自主发现问题、解决问题				
		幼儿能自主进行探索、合作				
		幼儿能用自己的方式表现表达自己的想法				
经验提升	教师成长	善于将主题开展经验总结、升华为具有普适性的教育理念				
		善于定期有效反思自身教育行为				
		善于总结并撰写相关的论文，获得市区级奖项				
	幼儿成长	幼儿均具有良好的行为习惯				
		幼儿身心和谐发展并具备良好的学习能力				
		幼儿提升了相关经验				

3. 教师专业发展评价。

××学年度第×学期教师专业性发展评价表

被评价教师：　　　　　　　　评价时间：

一级维度	二级维度	三级维度	优秀	良好	合格	不合格
教育理念与教育态度	教育理念	具有独到（先进）的幼儿教育思想和理念				
		对幼儿活动现象和问题具有独特（自己合理的）看法				
		尊重童年并敬畏童年				
	教育视野	具有国际视野，善于汲取并运用先进国家的学前教育理论				
		对学前教育有高度责任感，可以接纳所有儿童				
	教学态度	勇于进行改革创新的实践，让教育回归生活				
		对主题活动中出现的问题具有敏锐的洞察力				

（续）

一级维度	二级维度	三级维度	优秀	良好	合格	不合格
知识与能力	知识储备	掌握现代信息技术、自然科学和人文科学等通识性知识				
		了解关于儿童发展和认知方面的研究成果和相关理论				
		掌握适合幼儿获得经验的各类教育方法				
	组织实施能力	善于设计融合不同领域发展的主题活动				
		具备观察分析幼儿的技能技巧，对幼儿的活动能够提供支持				
		能够结合幼儿的兴趣选取适合的主题活动				
		善于在主题活动中发现问题并解决问题，注重活动的生成性				
		能够创设有利于幼儿发展和学习的物质与精神环境				
		能够在生活活动、区域活动、集体活动、户外活动中组织实施主题活动				
		主题活动开展中注重探究式学习、合作式学习和体验式学习				
	评价与激励	能定期科学评价每名幼儿的日常表现及身心发展				
		善于运用评价结果开展激励活动				
		经常把评估的信息反馈给家长以及其他专业工作者，并与他们交流				
	学习能力	善于学习和钻研幼儿教育理论				
		善于发现其他教育工作者的闪光点				
		是一名职业读书人，在日常工作中愿意从书中汲取营养				
		善于将实践经验总结、升华为具有普适性的教育理念				
		善于定期有效反思自身教育行为				
	研究能力	善于创新，具有课程改革的理念与能力				
		具有良好的科研能力，论文、文章有获奖				
	资源开发能力	能够结合自然资源、社会资源、文学资源开展适合本班幼儿的主题活动				

（续）

一级维度	二级维度	三级维度	优秀	良好	合格	不合格
对待幼儿的态度与方式	对待幼儿的态度	关注全体幼儿的发展				
		了解所教的每一个幼儿的特点、家庭背景（原生家庭）				
		尊重幼儿的差异性，并对其有信心				
		懂得幼儿的一般需要和特殊需要				
		关爱特殊儿童，发现他们自我发展的潜力				
	对待幼儿的方式	和幼儿成为教育活动的同构者				
		善于启发幼儿，使幼儿参与到活动中				
		可以适当地干预、支持、引导儿童的行为				
		善于建立师幼、幼幼不同的互动模式				
		为儿童提供大量的发展想象力、创造力的机会				
		具有高尚的人格魅力，善于与同事、家长有效沟通				
		富有爱心，能及时给予幼儿及同事无微不至的关怀				
个人形象与教学成绩	个人形象	具有符合自身的职业生涯规划，自律性较强				
		在主题活动中守护并传承传统文化				
		富有时代精神，善于推陈出新				
		拥有积极向上的职业精神，具有责任感				
	教学成绩	培养的幼儿均具有良好的行为习惯				
		培养的幼儿身心和谐发展并具备良好的学习能力				

第三节 自主探究式主题课程的评价实施

幼儿园课程评价的实施是一项有目的、有计划开展的活动。在自主探究式主题课程的评价实施中，通过"反馈调节"实现"未来导向"，促进自主探究式主题课程的课程愿景的实现与课程目标的达成。

一、自主探究式主题课程的评价原则

为了充分发挥自主探究式主题课程评价的作用，通过评价工作的开展，发现本课程在设计与组织上暴露出的一些问题，提高与改进课程品质，在实施的过程中需要遵循以下原则。

（一）发展性原则

要充分发挥课程评价的反馈调节功能，通过课程评价建立起自我发展、自我完善的机制，即逐步形成通过课程评价促进幼儿发展、教师专业成长和自主探究式主题课程可持续发展的有效机制。为此，要注重建立主动的、积极的、持续不断的、常态性的内部自我评价机制。通过课程评价的实施，促进教师对自己的教育理念、教育态度、教育行为和教育效果的分析与反思，提升教师的整体课程实施能力。

（二）主体性原则

充分发挥幼儿园的主体作用，利用课程评价，创设幼儿园自主发展的空间。通过落实评价机制，增强办园过程中的自我反思、自我发展与自我完善。

在实施评价的过程中，要注意教师、幼儿的主体性。鼓励教师运用幼儿发展、学前教育原理等专业知识及实践课程中的思考审视课程实践，发现、分析、研究与解决问题。即注重教师自评，在课程领导小组实施他评的过程中，也要尊重教师的主体地位，帮助教师将他评中提出的结论、意见及改进措施进行理解、同化与接受。注重幼儿的主体性，不断通过自主探究式主题课程，促进教师深入理解幼儿身心发展的客观规律，践行《指南》精神，帮助每位幼儿富有个性地在自主探究式主题课程中达成智慧启迪、情感浸润、自我实现的目标。

（三）过程性原则

在实施课程评价时要充分关注课程建设与发展的过程，在评价类型上要以形成性评价为主。加强对课程实施过程中的评价，及时发现问题、解决问题并与改进措施相衔接，以不断调整和完善原有课程。

（四）多样性原则

注重课程评价过程中类型与方法的多样性，将各种类型和方法的课程评价相互结合使用，多渠道、多途径收集有关幼儿的发展情况、教师教育行为以及幼儿园课程实施的信息与资料。善于将形成性评价与终结性评价、内部评价与外部评价有机结合。

二、自主探究式主题课程的评价组织机构及机制建设

（一）自主探究式主题课程的评价组织机构

成立以园长为组长的园本课程评价组织机构。

（1）幼儿园管理人员、教师、家长代表为课程评价小组成员，每学期对课程实施情况进行分析评估，如图。

```
                    ┌─────────────┐
                    │ 党支部书     │
                    │ 记、园长     │
                    └──────┬──────┘
      ┌────────────────────┼────────────────────┐
┌──────────┐        ┌──────────┐          ┌──────────┐
│ 管理研修  │        │ 课程研修核 │          │ 家园委研 │
│ 中心组    │        │ 心组      │          │ 修中心组  │
└──────────┘        └──────────┘          └──────────┘
```

| 保教 | 保健 | 后勤 | 自主探究式主题课程实践研究小组 | 案例研修小组 | 真爱家长学校 | 家委会 | 家长会 |

| 小班组 | 中班组 | 大班组 | 小组A | 小组B | 小组C | 小组D |

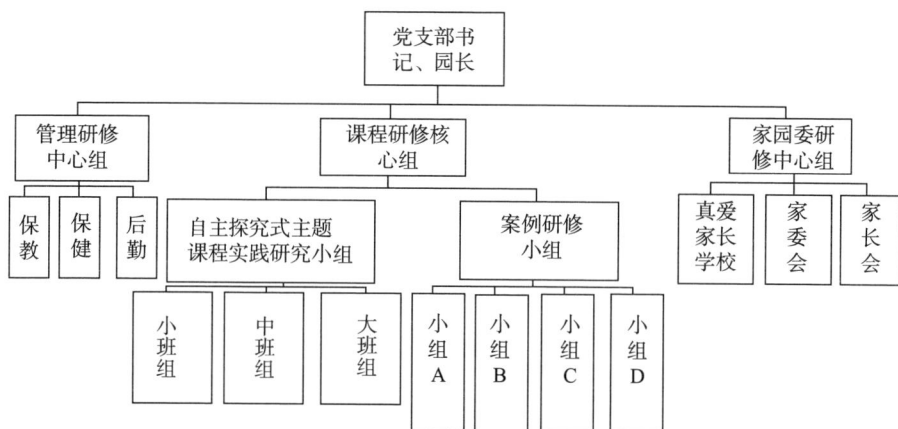

（2）幼儿园一日生活的评价主体是教师，为教师调整改进、完善教育行为提供反馈信息，体现教师与幼儿共同成长，最终促进教师的自主发展。

（二）幼儿发展评价制度

以副园长、保教主任、班级教师为主要负责人，对幼儿进行评价。班级教师重视本班幼儿发展情况，在制订教育目标及班级教育工作计划前，需要充分了解研究幼儿的发展情况。根据本园的"幼儿发展评估测查"，每月对每个幼儿的发展情况进行定期观察、日常测量，或结合教研进行检测，对班级全体幼儿的发展情况进行统计。在个体测查和群体测查统计的基础上，各班教师要写出本班幼儿发展评估分析，评估分析应包括幼儿发展的现状、分析原因、提出下阶段的改进措施。随后，将幼儿发展评估分析作为教师制订班级教育目标和教育工作计划的依据，结合幼儿发展的优势与不足，创设环境、投放材料，支持幼儿全面发展。保教主任于每月末对各班幼儿发展评估测查和分析进行检测与综合汇总。副园长结合各班评估报告对全园幼儿发展情况进行综合分析，做出客观评价后，在课程研修中心组会议中进行反馈。

（三）教师专业性发展评价制度

以副园长、保教主任、年级组长为主要负责人，组织教师的自我评价、定期评价与汇总性评价。

在教师自评方面，在每月实施自主探究式主题活动后，利用《教师实施自主探究式主题课程效果评价表》对自身主题活动的开展进行反思；利用每周班级班会、隔周自主探究式主题课程实践研修小组与案例研修小组帮助教师不断对自身的儿童观、教育观、师幼观及课程观进行反思，从而提升自评能力。

在教师他评方面，通过专家进班指导、保教主管日常巡视指导、教养员在每月末进行的主题实施后效果互评、每学期末的《教师专业性发展评价表》、自主探究式观察记录、案例评比等多种形式，衡量教师的专业素养以及实践能力，对教师的专业水平进行评估并做出分析，将评价结果及时反馈给教师本人。同时，分析课程实施中教师存在的普遍问题及难点，明确课程研究和下一步的园本"三研三训"方向。

三、课程计划与实施评价

幼儿园课程评价的过程是对课程建设进行正确导向，促进幼儿园课程原本化的过程，是教师运用专业知识，对教育实践分析、调整的过程，也是促进幼儿富有个性化地发展的过程。

积极主动地对课程本身进行评价，有助于提高自主探究式主题课程的结构、内容的品质与成效，有助于课程领导小组对课程目标中情感、认知、自我实现目标达成度的进一步了解，同时还可以强化幼儿园的课程管理，进一步促进课程实施方案更加规范化、科学化，从而实现对课程质量以及教育质量的提高作用。

幼儿园建立课程管理小组，并形成工作制度。建立以园长为组长的园本课程评价组织机构，通过管理中心研修组、课程研修核心组、家园委研修中心组三类评价机制，对课程文本、课程实施过程、课程实施效果等方面进行评价。

在定期的课程研修中心组会议中，汇集各方面的反馈信息，研讨课程实施和改进的措施与方法。在每学期末，根据幼儿发展评价、教师专业发展评价、家长、家委会成员对课程实施效果等方面的反馈以及幼教专家对课程的审议，对自主探究式主题课程实施方案进行全面的回顾与梳理，发现矛盾并积极协调，整体调整课程实施方案。

四、自主探究式主题课程的评价效果

经过五轮的课程实践与研究，逐渐形成了"三三三"评价体系。以评价促提升，幼儿主题后观察评价表与汇总表、星级评价表、教师专业性发展评价表、教师实施主题活动后效果评价表，直指课程建设核心目标，有力指挥教师在评价前以指标体系为准绳开展活动，评价后调整不自主的教育教学行为，促进幼儿在自主探究中全面成长。从"3个1、3个3"到"三研三训"，在一脉相承的研修、研训模式推进过程中，"儿童视角下自主探究观察记录、案例、论文"应运而生，既佐证教师实施自主探究课程建设的程度，又体现幼儿在自主探究活动中全面发展的情况。

第四章
自主探究式主题课程实践

第一节　自主认知类主题活动案例

以自主认知为重点的主题活动，重在让幼儿对感兴趣、好奇的问题，通过感知、操作、观察体验认识事物，在对比发现与推理梳理中去理解事物，再通过想象、质疑、反复探究、动手动脑不断建构认知经验，通过认知产生情感要素，在主动做事情的过程中达成自我意愿，从而实现全面发展。

主题一　我的小鸡出壳了

适宜年龄

3～4 岁

资源利用

该主题活动源于班级图书区的绘本故事。教师抓住幼儿在过渡环节的讨论点和兴趣，与家长进行沟通。在家长资源的支持下，我们收集到了各种蛋宝宝以及孵蛋器等物品，共同生成了主题活动。在主题活动的开展过程中，家长提供了可记录相机。幼儿每周五将蛋宝宝带回家中照顾。

主题由来

孩子们在过渡环节听了《小鸡从哪里来》的绘本故事。故事通过生动形象的图画和浅显易懂的语言描述了蛋宝宝变成小鸡的过程。萌萌说："我们吃的鸡蛋里面能孵出小鸡吗？"瑞瑞说："我也想孵小鸡带回家。"小宝说："我也想有一个神奇的蛋宝宝。"随后孩子们七嘴八舌地讨论起来，都想自己孵出小鸡。

看到孩子们对蛋宝宝变成小鸡的过程感兴趣，我们思考让幼儿从认识蛋宝宝开始，逐步了解蛋宝宝变成小鸡的全部过程，从而萌发对小鸡的关爱情感，在照顾蛋宝宝和孵出来的小鸡的过程中提升各方面的能力与品质，实现幼儿的愿望，感受生命的美好。

主题总目标

1. 通过多种感官观察发现蛋宝宝的外形特征及小鸡的生活习性。
2. 在观察的基础上，尝试用简单的词汇描述蛋宝宝、小鸡的外形特征。
3. 在照顾蛋宝宝的过程中萌发喜欢、爱护动物的情感，愿意照顾小动物。
4. 能用拍照、绘画等自己喜欢的方式记录蛋宝宝孵化的过程。
5. 大胆用玩色、撕纸、捏泥等方式表现小鸡的特点，并愿意保护小鸡，为小鸡做窝。

主题网络图

哪个是我的蛋宝宝　　　　　怎样把蛋宝宝安全带回家

　　各种各样的蛋宝宝　　　　　怎样照顾蛋宝宝

　　怎样给我的蛋宝宝做标记　　　将蛋宝宝带回家的好办法

我的小鸡出壳了

　　小鸡宝宝吃什么　　　　　小鸡宝宝的新家什么样

　　怎么照顾小鸡宝宝　　　　　我和小鸡在一起

小鸡宝宝出壳了　　　　　我和小鸡宝宝的快乐事

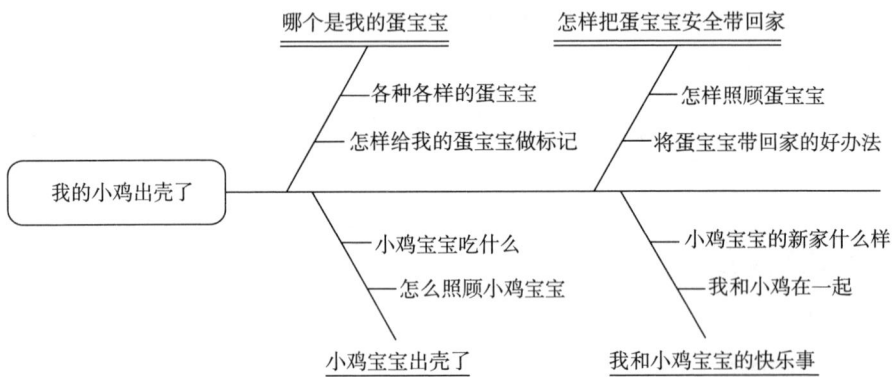

主题实施过程

活动一：哪个是我的蛋宝宝

（一）生活活动

目标：　1. 有好奇心，积极运用多种感官感知蛋宝宝的外形特点。
　　　　　2. 能及时表达自己的需要和想法。

探究点：　激发幼儿用较完整的语言，交流表达自己关于蛋宝宝的发现。

过程：　早上来园后，小朋友就蹲在蛋宝宝展览馆的前面，东东说："我这个鸡蛋比你的鸡蛋大。"花花说："是呀，咱们的鸡蛋还不是一个颜色，我的鸡蛋是小的，还是白色的。"西西说："这个鹌鹑蛋太小了，上面还有好多黑点。这些小黑点是小芝麻吗？"迪迪说："鹅蛋最大了，鹅宝宝出生是不是也最大呢?"……

分析反思: 每天的来园时间,幼儿都可以根据自己的意愿到班中看看植物、动物,也会在观察过程中不时地提出问题。作为教师,我们会对幼儿自发的探究行为和一些突发的问题给予应答和关注。记录幼儿感兴趣的问题及话题,和他们一起通过绘本查找资料,不断激发幼儿的探究兴趣。

(二)区域活动

娃娃家

目标: 1. 愿意用语言与别人交往,喜欢应答,并能注意倾听他人的讲话。

2. 愿意用投放的各种材料制作关于蛋的美食。

探究点: 如何自己选择适合的材料制作关于蛋的美食。

过程: 一天区域游戏时,萌萌在给宝宝准备午饭,她抱起宝宝说:"宝宝,我今天给你做鸡蛋饼,妈妈就给我鸡蛋饼。"然后开始在厨房里寻找材料,边找边说:"我需要橡皮泥,用橡皮泥做个香香的鸡蛋饼。"萌萌从柜子里拿出黄色和白色的泥,先把黄色的泥放在桌子上,用手使劲压了压,看了看说:"还是不圆。"于是又用手向四周轻轻地拽了拽。然后在上面放上已经按好的白泥,一个香香的鸡蛋饼就做好了。旁边的依依看见以后,也学着萌萌的样子做了起来。

分析反思: 在幼儿的游戏中,能够看到游戏材料的投放满足了幼儿游戏的需要。孩子们在生活中吃过鸡蛋饼,能将经验很好地迁移到游戏中去。在这个过程中,教师也看到了材料的投放支持了幼儿的游戏,满足幼儿的自由探究和尝试。教师也将继续观察幼儿的游戏兴趣点,不断投放适合幼儿游戏的材料。

美工区

目标: 1. 从色彩鲜艳和简单造型的美术作品中感受美,并用语言、表情、动作表示对美好事物的亲近和喜爱。

2. 运用熟悉和喜欢的图形、材料装饰蛋宝宝。

探究点: 尝试用合适的图形做蛋宝宝的五官。

过程: 区域游戏中,多多从柜子中拿出装饰蛋宝宝的玩具盒,在一个椭圆形的蛋宝宝的图形上,用两个正方形彩纸粘在一起做了眼睛,然后对旁边的小朋友说:"你看我的蛋宝宝的眼睛是长长的眼睛。"接着他又选择了一个正方形彩纸和一个三角形彩纸,粘在一起做了另外一只眼睛,他笑着说:"这是一只笑起来的眼睛。"旁边的小朋友看见以后，从材料柜中找出两个开心果的果壳粘在蛋宝宝眼睛的位置，说："我的蛋宝宝有两只圆圆的眼睛。"其他的小朋友也开始在玩具中寻找不同的材料去做蛋宝宝的五官。

分析反思：　教师为幼儿投放了装饰蛋宝宝的材料盒，里面有幼儿需要的一些材料，如胶棒、不同颜色的三角形、正方形、圆形彩纸。在幼儿的游戏过程中，孩子们的想象力非常丰富，在不断地尝试用新的材料完成自己的美工作品，每个孩子的想法都是不同的，这也让教师感受到宽松、自由的环境、丰富的材料，都是满足幼儿自主创作的基础。

（三）集体活动

活动1：这是我的蛋宝宝（科学领域）

探究点：能够用自己的方式尝试做简单的标记。

活动目标：

1. 能对观察到的事物积极思考，并对观察的结果提出问题。

2. 在活动中能自主选择蛋宝宝、给蛋宝宝起名字。

3. 喜欢参与集体活动，并愿意交流自己的想法。

活动准备：

物质准备：蛋宝宝、孵化箱、记号笔。

经验准备：幼儿对蛋宝宝的孵化知识有一定的了解。

活动过程：

1. 导入活动：利用幼儿的争论引发活动。

教师：刚才小朋友在观察蛋宝宝的时候，都说"这个蛋宝宝是我的，那个蛋宝宝是我的"。我们怎么才能清楚地知道放进孵化器的蛋宝宝是自己的呢？

2. 基本部分。

（1）幼儿调动经验，思考如何标记自己的蛋宝宝。

幼儿1：我们可以给它们起名字。

幼儿2：我们可以记住放在什么地方。

幼儿3：我可以在我的蛋宝宝上画上小爱心。

（2）幼儿尝试用自己的方式给蛋宝宝做标记。

教师：那我们现在就用你们想到的方式来行动吧。

（3）幼儿将做好标记的蛋宝宝再次放进孵化箱。

3. 结束部分。

教师：今天小朋友们给蛋宝宝起好名字，通过写在上面、在上面画竖线、小图形的方式为蛋宝宝留下了特殊的符号。我们将它们放进孵化箱，相信在小朋友的照顾下，小鸡宝宝很快就会来到我们班。

分析反思：　本次活动是一节生成活动，活动来源于幼儿在过渡环节中的争论。幼儿发现问题，教师重在引导幼儿解决问题。通过提出问题，引发幼儿关注与思考。幼儿调动生活经验，通过起名字、画竖线、小爱心等方式开始尝试初步的符号记录的方式。有了真正属于自己的蛋宝宝后，他们在观察中会说："我的小11什么时候能够出来？""我的小爱心肯定会第一个破壳的。"

活动2：蛇偷吃了我的蛋（语言领域）

探究点：　通过提问加深幼儿对故事的理解。

活动目标：

1. 了解故事的内容，尝试和教师一起讲述故事。

2. 进一步理解故事中角色的感受，掌握故事中角色的对话。

3. 在活动中体会故事的趣味性。

活动准备：

物质准备：蛇、鸡、鸭、鹅、乌龟的图片及头饰；表演《蛇偷吃了我的蛋》录像。

经验准备：对各种各样的蛋有一定的了解。

活动过程：

1. 开始部分。

出示蛇、鸡、鸭等动物的图片，激发幼儿说出故事的名称并回忆主要内容，加深对故事情节的印象。

教师：这是谁？我们在哪个故事里见过它们？故事里还有谁？故事说了一件什么事？

教师：最后，蛇偷吃了谁的蛋？鸡妈妈是一位什么样的妈妈？

2. 基本部分。

（1）教师播放视频，欣赏故事表演《蛇偷吃了我的蛋》。

教师：这个有趣的故事还有一个好看的表演呢，我们一边欣赏哥哥姐姐的表演，一边跟随他们小声讲述故事。

（2）引导幼儿模仿故事中角色的对话和表情。

教师：视频中哥哥姐姐是怎么表演的故事？他们的动作和表情都是什么样的？

（3）教师和幼儿一起表演故事，其余幼儿欣赏并练习对话和表情。

3. 结束部分。

将头饰投放到班级的表演区，幼儿进行表演。

分析反思：　班中幼儿非常喜欢这个故事，教师在过渡环节给幼儿讲解过书中的内容。幼儿在图书区中也会经常翻阅这本书，小朋友之间会根据书中的图片尝试讲述故事。在本次活动中，教师通过提问帮助幼儿回忆故事内容。通过观看表演视频，幼儿对于故事表演有了初步的了解，开始尝试模仿哥哥姐姐的动作和声音，表演故事内容。幼儿对表演的兴趣非常浓厚，部分幼儿开始自己寻找班级中的其他材料来代替各种蛋进行表演，游戏氛围轻松自由。

（四）家园共育

目标：   1. 与家长形成合力，共同推动主题的开展。

2. 通过主题活动，帮助家长理解幼儿的学习方式与特点。

过程：   通过微信向家长介绍幼儿在活动中的兴趣点以及幼儿的学习方式与特点。家长利用休息时间带幼儿到超市和市场中去了解各种各样的蛋宝宝，引导幼儿关注其外形特点，并将照片带到幼儿园与小朋友们分享。

与家长共同收集孵化小鸡需要的工具和材料，为班级开展孵化小鸡的活动做准备。

分析反思：   通过向家长介绍主题活动的来源和主题开展的脉络，家长对活动非常支持，为我们提供了受精蛋和孵化器。家长们通过观看教师推送的关于幼儿对探究问题的大讨论和集体、区域游戏的视频，为幼儿表现出来的积极态度而惊讶。迪迪妈妈说："现在孩子回到家就会问各种关于蛋宝宝的问题，还会要求爸爸妈妈一起跟她从书里找答案。"

活动二： 怎样把蛋宝宝安全带回家

（一）生活活动

目标：   1. 愿意参与晨间游戏等各项活动。

2. 能及时表达自己的需要和想法。

探究点：   观察发现蛋宝宝的变化。

过程：   在第二周时候，幼儿在强光手电的照射下发现蛋宝宝里面已经有红色血丝了，还能看见一个跳跳的东西，说那是小鸡宝宝的心脏，还有的说那是小鸡的脑袋。东东从美工区拿出来一张纸，开始在上面画起来。

分析反思：   幼儿每天都会在强光手电下去观察蛋宝宝。第一周时，蛋宝宝没有什么明显的变化。第二周就开始能看到里面的红血丝，幼儿更加兴奋。教师也为幼儿营造了宽松的氛围，满足幼儿每天都想去探究、发现的愿望。

（二）区域活动

图书区

目标：   1. 知道一页一页地翻看图书，能理解、讲述简单的画面内容。

2. 喜欢发现、指认、讲述对书中感兴趣的人和物。

探究点: 通过翻阅图书，根据画面内容讲述故事。

过程: 三名幼儿选择图书区，瑶瑶说："咱们今天一起来讲《蛇偷吃了我的蛋》的故事吧。"小朋友选择了自己喜欢的角色，发现没有人演蛇，于是他们找到我："武老师，我们现在没有蛇，您能来演吗？""好呀，没问题，需要准备什么吗？""您一会儿很快地把蛋偷走就可以。"彤彤说。"好的，没问题。"三名小朋友边说自己的台词，边翻看图书，还不时地互相提醒。

分析反思: 幼儿在游戏中发现角色比较多而人少的时候，知道主动向教师求助，具有初步解决问题的方法。在幼儿的游戏中能够看到他们已经对故事内容比较了解，对于人物的声音、动作也有初步的感知，但是会出现忘记自己角色的情况。教师下一步将投放故事盒子，通过小手偶帮助幼儿完成故事讲述。

科学区

目标: 1. 有好奇心和求知欲，喜欢运用多种感官感知周围事物，体验探索的乐趣。

　　2. 能自己选择探索内容，进行游戏活动。

探究点: 蛋塔搭高的方法。

过程: 依依和木木在玩蛋塔的游戏，在搭最后一层的时候，蛋塔倒塌了。木木说："是不是我们上面的纸板放歪了呢？"依依也看了看下面的，没有说话。两个小朋友开始重新摆放。第二次依然倒塌了，我看到小朋友有些失落，问他们："你们觉得蛋塔怎么能够搭建得最高？鸡蛋要怎么摆放才能比较牢固？"依依说："要把纸板放在中间。"木木说："要把鸡蛋放好。""鸡蛋怎么放好呢？"我问。"鸡蛋要这样放，大大的在下边，小小的在上边。"木木说。"你们说得很好，按照你们的方法再试试，看看能不能成功。"两个小朋友又开始尝试，最终获得成功。

分析反思: 在游戏中，两个小朋友知道玩蛋塔游戏的第一种方法，但是想要成功，需要掌握鸡蛋和瓶盖的位置关系。前两次的操作没有成功，当幼儿想要放弃的时候，教师介入幼儿的游戏中，通过提出问题引发幼儿的思考。幼儿能够想到方法并进行调整和尝试，最终取得了成功。

（三）集体活动

活动1：怎样把蛋宝宝带回家（科学领域）

探究点: 1. 幼儿在操作中选择适合的材料将蛋宝宝安全地带回家。

　　2. 在操作中感受不同材质的特点。

活动目标：

1. 愿意动手操作，寻找适合的材料。

2. 能够用较完整的语言简单表达自己的发现。

3. 在动手动脑中，体验科学探究的乐趣。

活动准备：

物质准备：幼儿从家中和班级中寻找的各种材料，如布、泡沫网、酸奶盒、棉花、蛋托。

经验准备：幼儿对鸡蛋的外形特点有一定的了解。

活动过程：

1. 开始部分：以情境引入，激发幼儿参与活动的兴趣。

教师：我们一会儿去鸡妈妈家里做客，它的家里有蛋宝宝，我们一起去看看。

2. 基本部分。

（1）引发思考保护蛋宝宝的办法并尝试。

教师：小朋友之前想把蛋宝宝带回家，怎么能够保证蛋宝宝不会受伤呢？

（2）启发幼儿想一想、猜一猜、说一说。

幼儿1：可以用手一直拿着蛋宝宝。

幼儿2：可以把蛋宝宝放在棉花里，包着它。

幼儿3：可以把蛋宝宝放在酸奶盒里。

幼儿4：我想把蛋宝宝放在塑料袋里，拎着回家。

教师：小朋友很棒，想到了很多办法，一会儿我们就可以试试你的方法，看看你有什么发现。

（3）自由探索：在不让蛋宝宝受到伤害的情况下，把蛋宝宝带回家。

第一次探索：介绍材料名称（海绵、棉花、泡沫套、铅丝、报纸、布头、袋子、橡皮泥），幼儿自选材料。

教师：请材料王国的朋友们来帮助蛋宝宝。

幼儿操作，教师观察并及时鼓励。在观察中，重点让幼儿用各种辅助材料保护蛋宝宝。鼓励幼儿多试、多想、多观察，尝试用多种方法，帮助其树立自信心，体验成功的乐趣。

（4）集体分享第一次探索的经验。

幼儿1：我发现用棉花包不住，总是滑出来。

幼儿2：我先用布把蛋包裹起来，然后放进塑料袋，我觉得特别安全。

幼儿3：我用的酸奶盒，我觉得挺好的，就是蛋宝宝在里面总是跑。

（5）第二次探索：幼儿可以更换材料。

教师：刚才小朋友用了棉花、布、酸奶盒来保护蛋宝宝，有的成功了，有的没有成功，这次我们再试试，可以换换材料或者换换方法，看看你又会有什么发现。

（6）集体分享第二次探索的经验。

3. 结束部分。

教师：今天小朋友们都找到了安全带蛋宝宝回家的方法。晚上离园的时候，我们就可以让蛋宝宝跟着我们一起回家。如果你还想再试试其他的材料或者方法，也可以在我们户外活动回来之后再去试试。

分析反思： 在孩子们的操作中，我看到他们积极地寻找材料，在分享中愿意把自己的发现跟同伴去交流。在一次次的尝试中，有不同的发现。我不禁感叹他们的想法都太棒了。因为有了对蛋宝宝的爱，孩子们不断地去思考、去尝试，不断丰富着经验，科学探究的兴趣在心中萌芽。

活动2：把"蛋宝宝"运回家（健康领域）

探究点： 幼儿尝试用不同的方法将篮球运到其他地方。

活动目标：

1. 会玩球、包、小车等多种小型运动器材。

2. 在走、跑、跳、投、钻爬、攀登的游戏中，能平稳地控制自己的身体。

3. 遇到挫折、困难时不害怕，会寻求帮助。

活动准备：

物质准备：篮球人手一个、地板块、水瓶若干。

经验准备：幼儿有双手交替推球的初步经验。

活动过程：

1. 导入活动。

（1）师幼一起边说儿歌《鸡妈妈要搬家》，边做准备活动。

（2）以游戏情境引入，师幼共同扮演鸡妈妈。

教师：今天我们也来当鸡妈妈，玩个运蛋宝宝的游戏，哪儿有蛋宝宝呢？快找找。

幼儿在草地上找到蛋宝宝（大球）后，边说儿歌边双手交替推球向前走，将"蛋宝宝"运到家门口。

2. 基本活动。

（1）创设情境，幼儿自主探索将球推过河的方法。

教师：我们的家离小河太近了，河水会把家淹没的。让我们把家搬到河对岸去吧！小鸡不会游泳，从哪里过河呢？

引导幼儿发现用地板块铺设"小桥"，并问：小桥是直直的，要向什么方向推蛋宝宝，才不会掉下小桥？

幼儿进行第一次操作并分享。

教师：刚才你是用什么方法推着蛋宝宝过河的？

提升：支持、引导幼儿自主尝试推球过小桥的方法，如双手交替向前推。

（2）再次创设游戏情境，引发幼儿继续探究。

教师：听，这是什么声音？嘶嘶嘶……是小蛇！这可不好了，小蛇也爱吃蛋，要是它发现我们家里有这么多蛋宝宝，会来偷吃的。我们快搬家吧！搬到哪里去呢？

引导幼儿发现水瓶组成的"小树林"，并继续引导：对了，我们要把家搬到小树林那边去。小树林里有这么多小树，搬的时候不能碰倒小树，怎么办？

幼儿进行尝试。

提升：支持、引导幼儿自主探索穿过树林的方法，如绕过小树时要离小树远一点，才不容易碰倒小树等。

（3）搬家成功，幼儿自选方式再次过桥。

教师：我们搬家成功了，要带着"蛋宝宝"出去玩。可以再次尝试走过"小桥"、穿过"树林"，用自己喜欢的方式和"蛋宝宝"做游戏。

3. 结束部分。

幼儿将篮球送到指定位置。

分析反思：在游戏中，教师鼓励幼儿用各种不同的方式推"蛋宝宝"过河，每名幼儿的想法和方法不同，如单手推、双手推、双手交替推。幼儿也在观察他人的游戏时不断地调整自己的游戏内容。教师关注活动中遇到困难的幼儿，鼓励他们不害怕，可以用降低难度的方法引导他们逐步完成任务。比如绕小树的活动有一定的挑战性，如果幼儿有困难，可以分步骤进行。

（四）家园共育

目标：1. 通过主题活动，教师与家长形成合力，共同推动主题的开展。

2. 在活动中增进亲子感情。

过程：幼儿和家长通过自愿报名的方式，每天轮流将蛋宝宝带回家中照顾。家长们非常细心，和孩子们一起为孵化器加水，关注蛋宝宝的情况。

分析反思：在这个过程中，孩子们通过为孵化器里的蛋宝宝加水，观察蛋宝宝每天的变化，和蛋宝宝有了近距离的接触，感受生命的奇特。家长们也在这个过程中看到了主题活动对孩子的影响，积极加入活动。

活动三：小鸡宝宝出壳了

（一）生活活动

目标：1. 愿意交流分享自己的发现。

2. 能及时表达自己的需要和想法。

探究点：　能够发现小鸡宝宝的外形特征和生活习性。

过程：　在第三周，也就是蛋宝宝快要出来的时候，一天早上，迪迪很早就在班级群里说他听到了小鸡宝宝在蛋壳里的叫声，一下子，班级群里热闹起来。

孩子们来到幼儿园之后都围着孵化器，小鸡宝宝是要出生吗？蛋宝宝什么时候能出来？我们都想看着小鸡宝宝破壳而出，小鸡宝宝出来以后，我们都不知道怎么办呀？听到孩子们的讨论，我们也在思考，如何能捕捉到小鸡宝宝破壳而出的瞬间呢？与家长沟通后，家长们非常支持与配合，为小朋友们带来了运动相机，放在孵化器里记录了小鸡破壳的瞬间。孩子们看到小鸡宝宝破壳而出的过程，觉得非常神奇，也都非常兴奋。幼儿自发地说："第一个出生的小鸡是小11，我们还能看到蛋壳上它的名字。""为什么只有小11出生了，其他的小鸡宝宝怎么还没出生呢？""今天我想把蛋宝宝带回家，我想我的3号小鸡宝宝赶快出来。""你们看小11，已经自己站起来了，它的小嘴在一直磕纸箱呢。"孩子们看到了生命变化的过程，也感受到生命的伟大。那我们怎样照顾小鸡宝宝呢？小鸡宝宝饿了吃什么？

分析反思：　幼儿通过视频，直观地看到小鸡宝宝破壳而出的过程，一起为小鸡鼓起掌来。作为教师，我们也很开心能够用现代化的电子设备记录下这一刻。幼儿看到小鸡宝宝出生，自然而然地萌发出关爱的情感，如轻轻地摸一摸、小声说话等都是在用自己的方式表达着对小鸡宝宝的喜爱。

（二）区域活动

建筑区

目标：　1. 尝试利用搭高、围拢、延长的方式为小鸡宝宝搭窝。

　　　　2. 喜欢与同伴交流，表达自己搭建的感受与发现。

探究点：　利用搭高、围拢、延伸的方式，为小鸡宝宝搭建合适的家。

过程：　小鸡宝宝出生以后，孩子们开始在建筑区选择各种搭建材料，为小鸡宝宝搭建自己的家。小鸡宝宝的家要高高的，因为太矮的房子小鸡能够飞出去，还要有一个宽敞的游乐场。孩子们在游戏中将围拢、延长的技能运用到搭建活动中。

分析反思：　幼儿通过观察发现，小鸡宝宝能够从很矮的的房子边上飞出去，所以为小鸡搭建了高高的房子，在游戏中自然地融入了搭高的方法。

美工区

目标：　1. 运用简单的图形和自己喜欢的颜色大胆地、有意识地表现熟悉的事物。

2. 喜欢操作易于使用的美术工具和材料，逐步掌握它们的用法。

探究点： 选择适合的材料为小鸡做新家。

过程： 幼儿用团纸粘贴、撕纸粘贴、剪纸、水粉画等来装饰小鸡宝宝的新家。牛牛在废旧的纸盒上贴了一层白纸，挖一个洞当作门，宁宁用皱纹纸、彩色纸在盒子外面简单地包装一下，还有的小朋友用橡皮泥给小鸡捏了床。

分析反思： 幼儿在游戏中充分地动手动脑，用各种方法为小鸡宝宝做新房子。幼儿主动选择材料，自主进行创作。

（三）集体活动

活动1：小小蛋儿把门开（艺术领域）

探究点： 能用自己的方式表现小鸡出壳的样子，帮助自己理解歌曲内容。

活动目标：

1. 喜欢在生活、游戏中模仿事物的形象和动态。

2. 能随着音乐做简单律动进行自我表现，并初步体验与他人沟通、交往的快乐。

3. 以多种形式（语言、动作、艺术形式等）自由表达自己的感知以及在操作活动中的感受和发现。

活动准备：

物质准备：给每名幼儿准备一张事先剪好的十字口的废报纸作为蛋壳、各种可以供幼儿躲藏的材料、歌曲《小小蛋儿把门开》及其他律动音乐。

活动过程：

1. 导入部分。

请幼儿回忆小鸡是怎样出生的，并模仿小鸡出生的姿势。

教师：你们还记得咱们班的小鸡宝宝前几天是怎样出生的吗？它们出生时的动作是什么样的？

幼儿学一学小鸡从蛋壳里钻出来的样子，如扭扭屁股，身体从弯曲到伸直。

2. 基本部分。

（1）教师演唱歌曲《小小蛋儿把门开》，幼儿边听边自由做动作。

（2）播放歌曲，请幼儿每人拿一张剪好十字口的废报纸，双手扶着放在头上，听到"钻出一只小鸡来"时，脑袋从十字口处钻出来，体验小鸡出壳的感觉。

（3）玩游戏"鸡妈妈和鸡宝宝"。

①幼儿围成圆圈，扮作鸡宝宝蹲在椅子后面或坐在椅子上。播放歌曲，教

师扮演鸡妈妈，随音乐边走边假装敲鸡宝宝家的门。敲到谁的门，谁就模仿小鸡扭扭屁股走出来，走出来的"鸡宝宝"可以和"鸡妈妈"一起再敲其他"鸡宝宝"的门。

②幼儿自选喜欢的材料当蛋壳，把自己藏起来。教师扮演鸡妈妈重复上面的游戏。

③教师可以扮作鸡妈妈说："孩子们，今天天气真好，快和妈妈到草地上捉虫子吧！"播放律动音乐，幼儿随音乐有节奏地做小鸡捉虫的动作，还可以模仿小鸡吃虫子、喝水、刨土等，师生、伙伴之间亲密互动。

3. 结束部分。

幼儿听音乐，跟着教师一起到户外继续玩小鸡捉虫子的游戏。

分析反思：　幼儿喜欢音乐活动，通过前期对视频的观察，幼儿了解了小鸡出壳的样子，为后面的歌词记忆作了铺垫。在游戏中，孩子们自由地表演小鸡的各种动作，丰富了表演经验。

活动 2：小鸡（科学领域）

探究点：　通过多种感官进行细致观察。

活动目标：

1. 关注周围的事物和现象，对它们感兴趣，有好奇心，喜欢探索。

2. 积极运用多种感官感知周围事物，进行自发的探究活动。

3. 喜欢、爱护动物，愿意参加饲养小动物的活动。

活动准备：

物质准备：小鸡、放小鸡的盒子每组一个、喂小鸡的食物。

经验准备：对小鸡有一定的了解。

活动过程：

1. 导入活动：出示小鸡，引发兴趣。

教师：我们班来了几位小客人，请小朋友听一听它们的声音。

每桌放一个装有小鸡的盒子供幼儿观察，引导幼儿通过看、听、摸、闻等多种感官认识小鸡。

2. 基本活动。

（1）请幼儿说一说自己观察后的发现。

教师：小鸡长什么样子？摸它的时候有什么感觉？我们闻到了什么气味？小鸡是怎样叫、怎样走的？

（2）请幼儿说一说如何照顾小鸡宝宝。

教师：小鸡到我们班来做客，我们应该怎样照顾它？

（3）幼儿喂小鸡食物并进行观察。

教师：小鸡是怎么吃食物的？它的动作是什么样的？

（4）鼓励幼儿边观察边提出问题，讨论大家感兴趣的话题，如小鸡的绒毛什么颜色？小鸡的翅膀在哪里？每只小鸡哪里长得不一样？

3. 结束部分。

幼儿可以继续观察班中的小鸡，交流自己的发现。

分析反思：幼儿通过看、摸、闻等多种感官认识小鸡，符合幼儿的学习方式与特点。在整个活动中，幼儿非常认真与专注，发现了很多关于小鸡的秘密。教师也会根据幼儿感兴趣的问题与内容开展后续的活动。

活动四：我和小鸡宝宝的快乐事

（一）生活活动

目标： 1. 能用语言表达自己的需要和情感。

2. 感受独立做事的快乐和满足，体验自尊、自信。

探究点： 探究照顾小鸡宝宝的方法。

过程： 在第四周的时候，孩子们跟小鸡宝宝接触的时间越来越长。区域活动中，孩子们会去给小鸡喂食、喂水。晚上回家的时候，还会把小鸡宝宝带回家，给它们清理小窝，陪着小鸡一起玩。孩子们发现小鸡宝宝在晚上的时候就不叫了，会睡觉。小鸡宝宝的翅膀长大了，还会扇动着翅膀呢。

（二）区域活动

表演区

目标： 1. 愿意参与到故事表演中，体会表演的乐趣。

2. 尝试结束后将物品材料收拾整齐。

探究点： 用身体、动作、表情表现故事中人物的特点。

过程： 幼儿在表演区表演故事《蛇偷吃了我的蛋》。自己选择角色，当缺少一个蛋的时候，幼儿想到用沙锤来替代完成表演。

分析反思： 幼儿愿意进行表演活动，在活动中心情愉快，同伴之间有沟通，当缺少材料的时候能够想到通过以物代物的形式解决问题。

（三）集体活动

活动名称：鸡妈妈和鸡宝宝（社会领域）

探究点： 通过游戏体验，了解外出活动时要和家人在一起。

活动目标：

1. 知道外出时不离开成人，不接受陌生人给的东西，不跟陌生人走。

2. 喜欢来幼儿园，喜欢老师和同伴。

活动准备：

物质准备：创设"鸡妈妈和鸡宝宝"互动墙饰（利用废旧纸杯制作鸡宝宝的形象并贴上幼儿的照片，用纸盘制作成鸡妈妈的形象并贴上教师的照片）、用花边围成一个"院子"、小狗手偶。

活动过程：

1. 情境导入，引发兴趣。

教师带领幼儿在墙饰前和小鸡宝宝做游戏。教师拿着贴有自己照片的鸡妈妈纸盘，每名幼儿拿着贴有自己照片的鸡宝宝纸杯。

教师：我是鸡妈妈，今天天气真好，我们一起玩吧！你们想玩什么呢？

2. 基本活动。

（1）幼儿在游戏中体验为什么不能跟别人走。

配班教师拿着小狗的手偶，对一只离开大家的鸡宝宝说："小鸡，你和我走吧，到我家去玩。"请幼儿说一说，小鸡能离开大家跟小狗走吗？为什么？离开大家会发生什么事情？

（2）增加游戏情境，幼儿在体验中加强理解。

（3）"鸡妈妈"带领"鸡宝宝"回家（贴在墙饰上），回到"院子"里，大家围在一起。

提升：小鸡宝宝说说为什么不能离开妈妈，如果真的跟妈妈分开，应该怎么办。

3. 结束部分。

将故事的内容投放到班级的图书区，幼儿可以讲述故事。

分析反思：　通过故事、游戏，幼儿了解出去玩的时候要跟家长在一起。走丢的时候，幼儿说出可以在原地等家长、找保安叔叔、请别人给家人打电话等方法。教师也会将内容编成故事，在表演区中和幼儿一起表演。

🔲 主题活动反思

幼儿在照顾小鸡的过程中，直观地看到了蛋宝宝变成小鸡宝宝的整个过程，是从疑问到认知，逐步萌发情感，最后自我实现的过程。在主题开展的整个过程中，教师都在追随孩子们的兴趣，生成集体活动和区域游戏，目标紧紧围绕着幼儿的年龄特点和课程的核心目标，关注幼儿在活动中的表现，记录他们的语言和动作，为课程的持续开展不断积累素材。

课程的开展不仅有幼儿的参与，也有家长的参与，家长一直跟随主题的开展，从如何追随孩子的兴趣到如何去观察孩子，家长在课程中也变成了观察者、支持者，在过程中了解什么是课程，什么是幼儿的学习方式，家长和教师之间的关系变成了合作者。

回想整个主题的开展过程，教师视角的变化源于幼儿认知兴趣的调整。幼儿在活动中都是自主去选择材料、用自己的方式参与到活动中，如探索如何给蛋宝宝做标记、用什么样的方式安全把蛋宝宝带回家……

主题活动也从关注幼儿挑食、偏食等单一问题入手的思路窄、单一领域、教师高控的情况慢慢转向幼儿兴趣在前，关注幼儿的整体发展。幼儿在主题活动中萌发了科学的探究意识，在观察中发现事物的变化，并能够用自己的语言去表达；知道动物有各种需要，了解动物的各种行为，在整个过程中产生对生命的敬畏及对小动物的喜爱之情。

（教师：武子威、臧亚茹）

主题二　认识小兔子

适宜年龄

3～4 岁

资源利用

该主题活动利用了幼儿喜爱的小动物"小兔子"这一自然资源。小兔子是幼儿熟悉的家养动物，尤其是小兔子可爱的形态、调皮懵懂的活动状态，能够激发幼儿观察、模仿、想象、表现的兴趣，并在观察、模仿中发现小兔子的形态、动作特点，感受小兔子的可爱。

幼儿在班级活动中大胆猜测小兔子爱吃什么，将蔬菜带到班级中喂养兔子，热心的爸爸妈妈们也为班级送来兔粮、隔尿垫。在"小兔跟我回家"的活动中，幼儿在周五离园时相继将小兔子带回家中过周末，幼儿、家长高度参与到照顾兔子的活动中。

主题由来

本次主题在班级开学第二个月开展，为了调动幼儿的愉快情绪，用丰富的活动引导幼儿喜欢幼儿园、小朋友和老师，教师利用幼儿喜爱的饲养活动迅速与家长建立联系。小兔子是幼儿熟悉的家养动物，对于幼儿来说具有亲近感，能拉近幼儿与班集体的距离。同时活动也指向《指南》在科学领域中提到的

"爱护动植物，关心周围环境，亲近大自然"的目标。

主题总目标

1. 利用看、摸等方式，观察发现小兔子的外形特征及生活习性。

2. 在观察、饲养小兔的过程中，尝试运用语言（简单词汇）和非语言的方式（如动作、表情等）表达自己的感受。

3. 在主题活动、游戏中萌发喜欢、爱护小动物的情感，愿意参加饲养小兔子的活动。

4. 能在饲养小兔子的过程中，积累小兔子喜欢吃蔬菜的经验，逐渐养成不挑食不偏食的良好进餐习惯。

5. 通过模仿小兔子的动作玩游戏，萌发参加体育游戏的兴趣，感受体育游戏的快乐。

主题网络图

	认识小兔子	小兔子和我做游戏
	—— 小兔子什么样	—— 小兔子出笼了
	—— 小六班的小兔子	—— 小兔子藏在哪里
认识小兔子		
	—— 这些蔬菜我认识	—— 兔笼怎么清理
	—— 小兔子吃什么	—— 我来照顾小兔子
	猜猜小兔子吃什么	小兔子跟我回家

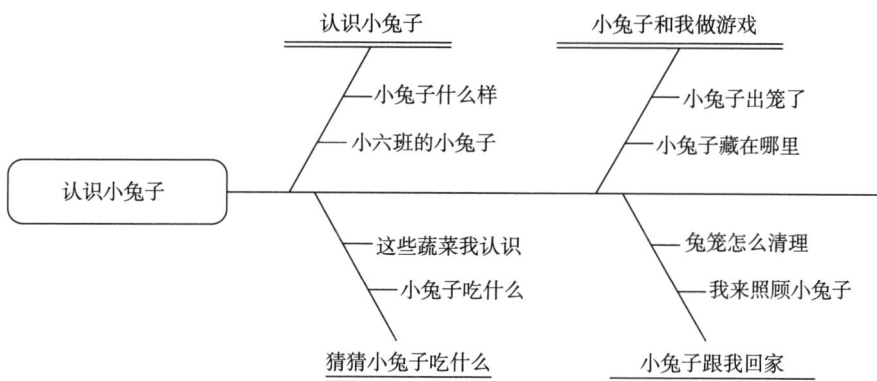

活动一： 认识小兔子

（一）生活活动

目标： 1. 通过有序观察、直观感知，认识小兔子的外形特征以及生活习性。

2. 喜欢小兔子，愿意与同伴参与观察活动。

探究点： 能利用较完整的语言、动作等方式，大胆表达自己对小兔子的观察与发现。

过程： 十一假期过后，班里来了三只可爱的小兔子。每个小朋友都充满好奇，有说有笑地围绕在小兔笼子旁，讨论着小兔子的外形特征。

在一次户外活动后的过渡环节，教师请小朋友按照从头到尾的顺序仔细观察小兔子，讲讲小兔子的特征。接连提问：小兔子的身体一共有哪几个部分？兔子的头上有什么？眼睛是什么颜色的？小兔子的嘴巴是什么样的？它是怎么吃东西的？嘴巴边上有什么？（丰富词汇：三瓣嘴）小兔子的身上有什么？毛是什么颜色的？请一个小朋友来摸一摸小兔子的毛是什么感觉？小兔子身体的后面有什么？身体下面有什么？教师将小兔子抱起来，让幼儿观察小兔子的四条腿是否一样长。将小兔子放在操场上，让幼儿观察小兔子走路时的样子（丰富词汇：蹦蹦跳跳）。孩子们积极地与老师互动，观察后大胆地说着自己的发现，热闹极了！

分析反思：　在班里增加小兔子，对于刚刚来园一个月的小班幼儿来说，在入园情绪、与班级教师及其他幼儿建立情感连接上有了正向的进步。同时，教师与幼儿共同观察，适时地进行提问，鼓励幼儿从无意、零散的观察向有意、局部、深入的观察过渡。

（二）区域活动

美工区

目标：　1. 愿意用自己喜欢的方式进行涂鸦活动。

　　　　2. 体验涂鸦活动、玩色游戏的快乐，对自己的作品感到满意。

探究点：　敢于利用颜料及涂色工具大胆刷色。

过程：　区域游戏时，书瑶来到了美工区，她站在美工区前默默地关注活动区的游戏（立体的大兔子、桌面涂鸦游戏）。在与教师进行简单的游戏计划后，书瑶选择为立体的大兔子刷色。书瑶先是拿起排刷笔，蘸了下粉色的颜料，慎重地刷了一笔，又来回刷了几下，发现颜料少了，又蘸了一些颜料反复地刷了几次后，书瑶熟练了许多，边刷色边和一旁的小朋友说："我的小兔子是粉色的。"十分钟后，书瑶将小兔子身体的一面几乎刷满颜色了，便又从颜料架上找到了一瓶红色的颜料，和老师说："我想用红色画腿。"在老师的帮助下，书瑶成功地蘸上了红色的颜料，蹲下来为小兔子刷腿。

分析反思：　小班入园初期的幼儿，容易被立体造型的动物形象吸引，教师投放的立体刷色兔能激发幼儿的游戏意愿。同时，幼儿对大面积刷色的游戏通常缺乏经验，要通过材料、环境、教师的支持，逐渐敢于自主选择工具、乐于参与涂涂画画的游戏，大胆创作与表现。

益智区

目标：　1. 通过利用不同种类的勺子、夹子喂小动物的游戏，锻炼小肌肉的灵活性。

2. 尝试将不同形状（圆形、长方形、正方形、三角形）的食物匹配并放进相应形状的小动物嘴巴里，感受玩具的不同材质（毛绒球、泡沫、塑料玩具等）。

探究点： 乐于利用多种工具进行喂食游戏。

过程： 区域游戏中，牛牛选择了班级中新投放的立体小兔喂食玩具。玩具是正方体的立体造型，四面分别有不同形状的小动物嘴巴，与之相配的是不同形状的食物，当食物喂进小动物的嘴巴里后，会通过不同程度弯曲或是笔直的管道，快速回落到底下的小盒子内。牛牛先是拿起塑料小勺子，舀起圆圆的绒球喂进了圆形嘴巴的小兔嘴里，绒球在蜿蜒的管道里滚落着。一会儿，牛牛又盛了一个塑料圆球，这次塑料球叮叮当当地快速落下，牛牛开心地说："哈哈！滚得更快了。"牛牛乐此不疲地将四种形状的食物分别喂进了不同形状的嘴巴里。

分析反思： 小班幼儿是在生动、形象的游戏中学习与发展的，针对幼儿小手肌肉灵活性较差的情况，班级投放了集小肌肉锻炼、形状匹配、感受不同材质的材料在管道内下落速度等多层次的游戏体验为一体的小动物喂食游戏。激发幼儿在拿勺子、夹子等工具喂食的过程中感受游戏的快乐，并能饶有兴趣地持续游戏。幼儿被下落、滚动等现象深深吸引，愿意不断地去操作，从而达成该游戏的核心目标——增强小手肌肉力量，帮助幼儿更好地使用餐具。

（三）集体活动

活动1：认识小兔子（科学领域）

探究点： 能够有序观察小兔子的外形特征，并尝试用语言表达发现。

活动目标：

1. 通过有序观察、直观感知，认识小兔子的外形特征以及生活习性。

2. 在活动中具备爱护小动物的责任心。

3. 喜欢参与集体活动，并愿意交流自己的想法。

活动准备：

物质准备：3只小兔子、围栏、小兔子身体结构的分解图、不同种类兔子的PPT、胡萝卜、青菜、芹菜、干草、兔粮。

经验准备：幼儿在生活中已经对小兔子有一定的认识。

活动过程：

1. 出示小兔子，吸引幼儿注意，激发幼儿对活动的兴趣。

教师：今天班上来了几个小客人，看看它们是谁？你们认识吗？看一看小兔子是什么样子的？你看到了什么？

2. 基本部分。

(1) 幼儿集体观察小兔子，相互交流自己的发现。

(2) 教师通过提问，小结兔子的外形特征。

教师：小兔子身体一共有哪几个部分？（头、身体、四肢）小兔子的头上有什么？眼睛是什么颜色的？小兔子的嘴巴是什么样的？小兔子的身上有什么？毛是什么颜色的？小兔子身体的后面有什么？小兔子走路是什么样子的？我们一起来学一学吧！

(3) 引导幼儿进行有序小结，并根据幼儿回答拼出小兔子的身体结构图。

教师小结：小兔子有个圆圆的头，头上有两只长长的耳朵，有两只眼睛，有张三瓣的嘴巴，嘴巴边上还有胡须，身上毛茸茸的，身后有个短短的尾巴，身下有四条腿，前面的腿短，后面的腿长，走起路来是一蹦一蹦的。

(4) 通过 PPT 了解小兔子的生活习性与小兔子的多样性。

出示 PPT，了解不同品种的小兔子有不同的花纹，眼睛的色彩、耳朵的形状也是不一样的。

3. 结束部分。

教师：小兔子很可爱，但它们很怕人类，以后小朋友见到小动物时，讲话和走路的声音都要小、要轻，不能吓唬小动物哦。

分析反思： 幼儿在生活活动中观察兔子时大胆地表达，于是班级生成了本次集体活动。我们组织幼儿观察班级内的三只小兔子，通过有序观察、直观感知，引导幼儿认识小兔子的外形特征以及生活习性，在活动中培养幼儿爱护小动物的责任心，鼓励幼儿大胆用语言表述自己的发现，乐于尝试和思考。

活动 2：小兔乖乖（语言领域）

探究点： 利用问题帮助幼儿理解故事。

活动目标：

1. 看图欣赏故事，理解故事内容，能复述大灰狼和兔子之间的对话。

2. 通过讨论，感知聪明勇敢的三只小兔子，初步树立自我保护的意识。

3. 乐于参与表演，体验与同伴一起表演的乐趣。

活动准备：

物质准备：《小兔子乖乖》动画和图片、小兔子、兔妈妈、狼的头饰。

经验准备：幼儿听过《小兔子乖乖》的故事。

活动过程：

1. 播放视频引出主题。

教师：这个视频讲了一件什么事情？谁来说一说你的想法？

2. 基本部分。

（1）看图欣赏故事《小兔子乖乖》，理解故事。

教师：故事里面有谁？三只小兔子叫什么名字？

（2）引导幼儿模仿故事中角色的对话和表情。

教师：小兔子呼唤妈妈回家了吗？第二天发生了什么事情？大灰狼想吃小兔子，是怎么唱的？（捏着鼻子唱）小兔子们又是怎么说的？想到了什么办法对付大灰狼？

（3）教师和几名幼儿一起表演故事，其他幼儿欣赏并练习对话和表情。

教师：视频中的哥哥姐姐是怎么表演的？他们的动作和表情都是什么样的？

3. 结束部分。

幼儿与教师一起表演《小兔子乖乖》。

教师：当妈妈外出不在家的时候，为什么兔妈妈让小兔子把门关得紧紧的呢？三只小兔子是勇敢聪明的小兔子吗？爸爸妈妈不在家的时候，我们小朋友应该怎么做？

分析反思：　根据幼儿喜欢小白兔的特点，开展了"小兔乖乖"集体活动。通过小白兔、兔妈妈和大灰狼的头饰吸引小朋友，幼儿的学习兴趣较浓，注意力集中。在活动中，教师结合小班幼儿的特点，巧妙地将情景游戏纳入语言活动中，让幼儿在轻松快乐的游戏中培养语言能力。幼儿对于故事表演有初步的了解，开始尝试模仿哥哥姐姐的动作和声音表演《小兔乖乖》。

（四）家园共育

目标：　1. 通过在班级群内分享幼儿饲养小兔子的照片、视频，拉近家园关系。

2. 通过分享幼儿参与主题活动的情况，帮助家长了解幼儿在园内的学习状态。

过程：　十一假期，教师在微信群内发出倡议，征集班级自然角中的动植物，班级两位家长分别带来黑、白、灰三种兔子。教师在 qq 相册内上传孩子们在一日生活中观察、喂食、照顾小兔子的情景。这种环境的营造，拉近了幼儿与班级环境的距离，产生一种亲和力，也有效地缓解了部分幼儿的焦虑。嘉辰的焦虑情绪很严重，9 月份每天都是哭着来园，在班级组织的集体活动中参与感并不强。十一假期过后，班中来了三只可爱的小兔子，老师在接园时就与嘉辰沟通："班里来了小兔子，要不要去看看？"第一次，正在哭泣的嘉辰很快地平复了情绪，拉着老师的手不哭不闹地走进教室。从此以后，老师们发现嘉辰在参与小兔子的集体活动、游戏中更投入了。我们将嘉辰的进步拍摄成一个个小视频发给嘉辰的家长，家长感受到幼儿在园的变化，在接下来的工作中更加积极配合了。

分析反思： 活动的开展拉近了教师、幼儿和家长之间的关系，班级活动的开展更加有序，家长参与活动的兴趣也更加浓厚。

活动二： 猜猜小兔子吃什么

（一）生活活动

目标： 1.愿意在饲养活动中进行简单的猜测及观察，了解小兔子爱吃什么。

2.能在活动中了解一些照顾、爱护小动物的方法，如轻声观察、温柔投喂等。

探究点： 观察发现小兔子爱吃什么。

过程： 一次过渡环节，班里有几位小朋友大声地跑到我身旁，说："刘老师，张天睿给小兔吃超轻泥。"我赶快走到兔笼旁边，发现里面有一小块超轻泥。看到一旁皱着眉头的天睿，我问道："天睿，为什么要把超轻泥给小兔?"天睿有点委屈地说道："我觉得它饿了，该吃饭了。"接下来，我们把问题抛给孩子："小兔能吃超轻泥吗? 小兔爱吃什么?"孩子们说道："小兔吃泥该生病了，小兔爱吃萝卜爱吃菜。"于是，我们开展了"小兔吃什么"的探究活动中，在老师的组织、支持下，每人都猜测了小兔子爱吃什么，教师一一记录幼儿的猜测，并鼓励幼儿家长将蔬菜分批带到幼儿园内。这样，每天都有一位小朋友为小兔带来他认为小兔爱吃的蔬菜。每天的过渡环节，班级教师都会组织幼儿观察小兔进食的情况。幼儿在观察中开心地讨论着："小兔吃白菜好快，这个茄子小兔不爱吃。"

分析反思： 幼儿每天与小兔朝夕相处，自然萌发了投喂小兔的意愿，但是对小兔能吃什么、不能吃什么是缺乏经验的。在"猜猜小兔子爱吃什么"的探究活动中，教师注重组织小班幼儿进行简单的猜测、观察、验证，也自然产生了照顾小兔的想法。

（二）区域活动

娃娃家

目标： 1.在游戏中能模仿成人的行为。

2.愿意在交往游戏中与小朋友、老师进行交往，能表达自己的看法。

探究点： 能利用娃娃家内的塑料刀进行切菜游戏，喂食小兔子。

过程： 活动区时间开始了，兜兜选择了娃娃家进行游戏。一进入活动区，她就在角色服装柜内挑选了粉色的围裙，在请老师帮忙系带子时说道："今天我要当妈妈，给小兔做饭。"穿好围裙后，兜兜来到洗手盆前拿起白菜，轻轻地剥了一片菜叶放在案板上，又径直走到放刀子的玩具柜前拿出了玩具刀，随后又回到案板前，开始切菜。这时颜墨也带着奶奶的头套走到案板前，对兜兜说："我也想切菜。"兜兜一口答应："那我在这边，你在那边，一起。"

随后兜兜和颜墨都切起白菜来，只见兜兜一刀一刀地将白菜切成小方块状。过了一会儿，兜兜突然提高声音说："呀！你看，地都脏啦!"颜墨回应："有白菜掉了。"说罢，兜兜又切了一会儿，又突然提高声音说："有了，我可以扫一扫。"说罢来到清洁用品推车前，拿起了小簸箕、小扫帚，蹲在地上一下一下地扫起来。很快，掉在地上的白菜叶子就被清理干净了。活动区时间快结束时，兜兜和颜墨将切好的白菜送到小兔的食盆内，看着小兔动着三瓣嘴吃着，他们开心地笑了。

分析反思： 幼儿能利用班级投放的蔬菜、刀子等材料开展切菜游戏，同时利用清洁用品及时清理菜叶垃圾，说明游戏材料的投放支持幼儿进行游戏，促成了幼儿的游戏行为。最后，幼儿能将切好的蔬菜喂给小兔子，游戏的生活性强、趣味性强。当自己的"劳动成果"真的被小兔子吃掉的时候，幼儿充满了成就感。

（三）集体活动

活动 1：小兔吃什么（科学领域）

探究点： 幼儿在喂食中观察小兔子吃什么，并愿意大胆表达。

活动目标：

1. 通过给小兔子喂食物，观察了解小兔子的食性。

2. 学习照顾、爱护小兔子。

活动准备：

物质准备：小兔子三只、各种食物的卡片、兔子图片、各种蔬菜。

经验准备：幼儿有在班级饲养区给小兔子喂食物的经验。

活动过程：

1. 创设"小兔子饿了"的情境，让小朋友给小兔子准备食物。

教师：咱们班的小兔子昨天拉了好多的"臭粑粑"，肚子都饿了，你们今天给兔子带了什么好吃的？

2. 基本部分。

（1）启发幼儿想一想、猜一猜、说一说小兔子喜欢吃什么。

（2）选择相应的食物卡片贴在墙饰"猜一猜小兔子喜欢吃什么"部分。

（3）给兔子喂食并观察，根据观察结果将相应的食物卡片贴在墙饰"小兔子喜欢吃"或"小兔子不喜欢吃"部分。

第一次探索：幼儿自选蔬菜给兔子喂食并观察食用的情况。

集体分享第一次探索的结果。

幼儿 1：兔子闻了闻黄瓜，但是没有吃。

幼儿 2：小兔子很喜欢吃白菜，吃起来发出嘎吱嘎吱的声音。

幼儿 3：小兔子很喜欢吃兔粮和兔草。

第二次探索：幼儿可以更换其他蔬菜喂给兔子。

教师：刚才小朋友都有了发现，这次我们再试试，可以换换其他蔬菜，看看又会有什么发现。

集体分享第二次探索的结果。

3. 结束部分。

教师：今天小朋友根据自己的猜想带来了各种蔬菜喂养小兔子，如果你还想试试其他蔬菜，我们可以明天再试试，小兔子一次吃太多，肚子会不舒服的。

分析反思： 幼儿喜欢喂养小兔子，但是不知道小兔子到底吃什么才是健康的，有时会出现喂橡皮泥的情况，基于此开展了本次集体活动。活动前，幼儿积极搜集各种蔬菜，在教师的支持引导下，能够持续喂养和观察小兔子，了解兔子的食性，并乐于与教师、小朋友交流自己的发现。小兔子喜欢吃什么还需要持续观察、持续发现，可以将把活动延伸到一日生活中，深度了解小兔子的食性，从而正确保护小兔子。

活动 2：小兔子生病了（健康领域）

探究点： 通过问题帮助幼儿理解故事。

活动目标：

1. 知道多吃水果、蔬菜、多喝水才能少生病。

2. 初步培养幼儿不挑食的好习惯。

活动准备：

物质准备：视频故事《小兔子生病了》、水果、各种蔬菜、兔粮、饮用水等。

经验准备：幼儿有喂养小兔子的初步经验。

活动过程：

1. 导入活动。

教师出示手偶并提问：今天有一个小客人要来我们班，看看它是谁呀？小兔子喜欢吃什么？

2. 基本活动。

（1）创设情境，讲述故事《小兔子生病了》。

教师：老师今天给小朋友们带来了一个故事，我们来听一听故事里的小兔子和你们说得是否一样，是不是爱吃胡萝卜和青菜。

（2）依次出示图片并提出问题。

教师：小兔子怎么了？它哪里不舒服？为什么会生病呢？小兔子嘴上起泡了，小狗怎样告诉它的？小兔子的肚子胀胀的，小猫帮它想了什么好方法？小老鼠的神奇药水是什么？喝了白开水会怎样呢？

幼儿1：小兔子不吃饭、不喝水，生病了。

幼儿2：小兔子不爱吃蔬菜就肚子疼，拉不出来粑粑。

幼儿3：小兔子喝白开水，不喝生水肚子就不疼了。

（3）请幼儿说一说小兔子怎样就不生病了。

引导幼儿在日常生活中养成爱吃水果和蔬菜、喝白开水的习惯。

3. 结束部分。

情景游戏：给小兔子送吃的。教师扮演生病的小兔子，请幼儿给小兔子送食物。

分析反思： 通过故事，幼儿理解了小兔子不能乱吃食物，这比单纯的说教更有说服力。在后续照顾小兔子的过程中，也会避免幼儿给兔子喂不适当的食物。幼儿的语言能力是在运用的过程中发展起来的，因此在活动中教师积极引导，使他们想说、敢说、喜欢说、有机会说，并能得到积极应答。

（四）家园共育

目标： 1.组织家长通过为小兔带菜、关注群内幼儿活动照片、视频等形式，了解幼儿园课程的组织形式。

2.利用课程分享的形式，帮助家长了解3～4岁幼儿的简单科学探究过程。

过程： 班级教师将幼儿猜测的小兔子爱吃的食物记录下来，写上推荐带来蔬菜的日期发给家长。家长们都在推荐日期带来了蔬菜。每天午餐前的过渡环节，都是小朋友们观察小兔进食的时刻，班中教师将幼儿围绕小兔爱吃什么食物的讨论与小兔进食的视频发送到微信群中，方便班级家长一同关注。

分析反思： 对于小班的家长，对幼儿园的主题活动是什么、教师征集的材料如何用上并不清晰，但同时也有较高的参与班级活动的意愿，如何将这种意愿转化成一种正向的家园互动呢？这就需要教师提高智慧。如本活动中，为了避免前期征集很多蔬菜吃不完、后期没人带菜吃不饱的情况发生，教师采用了"预约"的方法。同时，教师每日将幼儿与小兔的喂食互动利用网络形式共享，让家长在视频中了解幼儿园的课程组织形式，也直观地了解了支持的意义，久而久之会产生更深层次的家园联系。

活动三： 小兔和我做游戏

(一) 生活活动

目标： 1. 逐渐养成不偏食、不挑食的饮食习惯。

2. 能利用餐具独立进餐。

探究点： 能够了解一些关于蔬菜的营养知识，激发进餐的欲望。

过程： 在进餐环节，老师利用游戏的形式开展配餐、配点的活动。比如，有的小朋友不爱吃绿叶菜，老师就会鼓励幼儿："看这绿油油的菜是小兔子喜欢吃的小菠菜，它软软的，富含很多铁元素，真香！小朋友学一学小兔子的样子尝一尝。"在这样游戏化的形式下，班级的进餐氛围更加温馨、自主了。

分析反思： 小班幼儿需要在园内培养自主吃、样样蔬菜都爱吃的良好进餐习惯，教师利用与主题相关的、充满童趣的进餐语言激发幼儿的食欲，帮助幼儿逐渐熟悉在家中接触较少的青菜，逐渐养成良好的饮食习惯。

(二) 区域活动

建筑区

目标： 1. 能与同伴友好相处，不争抢玩具。

2. 能用搭高、围拢、延长等技能为小兔子搭家。

探究点： 自主尝试利用搭高、围拢等方式为小兔子搭家。

过程： 活动区时间，炳杰来到了建筑区游戏。他先是站在大果果旁边观察。大果果边搭边说："得快点搭，要不然一会儿大灰狼该把小狗狗吃掉了！"炳杰听了以后，便找到了一只小兔子，对教师说："我要给小兔子搭个家，不让大灰狼进来！"他边说边找来了纸砖开始进行围拢搭建。就这样，他一块块地搭建起来，搭了一层、两层、三层，等搭好第四层时，对教师说："刘老师，我想搭一个大灰狼都进不来的房子。"边说边把手上的纸砖放在顶上，原来他是想给小兔子的家搭个房顶。他找来了几块纸砖，小心翼翼地搭在了墙的中间，终于成功了！

分析反思： 幼儿在与材料、环境、同伴的互动中，萌发出了为小兔子搭建一个"大灰狼进不来"的房子的意图。幼儿在搭建时可以综合利用围拢、搭高的技能，同时还进行了封顶的尝试。

美工区

目标： 1. 运用简单的图形和自己喜欢的颜色大胆地、有意识地表现熟悉的事物。

2. 喜欢操作易于使用的美术工具和材料，逐步掌握它们的用法。

探究点： 大胆利用多种材料进行美工创作。

过程： 关注到幼儿对粘贴游戏的喜爱后，班级创设了"小兔一家"的装饰粘贴游戏，教师用塑封膜制作了镂空的小兔子，鼓励幼儿利用小花、绒球、胶钉等材料，大胆进行创作。

活动区时间，凌凌到了美工区游戏，在玩了一会儿涂鸦游戏后，来到了小兔一家的粘贴游戏区，准备为大镂空兔子装饰花衣。凌凌先选择了棕色的纸片，把大大的棕色纸片撕了一下，来到工具柜子前找到了一根胶棒，在纸片上细致地抹上了一点胶，贴了上去。粘了几张棕色纸片后，凌凌又选择了用手揉成的圆纸球，装饰在兔子的身上。过了一会儿，凌凌又从玩具筐里找到了一团毛线，将一头用胶钉粘在小兔的头上，绕着转了起来，开心地跟老师说："我在帮小兔长头发！"

分析反思： 小班幼儿喜爱情景丰富的粘贴游戏，班级投放了小兔一家粘贴装饰，鼓励幼儿在粘贴的过程中提升小手肌肉的协调性，体会装饰小兔子的美感，大胆表达自己的装饰方法。

益智区

目标： 1. 能与同伴一起游戏，为小兔子制作门帘。
2. 能利用简单、重复的规律（颜色或形状）为小兔穿门帘。

探究点： 利用简单的规律为小兔穿门帘。

过程： 教师在益智区投放了小兔穿门帘的自制玩具，用游戏化的语言激发幼儿游戏："天气冷了，小兔子家需要一个门帘，请小朋友来帮忙给小兔子家安上一个新的门帘。"刚投放小兔穿门帘的自制玩具时，由于外形精美，孩子很喜欢，天天都有小朋友去玩。可是没过几天，我们发现这个玩具没有刚刚投放时那么受欢迎了。一连几天，都没有小朋友选择这个玩具。于是班里老师就开始思考并尝试玩这个玩具，刚开始的时候觉得很有意思，也很有成就感，但是后来发现都是重复性的活动，就觉得没有意思了。于是我们又在原有的基础上对玩具进行了调整，丰富材料，为小兔门帘设计了小草地、小花坛的情景，还将原来只能一面穿的门帘变成了两面，调整后，幼儿的游戏兴趣又提高了。

分析反思：小班幼儿喜欢生动、形象、拟人化的游戏。教师在投放游戏材料后，需要观察幼儿的游戏状态和游戏水平并及时调整。

（三）集体活动

活动1：兔子舞会（艺术领域）

探究点：尝试随音乐律动，能在音乐停止时做出不同的兔子造型。

活动目标：

1. 能听辨音乐的进行和停止，并做出相应的反应。
2. 运用自己的身体，尝试在音乐停止时摆出兔子的创意造型。
3. 体验与教师、同伴听音乐玩照相游戏的快乐。

活动准备：

物质准备：音乐《有洞的音乐》《小兔和狼》、手机两部、白板。

经验准备：幼儿玩过"开始和停止"的听辨游戏、有照相的生活经验。

活动过程：

1. 听《小兔和狼》音乐，根据音乐节奏模仿小兔子蹦蹦跳跳，律动入场。

教师：兔宝宝们，今天兔妈妈要带你们去参加兔子舞会啦！我们一起出发吧！

2. 基本部分。

（1）完整欣赏音乐，感受音乐的旋律。

教师：今天，兔妈妈带来了一首特别有趣的音乐，歌曲里还藏着一个小秘密，看看哪位小兔子的耳朵能听出来。你发现歌曲里藏着的秘密了吗？它和我们平时听到的音乐有什么不一样？

幼儿1：有的地方有音乐，有的地方没有。

幼儿2：有时候音乐快，有时候音乐慢。

教师：你们的小耳朵可真灵！这首音乐有欢快的旋律，还有停止的地方。

（2）用手指游戏感知音乐的变化。

教师：我们一起听着有趣的音乐，让小手在身体上跳个舞吧！但是，当音乐停止时，小手也要在身体上休息一下。

（3）听辨音乐并摆出照相时的动作。

①通过提问帮助幼儿回顾照相经验。

教师：你们照过相吗？你去哪里照相的呀？

教师：我们试试听着有趣的音乐来照相。当音乐响起时，我们可以走一走、找一找相机在哪里（教师可以站在不同位置为幼儿拍照）；当音乐停止时，我们要在相机前摆出小兔子的动作。

②分享小结：音乐停止时要站稳不动，否则拍出的照片会不清晰。

（4）游戏：兔子舞会。

创设情境，激发幼儿大胆运用身体各部位，创造性地摆出兔子造型。

教师：听！什么声音？啊，原来是森林里的摄影师邀请小兔子们参加舞会啦！你们想用身体哪个部位表现小兔子呢？当音乐响起时，小兔子们自由表现；当音乐停止时，我们尝试用身体各部位摆出具有创意的小兔造型。现在小兔子可以轻轻地站起来，来跳一个属于我们自己的兔子舞吧。（请幼儿依据摆出的动作造型，互相猜一猜是什么样的小兔子）

教师：兔子舞会太有趣了，这次拍出的照片非常清晰，你太棒了！

3. 结束部分。

活动小结：原来每只小兔子都是不一样的，都有自己最独特的样子，你们尝试用身体的各部位创造表现出不一样的小兔子，而且不断地变化造型，都是最有创意的！我们欣赏一下美美的自己吧。

分析反思：　本次活动中，幼儿能听辨音乐的进行和停止，并做出相应的反应。尝试在音乐停止时探索摆出兔子的创意造型，有的幼儿变出睡觉的兔子，有的变出瘸腿兔子，有的变成胖兔子、高兔子等。幼儿不断地变化造型，挑战更高的难度，每只小兔子都是独一无二的样子。环节设计上层层递进，让幼儿逐步感受音乐游戏的快乐。

活动 2：小兔跳跳跳（健康领域）

探究点：　能用自己的方式表现小兔子蹦蹦跳跳的样子，尝试挑战不同难度的游戏路线。

活动目标：

1. 在游戏的情境中练习双脚并拢连续向前跳，锻炼腿部力量。

2. 愿意参加体育游戏，体验参与游戏的快乐。

活动准备：

物质准备：用塑料圈、泡沫块、动物圈、梅花桩等材料分别向四个方向铺设四条路、毛巾、篮子、贴有红白萝卜图片的筐、小白兔头饰。

经验准备：幼儿会念小兔子儿歌，有前期的语言经验。

活动过程：

1. 热身运动：教师扮演兔妈妈，幼儿扮演兔宝宝，边说儿歌边做准备活动。

教师：在郊游之前，你们要和兔妈妈做做操，活动一下身体。

2. 基本部分。

（1）帮助幼儿回忆上次活动，请个别幼儿上来示范。重点说明梅花桩路。

教师：谁愿意把上次在梅花桩上练过的本领表演一次给其他小兔子看？

小结：原来小兔子在梅花桩上练本领的时候，小脚要弯一弯、蹬一蹬，用力往前跳。

（2）运萝卜。

教师：我们去郊游，没有吃的东西可不行，兔妈妈带你们去萝卜地拔萝卜带在路上吃，好吗？看看萝卜地里都有什么萝卜啊？

①介绍规则。

教师：等会儿请每个宝宝去萝卜地拔萝卜，每次只能拔一颗萝卜。拔下的萝卜要从旁边的小路送到对面的箩筐中。红萝卜送到有红萝卜图片的箩筐里，白萝卜送到有白萝卜图片的箩筐里。

②运完萝卜后，尝试数一数自己有几颗萝卜。

3. 结束部分：放松运动。

教师：萝卜拔完了，我们一起把郊游的食物准备好了，我的兔宝宝们真能干。

分析反思：幼儿喜欢参与体育活动，前期学习的儿歌在游戏中更加有情境性，帮助幼儿更好地掌握小兔子跳跳跳的动作。孩子们在情境中练习双脚并拢连续向前跳，锻炼腿部肌肉力量，体验参与游戏的快乐。

（四）家园共育

目标：1. 通过网络共享视频、照片以及教师的解读，开展个性化的家园工作。

2. 利用直观的影像资料，帮助小班家长了解幼儿在活动区游戏的所学所获。

过程：在主题游戏中，幼儿对游戏的热情更加高涨了，在游戏中的专注性、坚持性更强了。教师将幼儿游戏的学习故事及时私信给家长，同时在区域游戏中录制幼儿游戏的情况，每周上传到班级的微信群中。

分析反思：小班幼儿家长对幼儿在园内"怎么做游戏、怎么增长本领"感到好奇。区域游戏时间是幼儿自主游戏、个性化表达与创造的高光时刻，教师通过共享幼儿活动的照片与视频，加之教师的专业解读，帮助家长了解幼儿在班级宽松自主的氛围下，能够在玩中学、在玩中发展。

活动四： 小兔跟我回家

（一）生活活动

目标： 1. 感受照顾小兔子的过程，萌发责任感。

2. 能在照顾小兔时参与清洗菜叶、喂水、清理便便等简单的劳动活动。

探究点： 能通过喂食、喂水照顾小兔子，表达自己的发现。

过程： 孩子们每天与小兔相处，关心、爱护着小兔。周六日时，孩子们也担心小兔自己在幼儿园没有饭吃，没人清理便便，于是我们便组织了"小兔跟我回家"的活动。在家长拍的影像资料中，我们发现小朋友们细心地照料着小兔，喂菜、喂水、清理便便，在无形中学会了关爱生命，培养了责任感和动手能力。

分析反思： 请幼儿将小兔带回家中，满足了幼儿与小动物亲近的欲望，同时也为幼儿自主劳动、细致观察创造了机会。

（二）区域活动

图书区

目标： 1. 愿意自主翻阅画面简单的图书，能在教师的帮助下熟悉图画书的内容，愿意用简单的语句描述自己的观察。

2. 愿意利用情景故事盒、小手偶讲述故事。

探究点： 能结合熟悉的《小兔乖乖》的故事，利用手偶讲述故事。

过程： 结合小兔子这一动物形象，我们利用过渡环节给孩子讲了很多关于小兔子的故事，其中，孩子们最喜欢听的故事还是《小兔乖乖》，大灰狼狡猾的形象和小兔子的聪明机智正是孩子喜欢的。而且故事的语言比较简单，重复的句子比较多。教师结合幼儿的兴趣点，在图书区做了一个关于《小兔乖乖》的背景讲述板，孩子们可以将自己喜欢的形象套在手指上进行讲述。孩子们的兴趣非常浓厚，经常你一句我一句地讲，当说到大灰狼跑了的时候，都不约而同地哈哈大笑。

分析反思： 小班幼儿喜欢情节简单、语句重复的文学作品，教师适时地投放故事盒子与手偶，帮助幼儿在图书区增强语言的互动与交流，同时也能在玩一玩、说一说的过程中增强表达能力。

（三）集体活动

活动1：小黑怀孕了（综合领域）

探究点： 通过纪录片增加探究兴趣，讨论照顾小兔子的方法。

活动目标：

1. 能用完整的语言说出自己需要的材料或工具。

2. 对如何照顾小兔子有一定的了解。

活动准备：

物质准备：刚出生的小兔子的图片、照顾小兔子的视频。

经验准备：幼儿有照顾兔子的初步经验。

活动过程：

1. 导入活动："小黑"怀孕了，引发兴趣。

教师：最近咱们班的"小黑"肚子变大了，它现在是怀孕的兔妈妈了。你们看见过刚出生的小兔子吗？和我们平常看到的兔子有什么不同？

2. 基本活动。

(1) 观看刚出生的小兔子的照片，了解兔子的诞生。

教师：看了照片，你觉得刚出生的小兔子和我们平常看到的小兔子一样吗？

(2) 讨论"小黑"生宝宝后我们可以怎样做，激发幼儿照顾兔子的欲望。

①讨论怎样照顾小兔子。

教师："小黑"要生兔宝宝了，我们要照顾小兔宝宝，说一说应该怎么照顾它们呢？

幼儿1：要每天按时给小兔宝宝喂奶。

幼儿2：小兔宝宝没有白色的毛，会怕冷，我会给它们做个温暖的家。

幼儿3：我觉得兔妈妈也是需要我们照顾的，我们需要给兔妈妈做好吃的。

②讨论并搜集照顾兔子的工具及材料。

教师：你们刚才说了很多照顾小兔宝宝的方法，但是我们需要一些材料才能在小兔宝宝出生之后照顾它们。你们觉得我们需要哪些材料或工具呢？

幼儿1：我可以给小兔宝宝带我喝的奶粉，万一小兔宝宝不喝兔妈妈的奶呢。

幼儿2：我可以把家里不用的毯子拿来给小兔宝宝盖。

幼儿3：我觉得需要一个纸箱来做它们的小家。

3. 结束部分。

教师小结：那小朋友们明天把你们刚才说的材料都带来，我们一起给小兔宝宝做一个温暖而舒服的家。

分析反思： 活动前，我们考虑到小班幼儿年龄小，对于兔子生宝宝的知识经验和收集材料的能力都有限，希望以纪录片的方式让他们对兔子的孕育获得些粗浅的认识。但通过交谈，我们看到这群孩子对自己感兴趣的问题充满了种种丰富而感性的思考。特别是孩子们提出要为兔子准备"温暖的家"，让我们感受到孩子们对兔子充满了人文关怀。对于小班幼儿来说，那些鲜活、可爱的动物形象更能牢牢地吸引他们的关注，极大地引发其探究兴趣。因此，我们顺应幼儿兴趣，抓住小黑兔怀孕这一契机，激发幼儿爱护动物、珍惜生命、关心周围环境的情感。

活动2：可爱的小兔子（艺术领域）

探究点： 幼儿自主尝试用皱纹纸制作小兔子。

活动目标：

1. 引导幼儿继续学习粘贴技能，学会用点状材料进行粘贴。

2. 培养幼儿认真细致的态度及良好的卫生习惯。

活动准备：

物质准备：小兔子的图片、胶棒、皱纹纸。

经验准备：幼儿有揉球粘贴的美术经验。

活动过程：

1. 开始部分。

（1）教师以猜谜的方式导入活动。

教师：小朋友，老师请你们来猜一个谜语：长长的耳朵短尾巴，红红的眼睛白白的毛，走起路来蹦蹦跳，爱吃萝卜和青菜。这是什么呢？

（2）幼儿猜出谜底后，教师引导幼儿回忆小白兔的颜色、外形等。

教师：小兔是什么颜色的呢？小兔的外形是什么样子的？

2. 基本部分。

（1）示范点状材料粘贴的技能，激发幼儿的兴趣。

教师：你们知道这只小兔是怎样做出来的吗？请大家想一想，皱纹纸是怎么揉成球的？

示范：将皱纹纸的纸条打开放在手心里，一手在上、一手在下，两只手将其搓成球，然后粘在小兔子的身上。

（2）幼儿自主尝试用皱纹纸制作小兔子。

3. 结束部分。

作品展示并小结：小朋友发现用两只手使劲揉搓出的小球不易松散，小兔子更漂亮。我们一起来学小白兔蹦蹦跳跳，到外面去做游戏吧。

分析反思：撕纸是小班幼儿很喜爱的一种美术活动，它不仅能锻炼手部精细动作，而且可以提高手眼的协调性，纸被撕碎时发出的声音以及撕后的样子能引起他们极大的兴趣及注意力。在活动中，有的幼儿揉的纸球容易散开，有的揉的就比较紧实，幼儿在操作中不断探索让小兔子更美观、使纸球粘得结实的方法，在温馨自主的氛围里感受美、创造美。

主题活动反思

1. 迎合小班幼儿年龄特点和发展需要的主题活动。本次主题活动在10月份进行，小班幼儿刚完成了入园适应，班里的小兔子成为孩子们津津乐道、兴趣满满的话题。孩子们在一日生活中喜欢观察、喂食、照顾小兔子。这种环境的营造，拉近了幼儿与班级的距离，产生一种亲和力，缓解了部分幼儿的焦虑。同时，"小兔跟我回家"的活动拉近了幼儿与家长的距离，家长的参与也在无形中带动幼儿积极探索。

2. 以兴趣为起点，鼓励小班幼儿进行简单的探索活动。兴趣是小班幼儿探索活动的开始，幼儿在与小兔的相处中，积累了直接经验，感知了生物的多样性，增加了感性认知。在"小兔吃什么"的探究活动中，小朋友们大胆猜测小兔爱吃什么，每天带来不同的蔬菜进行喂食。在这样的观察、探索中，幼儿动手、动口、动心地活动。

3. 儿童化的视角让班级区域游戏更加丰富。益智区的"小兔穿门帘"、美工区的"刷色小兔子""小兔一家粘贴装饰""小兔爱吃的食物泥工活动"，建筑区的"为小兔子搭家"，表演区的"小兔乖乖"等活动引发了幼儿对游戏的兴趣，支持幼儿饶有兴趣地进行持续游戏。

4. 主题活动中的情感浸润。孩子们每天与小兔相处，关心、爱护着小兔。在周六日时，孩子们也担心小兔自己在幼儿园没有饭吃，没人清理便便，于是教师组织了"小兔跟我回家"的活动，幼儿在活动中学会了尊重生命，培养了责任感、动手能力、创造能力。

（教师：刘运超、郝艳泽）

主题三 种子成长记

适宜年龄

4～5 岁

资源利用

本次主题活动利用了园内二层平台的自然资源。孩子们观察到植物角的土壤里冒出了小嫩芽，草坪上也长出了小草，这一切变化引发了孩子的好奇心与探究欲望。教师借用家园社资源，邀请幼儿带着自己喜欢的种子来园种植，并观察一颗小小的种子是如何变成苗壮的植物的。我们一起见证了种子成长的过程，体验种子的生机与希望，发现它的神奇与奥妙，也让幼儿亲自参与其中，真正成为课程的主人。家园合力，用照相、录像等方式进行记录。

主题由来

幼儿从 3 月份的阅读主题中了解了关于植物的秘密。植树节时，幼儿在自然角种植了许多种子，每天都去观察各种植物的生长情况。孩子们发现有一些种子没有出芽或者长得不好，由此展开了讨论。为了开拓视野，了解不同蔬菜、瓜果的种植、生长过程，体验劳动的快乐，孩子们在种植园开展了新的种植探索。陈鹤琴先生曾说：儿童的世界是儿童自己去探讨、去发现的，大自然、大社会是孩子们最真实的、最丰富的、最具吸引力的学习环境。让幼儿在与大自然、大社会的接触中尽情地看看、听听、想想、摸摸、做做，满足幼儿的好奇心和渴望主动发现、主动探究的心理，获取最真实的感受。抓住大自然的活教材，我们开展了本次主题活动。

主题总目标

1. 能够认真观察、记录植物的生长变化，知道瓜果蔬菜中蕴含的营养。
2. 通过探索，发现种植以及照顾植物的方法。
3. 会运用种植工具，感受工具的便利。
4. 在种植中体验劳动的快乐，知道要爱惜劳动成果。
5. 能用语言表达自己的种植感受，大胆交流自己成功的心情。

主题网络图

春天的颜色　　　　　我们种植啦　　　　我们的收获

├─找春天　　　　　　├─我的种植方法　　├─食物的营养价值
├─春天的游戏　　　　├─我为种植做标牌　└─可以怎么吃

种子成长记

├─玉米为什么焉了
├─红豆为什么没长出来　　├─如何测量小芽的高度
├─植物生长过程需要哪些条件├─我的测量记录表
└─我的想法：移栽、重新种植

自然角里的发现　　　　我来照顾小种子

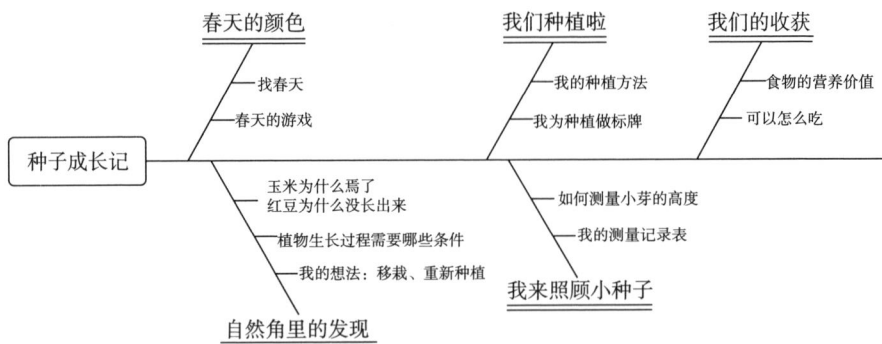

活动一：春天的颜色

（一）生活活动

目标： 通过观察、发现，感知春天植物的变化。

探究点： 幼儿能够自主发现植物的变化，用较完整的语言将自己的发现表达出来。

过程： 过渡环节，琪琪和语柠说："这里长出了绿色的嫩芽。"语柠开心地说："春天到了，天气暖和了，花盆里的小草都长出来啦。"这时旁边的乐乐也凑过来说："我也发现了，以前这个花盆里都是土，现在都是绿色的小草。"

分析反思： 幼儿能够认真观察并发现自然角的变化和春天有关，还与身边的同伴一起交流，激发了对春天植物变化的好奇。

（二）区域活动

自然角

目标： 感知春天的到来，知道春天是播种的季节。

过程： 游戏活动中，思晟来到自然角，看到有不同的豆子，便对旁边的小朋友说："你知道吗？现在是春天了，春天可以种很多植物。我妈妈在家还泡黄豆了呢。"这时旁边的辰辰说："我知道，春天还有植树节呢。"思晟听后更开心了："对，春天可以种植很多植物，还可以种蔬菜、种树、种花。看外面有很多花，特别漂亮。"

分析反思： 通过孩子们的对话，能看出孩子们对春天有了初步的认知，感受到了周围环境的变化，知道春天到了，春天是播种的季节。

美工区

目标：　1. 能用多种方法制作春天的花朵。
　　　　2. 在美工活动中感受春天的美丽。

过程：　活动区时间，孩子们争先恐后地选择美工区。畅畅和紫文主动选择了用橡皮泥制作桃花。瑞鸿和连泽也选择为花朵涂色，悦溪主动选择绘画迎春花。紫文主动观察周围的小朋友并开心地说："你看，咱们做的是粉色的桃花，溪溪画的是黄色的迎春花，瑞鸿他们涂的是五颜六色的花。春天有这么多花，这么多颜色，真漂亮。"畅畅也开心地说："春天是五颜六色的，可漂亮啦。"

分析反思：　孩子们充分感受到了春天的多姿多彩，也在用不同的方式创作花朵，表达着对春天的喜爱。

（三）集体活动

活动名称：春天的颜色（语言领域）

探究点：　通过各种感官感受春天的颜色，能自主创编儿歌来表达春天的特征。

活动目标：

1. 欣赏文学作品，感受春天的美丽。

2. 感受诗歌结构，尝试创编，体验创编的乐趣。

活动准备：

物质准备：PPT 课件。

经验准备：观察过春天景物的特征。

活动过程：

1. 开始部分：谈话导入。

教师：宝贝们，今天老师邀请了许多客人来我们班和宝贝们一起学习，你们高兴吗？咦，我邀请的小熊怎么还没来呢？它在干什么呀？

2. 基本部分。

（1）创设情境，欣赏作品。

教师：原来是春天到了，小熊冬眠醒来了。它想知道春天在哪里，春天的颜色又是什么样的。请听，它的朋友在告诉它呢！（播放课件）

（2）幼儿再次欣赏作品。

教师：小草、草莓、小兔都是怎样告诉小熊春天的色彩的呢？我们再来欣赏一遍散文诗《春天的颜色》吧！

提问：为什么小草告诉小熊春天是嫩嫩的绿色？为什么草莓告诉小熊春天是甜甜的红色？为什么小白兔告诉小熊春天是跳跳的白色？

（3）尝试创编。

教师：小熊知道了春天有绿色、红色、白色。那么春天还有什么颜色呢？你猜，谁会告诉小熊春天是红色的？谁会告诉小熊春天是黑色的呢？

幼儿尝试结合生活经验进行创编。

3. 结束部分。

教师：小朋友们创编的诗歌可真好，我们可以制作成诗歌集。

分析反思： 创设情境，激发幼儿对活动的兴趣。活动开始，教师以给小朋友带来了一位小客人导入，通过小熊的讲述与歌唱，引发幼儿探寻春天颜色的欲望。

从已有经验入手，引发幼儿共鸣。颜色是春天最直观、最明显的变化，教师通过带幼儿到户外找春天，唤醒幼儿的生活经验。运用颜色宝宝的图片，让幼儿猜想、寻找春天的秘密，拓展幼儿已有的经验，从而学说儿歌的内容。在创编这一环节，教师又增加了黑色宝宝、白色宝宝、蓝色宝宝，让幼儿迁移出更多与颜色相匹配的事物，并根据儿歌的格式进行创编、完整表达，给幼儿想说、敢说的机会。同时，让幼儿感受到春天是五彩缤纷的，萌发热爱春天、热爱大自然的情感。

（四）家园共育

目标： 通过活动的介绍与家长形成合力，共同推动主题的开展。

过程：

1. 通过微信的形式向家长介绍幼儿在活动中的兴趣点及幼儿的学习方式与特点。

2. 周末亲子走进大自然，感受春天的景色，运用相机记录春天，并分享到班级群内。

分析反思： 家长积极带领幼儿探索春天，让幼儿走出教室，走出幼儿园，去感受春风的轻拂，去领略阳光的暖意，去寻找春的足迹。

活动二：自然角里的发现

（一）生活活动

目标： 对种子感兴趣，观察种子的特征。

探究点： 能够发现身边各种各样的种子。

过程： 在吃水果的过程中，幼儿能够将想要种植的种子收集起来，观察种子的特征。在过渡环节继续观察、照顾自然角里种植的植物。

分析反思： 教师适当地进行引导，让幼儿发现身边的种子，并将喜欢的种子保留下来，激发了幼儿对种子的好奇心。

（二）区域活动

图书区

目标： 1. 知道一页一页地翻看图书，能理解、讲述简单的画面内容。

2. 喜欢发现、指认、讲述书中感兴趣的人和物。

探究点： 通过翻阅图书，根据画面内容讲述故事。

过程： 图书区投放《一颗小种子》等关于种植的图书，幼儿阅读、了解植物从种子到收获的完整过程。

分析反思： 幼儿通过阅读关于种植的图书，加深了对种子成长为植物的理解，对种植种子充满了期待。

自然角

目标： 1. 能发现自然角中植物的生长变化。

2. 能够主动照顾植物。

过程： 在区域游戏时，璟颐主动给植物浇水时，发现上周种的大蒜已经长出来了，开心地说："快看，大蒜发芽啦！我给大蒜浇点水，这样大蒜能长得更快。"于是璟颐来回跑了三四次，把全班小朋友种植的大蒜都浇了一遍，并开心地和小朋友分享。

分析反思： 幼儿能够主动照顾植物，并发现植物的生长变化。

（三）集体活动

活动1：自然角里的发现（语言领域）

探究点： 能观察到植物的不同变化，并大胆表达。

活动目标：

1. 能够认真观察自然角植物的变化。

2. 愿意大胆表达自己的发现。

活动准备：

物质准备：纸、笔。

经验准备：班级自然角进行了小组种植。

活动过程：

1. 开始部分：谈话导入。

教师：我们在植树节种下的种子都慢慢长出来了，你们在每天的观察中有什么发现吗？

2. 基本部分。

（1）幼儿交流自己的发现：有些幼儿发现植物长高了，长大了，有些幼儿则发现植物一直没有长出来。

教师结合幼儿的发现提出疑问：为什么有的长出来了，有的没有长出来？

（2）幼儿结合问题进行猜想。

（3）教师带领幼儿观察没有长出的植物的情况。

小结：因为没有及时浇水或者种植的方法不对，影响了植物的生长。

3. 结束部分。

结合讨论的原因，引导幼儿制定后续的计划，再次进行种植。

分析反思： 幼儿园的自然角是幼儿亲密接触自然的一个"小窗口"，是孩子们的快乐花园，是孩子们心中的自然天地。本次谈话活动，让幼儿丰富了知识，增强了兴趣。

活动 2：认识种子（科学领域）

探究点： 认识身边各种各样的种子。

活动目标：

1. 认识各种各样的种子，了解种子的构成。

2. 知道种子发芽的条件。

活动准备：

物质准备：各种各样的种子、PPT。

经验准备：认识一些植物的种子。

1. 开始部分。

教师：老师遇到了一个难题，我拍了几张照片，可是只拍到了它们的一部分，你能帮老师看一看它们是什么吗？

2. 基本部分：播放课件，和幼儿一起认识种子。

教师：小朋友，我们刚才看了一些种子，你记得都是什么吗？你还认识哪些植物的种子，给大家讲一讲吧。

教师：我们认识了这么多种子，你一定想知道种子是怎样生长的，你知道种子发芽都需要哪些条件吗？

3. 结束部分。

教师：今天我们观察了这么多种子，回家我们也搜集一些我们想要种植的种子吧。

(四) 家园共育

目标：　1. 通过主题活动，教师与家长形成合力，共同推动主题的开展。

　　　　2. 在活动中增进亲子感情。

过程：　幼儿在家与家长进行亲子种植，并观察植物的生长过程，照顾植物。

分析反思：　亲子种植拉近了亲子关系，同时孩子们对植物的生长过程观察得更仔细了，有的还自主地记录植物的生长过程，在照顾植物的过程中体验了成功的喜悦。

活动三：我们来种植

(一) 生活活动

目标：　1. 能随机对班级内种植的植物进行观察，并用完整的语言进行交流。

　　　　2. 能及时表达自己的需要和想法。

探究点：　能积极主动观察，并与身边的同伴交流自己的发现。

过程：　幼儿在照顾植物的过程中，发现可以用不同的器皿给花浇水，还发现有些花不能每天浇水。

分析反思：　在观察植物的过程中，幼儿丰富了感兴趣的知识，体验到生长和收获的乐趣。

(二) 区域活动

美工区

目标：　1. 运用多种材料和工具大胆地、有意识地表现熟悉的场景。

　　　　2. 喜欢操作易于使用的美术工具和材料，逐步掌握它们的用法，并进行表现。

探究点：　选择适合的材料表达自己种植的场景。

过程：　幼儿用撕纸粘贴、绘画、捏泥等来表现自己的种植场景及感受。睿泽用绘画的形式表现了自己种植的场景，并将自己种植的香菜画出来。乐乐以捏泥的形式表现自己的种植心情。

分析反思：　幼儿在游戏中充分地动手动脑，用各种形式表现自己的种植过程和心情。幼儿能主动地选择材料，自主进行创作。

（三）集体活动

活动1：种植（综合领域）

探究点：体验种植活动的快乐，在种植活动中能有自己的发现，并大胆表达。

活动目标：

1. 知道春天是播种的季节，能积极参与种植活动，体验劳动的乐趣。

2. 在种植活动中感受春季的明显特征，亲近大自然，萌发对大自然的喜爱之情。

3. 以多种形式（语言、动作、艺术形式等）自由表达自己的感知以及操作活动中的感受和发现。

活动准备：

物质准备：每个幼儿准备一种植物的种子（豆苗、西红柿、大蒜……）、园艺小工具（小铲子、喷壶）、化肥、一次性手套和塑料袋等。

经验准备：认识各种各样的种子，有观察植物实物和图片的经验。

活动过程：

1. 导入部分。

教师：今天我们就要开始在这里种植种子了，你们都准备了什么材料和工具？

2. 基本部分。

（1）介绍种植场地。

提出要求：注意安全，不要伤到自己的小手小脚，用小铲子时要小心一点。注意卫生，不要坐或跪在地上，不要把土弄到眼睛里，也不要弄到别人身上。

（2）开始种植活动。

幼儿自由分组进行种植，可以自己或与好朋友一起去种植，相互交流发现的问题。教师随机指导，及时鼓励、表扬，并用照片记录。

3. 结束部分。

成果展示：欣赏自己种植的成果，大家分享交流，体验成功的快乐。

分析反思： 幼儿愿意参与到种植活动中，在活动中尝试使用简单的种植工具。

活动2：我为植物做标示牌（艺术领域）

探究点： 能利用不同的图案或标志制作植物标志牌。

活动目标：

1. 能够用绘画等形式给种植的植物做标志牌。

2. 能够发挥想象，制作不同图案的标志牌。

活动准备：

物质准备：纸、笔。

经验准备：有过设计图案的经验。

活动过程：

1. 出示种植的图片，导入活动。

教师：小朋友们，这是我们上周种植的植物，你们能够分出哪个箱子是什么吗？

2. 基本活动。

（1）讨论如何做标记。

引导幼儿说一说标志牌上面要有什么信息。

小结：标志牌上要有种植的植物名称、种植人的姓名、种植时间，还可以有植物的喜好。要装饰漂亮。

（2）幼儿尝试制作标志牌。

幼儿自主选择纸张等材料，创意绘画标志牌。教师引导幼儿合理布局，用简单的图案或符号表示基本信息。

3. 结束部分。

幼儿讲解自己的标志牌并进行展示。

分析反思： 幼儿尝试使用简单的工具制作标志牌，每名幼儿使用的工具和材料都不同。幼儿在活动中的参与度较高，愿意参与到游戏过程中。

（四）家园共育

目标： 1. 通过主题活动，教师与家长形成合力，共同推动主题的开展。

2. 收集种植的种子和工具，进行种植调查。

过程： 向家长们介绍主题的开展情况，进行亲子种植调查，共同收集种子和种植工具。

分析反思： 在这个过程中，孩子们对植物有了深入的了解，并知道种植活动需要准备哪些材料，和家长们一起收集。家长们也积极配合。

活动四： 我来照顾小种子

（一）生活活动

目标： 在照顾植物的过程中观察植物的变化，并进行记录。

过程： 玥玥发现之前种植的土豆已经长出来并开花了，但是两盆土豆长的高度不同，她主动寻找材料进行测量并记录。

分析反思： 在生活中，幼儿能随机对班级内种植的植物进行观察，多数幼儿能用完整的语言交流植物的变化，进行种植记录。

（二）区域活动

美工区

目标： 能用不同材料制作测量工具。

过程： 幼儿经常在自然角观察植物，发现植物每天都在长大，有的长得高，有的长得矮。幼儿能够自主选择吸管、德国木片、乐高玩具等材料制作测量工具，在测量的过程中遇到吸管不够长、乐高无法记录等问题，于是想到替换材料及做数字标记的办法。制作好后，幼儿能够主动验证，用自己制作的尺子去测量植物，最终发现最高的植物。

分析反思： 幼儿主动进行讨论和探索，制作测量工具，能够在照顾植物的过程中发现问题并解决问题。

科学区

目标： 1. 能正确使用常见的劳动工具为植物浇水、松土。
  2. 有照顾植物的意识。

探究点： 能选择适合的工具照顾植物。

过程： 幼儿在照顾植物的过程中，发现可以用不同的器皿给花浇水，有的小朋友还想到了做自制浇花器。有的小朋友发现有些花不能每天浇水，于是我们一起搜索资料，将班级的植物需要几天浇一次水标记出来。

分析反思： 幼儿在照顾植物的过程中增加了感兴趣的知识，学习到简单的劳动技能，体验到生长和收获的乐趣。

（三）集体活动

活动名称：　小种子（语言领域）

探究点：　通过故事感知小种子的成长过程。

活动目标：　1. 喜欢故事内容，感受种子的成长过程。

　　　　　　2. 知道植物的生长需要阳光、水分、适宜的温度和土壤等自然条件。

活动准备：

物质准备：《小种子》绘本 PPT。

经验准备：种植过种子。

活动过程：

1. 绘本导入，引发兴趣。

教师：今天老师给小朋友带来了一本好听的故事书，请大家看一下书上都有什么？

2. 基本活动。

（1）观察封面。

教师：说说你看到了什么？

（2）教师结合课件讲述故事。

出示画面，了解种子在旅行及成长中的遭遇。

教师：故事中讲了小种子的一生经历了怎样的过程？种子是怎样一代一代传承下去的？

（3）讨论为什么能开出那么大的花。

用"因为……所以……"的句式回答。

（4）重温故事，享受阅读。

3. 结束部分。

教师：这粒小种子又遇到了什么？它是怎么做的呢？

分析反思：　通过故事、游戏，幼儿了解种子的生长过程，感受小种子在成长中的经历，了解了种子的生长需要阳光、水分、适宜的温度和土壤等自然条件。

（四）家园共育

目标：　1. 通过活动的介绍与家长形成合力，共同推动主题的开展。

　　　　2. 亲子参观植物乐园，丰富幼儿感知经验。

过程：　通过微信的形式向家长介绍幼儿在活动中的兴趣点以及幼儿的学习方式与特点，鼓励家长利用周六日带幼儿参观植物乐园。

分析反思： 向家长介绍本次主题活动的来源和主题开展的脉络，家长表示非常支持，部分家庭参观了植物乐园，对植物有了深入的了解。

活动五： 我们的收获

（一）生活活动

目标： 了解蔬菜的营养价值。

过程： 进餐环节，教师介绍该餐中的蔬菜及其营养成分，介绍蔬菜的做法，丰富幼儿关于食物制作及营养的经验。

分析反思： 通过主题活动的开展，幼儿进行了亲子种植。教师在介绍蔬菜时与种植的蔬菜相结合，幼儿更愿意听老师介绍，也吃得更香了。

（二）区域活动

美工区

目标： 1. 运用多种材料和工具大胆地、有意识地表现熟悉的场景。

2. 喜欢操作易于使用的美术工具和材料，逐步掌握它们的用法并进行表现。

探究点： 选择适合的材料表达自己的收获。

过程： 幼儿用粘贴、绘画、捏泥等方式来表现自己的收获及感受。琪琪画的是自己更爱吃蔬菜了，泽泽用粘贴的形式表达自己种植蔬菜的生长情况。

分析反思： 幼儿在游戏中充分地动手动脑，用各种形式体现自己的收获和心情。

建筑区

目标： 能够利用各种搭建技能搭建植物乐园。

过程： 在区域游戏时，申申和禹博在搭建植物乐园。乐乐用对称的形式搭建了植物乐园的大门。禹博看了看图片说："大门旁边还有高高的房子，我之前去的时候也看到过。"于是两人一起合作搭建了植物乐园的大门和旁边的房子。

分析反思： 幼儿调动已有的参观游玩经验，并借助图片进行搭建。在搭建过程中运用积木的组合以及辅助材料再现植物乐园。

（三）集体活动

活动名称：认识蔬菜（健康领域）

探究点： 通过活动了解不同蔬菜的吃法及其营养价值。

活动目标：

1. 进一步认识各种蔬菜，初步了解蔬菜对人体的作用，并知道爱吃各种蔬菜有益于身体健康。

2. 能够说出几种蔬菜的吃法。

活动准备：

物质准备：芹菜、萝卜、胡萝卜、黄瓜、青菜、葱、花菜、西红柿等蔬菜，篮子。

经验准备：吃过用蔬菜制作的不同菜肴。

1. 开始部分。

出示蔬菜，引导幼儿观察蔬菜，提问：你们都认识它们吗？吃过吗？

2. 基本部分。

（1）找一找。请幼儿分别找一找蔬菜的哪个部位可以吃，如萝卜吃根，卷心菜吃叶，西红柿吃果实，花菜吃花，芹菜吃茎（叶），请幼儿将蔬菜放在相应的篮子里。

（2）与幼儿共同探讨蔬菜的各种吃法。知道蔬菜可以炒、凉拌、做汤、包饺子，有的还可以像水果一样生吃，但必须洗净。

（3）讨论蔬菜对人体的作用。

教师：人为什么要吃蔬菜？不吃蔬菜会出现哪些不好的现象？蔬菜有哪些营养？

（4）分别出示各种蔬菜，初步了解其营养。

教师小结：蔬菜对身体有好处，不同颜色的蔬菜营养不一样。我们应该天天吃各种各样的蔬菜，多吃深绿色的蔬菜。

3. 结束部分： 引导幼儿讨论"怎样吃蔬菜才健康"。

教师小结：因为蔬菜生长在农田里，需要农药和肥料，所以做菜之前要把蔬菜洗干净，在水里多泡泡。特别是生吃西红柿和黄瓜等，一定要洗干净并且去皮。但也有一些蔬菜是农民用了先进的方法种植的，不用对人体有害的农药，也不让蔬菜环境受到污染，这种蔬菜叫作"无公害蔬菜"。

（四）家园共育

目标： 1. 通过介绍活动与家长形成合力，共同推动主题的开展。

2. 亲子参观菜市场并购买蔬菜，制作喜欢的菜肴，激发幼儿对蔬菜的喜爱。

过程： 通过微信的形式，向家长介绍幼儿在活动中的兴趣点以及学习方式与特点。鼓励家长利用周六日带领幼儿参观菜市场，购买喜欢的蔬菜，亲子制作蔬菜美食，拍照进行分享。

分析反思： 家长们纷纷发来照片进行分享，有的是和孩子一起买菜的，有的是制作好吃的食物的，孩子们也更喜欢吃蔬菜和种植蔬菜了。

主题活动反思

本次主题活动来源于幼儿生活。主题开展过程中，我们更加注意前后主题之间经验和兴趣的衔接和延伸。比如在阅读主题中，我们延伸关于种植的绘本内容及幼儿对种子和种植的兴趣。本次主题中，延伸对种子的了解和种子生长的知识经验，进行实践操作，幼儿收集加餐水果的种子、家中发现的种子，在班级和二楼平台进行种植。在种植过程中，教师支持幼儿自主探究种植的方法，有些幼儿把大蒜的蒜头朝下，有的把大蒜的蒜头朝上，有的朝旁边；有的把整个大蒜埋在土里，有的露出一部分。随着蒜苗渐渐长出，幼儿发现，蒜头朝上的露出一部分的很快就长出来了，蒜头朝下和朝旁边的没有长出来。我们带幼儿探寻原因，将种植的容器抛开，发现这两种也长出了一点点，由于方向问题，没能钻出土面。在种植其他种子的时候，幼儿也不会把土盖得太深，怕小苗不好钻出土壤。

主题追随幼儿的兴趣开展，注重让幼儿观察和感知植物的变化。小朋友们在观察中发现，植物每天都在长大，有的长得高，有的长得矮。通过幼儿间的对话讨论可以看出，幼儿对植物长了多高、哪个植物长得最高感兴趣。《指南》中提出："幼儿是一个主动的、有能力的学习主体。"在过渡环节，幼儿主动地进行讨论和探索，用自己制作的尺子去测量植物，最终发现最高的植物。这个过程充分体现了幼儿的自主性，体现了幼儿是有能力的学习者。

在整个主题活动中，幼儿从喜欢植物、好奇种植的情感到了解如何种植、如何照顾种子，再到种植成功，实现了自我满足，得到了全面发展。

（教师：张娜、王艳）

主题四　冬奥会来了

适宜年龄

4～5 岁

资源利用

本次主题活动利用了社会热点冬奥会的资源，抓住幼儿对于冬奥会的兴趣点，利用调查表、实地参观等方式增加幼儿对冬奥会的了解。

主题由来

冬奥会快要开办了，新闻、社会都在为迎冬奥会做准备。看到小班弟弟妹妹带的熊猫玩具，孩子们想到了冬奥会的吉祥物冰墩墩。孩子们对冬奥会有初步的了解，每天在餐前聊自己姐姐参加滑冰比赛、自己学习滑冰和打冰球的经历。结合孩子的实际情况以及孩子们对运动的喜爱，我们开展了本次主题活动。

主题总目标

1. 能从生活中感受冬奥会到来的喜悦。
2. 能大胆清楚地表达自己的想法和感受。
3. 能够用多种艺术方式表现对冬奥会运动的喜爱。
4. 能够动手动脑探索物体和材料，并进行冬奥会运动项目游戏材料的制作。
5. 了解冬奥会体育项目的规则，体会规则在游戏中的意义。
6. 喜欢参加各种有趣的冬季活动，不畏寒冷、学会保护自己。

主题网络图

我知道的冬奥会　　　　　　　　我设计的冬奥会游戏

幼儿每日一讲　　　　　　　　通过幼儿喜欢的项目进行设计

时间、地点、主题曲、吉祥物　　　　冰球、滑冰等

冬奥会来了

表达喜爱的原因　　　　　　　　我运动我快乐

幼儿投票　　　　　　　　　　我是运动小明星

运动时如何保护自己

我最喜欢的冬奥会项目　　　　　　快乐冬奥会

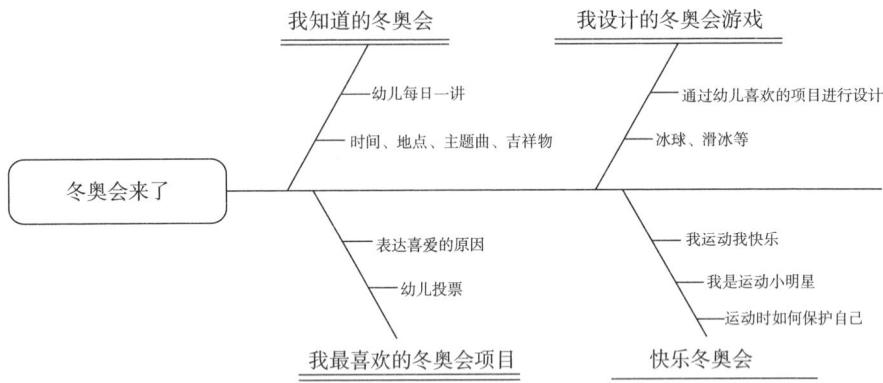

活动一：我知道的冬奥会

（一）生活活动

目标：　1. 有好奇心，积极表达自己对于冬奥会的了解。

　　　　2. 认真聆听他人讲述，并能回答相关问题。

探究点：　激发幼儿用较完整的语言讲述自己了解的冬奥会信息。

过程：　在日渐浓厚的冬奥会氛围中，孩子们经常会哼唱冬奥会的主题曲《一起向未来》。过渡环节与孩子们聊起冬奥会的话题时，张歆越说："我的姐姐正在学花样滑冰呢。"赵城旭说："我哥哥之前还打过冰球。"马文瑾说："我会滑轮滑，这个滑起来和滑冰差不多。"陈禹尧说："那你知道冬奥会的吉祥物是什么吗？我妈妈告诉我是冰墩墩。"

分析反思：　在每日的过渡环节及餐前每日一讲活动中，孩子们会自发地谈论分享关于冬奥会的最新信息。教师结合幼儿兴趣，提供了冬奥会调查表，给予幼儿自主收集冬奥会信息的机会，并利用每日一讲的环节让幼儿分享自己的信息。在每日一讲过后还有有奖问答活动，针对每日一讲的内容进行提问，回答正确后能够获得一枚游戏币，这更加激发了幼儿参与活动的积极性。活动锻炼了幼儿当众表达和认真倾听的能力，孩子们对于社会大事件的关注度也越来越高。

（二）区域活动

美工区

目标：　1. 愿意尝试制作冬奥会沙盘。

2. 在遇到问题时能够主动寻找解决办法。

探究点: 如何让沙盘中的运动员立起来。

过程: 区域游戏中,谢语彤发现自己制作的运动小人放入沙盘后总是躺在上边,没有办法立起来,于是她走到美工区的材料柜里开始寻找能够让小人立起来的材料。她看完材料后,将牙签拿出来回到自己的位置上。她把牙签插进小人的腿中,尝试着让小人站起来,但是并没有成功。这时她旁边的李梓涵对她说道:"你得等橡皮泥干了以后才能让它立住呢,现在它太软了。"谢语彤听到后,将放在垫板上的运动小人放到床边晾干,随后她又回到桌子边开始制作新的运动小人。

分析反思: 在幼儿的游戏中,能够看到游戏材料的投放满足了幼儿游戏的需要。幼儿也能够自主寻找合适的材料进行游戏。幼儿有一定的生活经验,并能够将经验与同伴进行分享。

(三)集体活动

活动名称:一起向未来(艺术领域)

探究点: 根据音乐节奏,跳出适宜的舞蹈动作。

活动目标:

1. 能用自然的、音量适中的声音基本准确地演唱歌曲。

2. 能够根据音乐的节奏做出拍手、踏脚等动作。

3. 愿意参加音乐游戏,体验音乐游戏的快乐。

活动准备:

物质准备:音乐《一起向未来》。

经验准备:幼儿知道冬奥会的主题曲。

活动过程:

1. 开始部分:谈话导入。

教师:小朋友们之前都对冬奥会进行了调查,谁想来说一说你都调查到了哪些事情?(吉祥物、开办时间、主题曲)小朋友们调查得可真全面,一起来说冬奥会的主题曲叫什么名字?我们一起来唱一唱吧。

2. 基本部分。

(1)幼儿欣赏歌曲,初步感知歌曲节奏。

教师:我们一起来欣赏一下这首歌,请你仔细听一听,歌曲里都唱到了什么,一会来分享一下你听到的内容。

(2)幼儿分享。

教师:你在歌曲里听到了什么?

(3)幼儿再次欣赏歌曲,轻声哼唱。

教师：现在老师再放一遍音乐，请你们小声跟着音乐一起唱。

3. 结束部分。

教师：今天我们一起学唱了冬奥会的主题曲，老师会把这个音乐放到表演区，以后小朋友们可以自己去表演区来演唱这首歌了。

分析反思：　在生活环节中，幼儿时常会哼唱《一起向未来》这首歌曲，于是根据幼儿的兴趣开展了此次活动，在活动中通过听、说、唱等方式，幼儿逐渐掌握了歌唱的方法。

（四）家园共育

目标：　1. 通过介绍活动与家长形成合力，共同推动主题的开展。

　　　　2. 通过实地观察等方式，加深幼儿对冬奥会的兴趣。

过程：　在微信群中分享主题来源及开展脉络，增强家长对班级活动的了解，同时鼓励家长利用节假日带幼儿实地参观首钢大跳台、冰立方等冬奥会活动场地，为后期在建筑区的搭建活动积累感知经验。

分析反思：　家长们通过观看孩子们每日一讲的视频，感受到了幼儿在活动中的成长，并且十分支持班级冬奥每日一讲的活动。利用周六日，有的家长带孩子去首钢大跳台园区参观，有的去冰立方实际感受冬奥场馆的外形特点，对奥运场馆的名字有了更深的了解。

活动二：我最喜欢的冬奥会项目

（一）生活活动

目标：　愿意参与到谈话讨论中来，并大胆表达自己的想法。

探究点：　用投票的方式选出最喜欢的冬奥会项目。

过程：　在孩子们对冬奥会项目的不断了解中，与幼儿进行讨论，怎么才能选出最喜欢的冬奥会项目呢？黄石说："我们可以用举手的方法来投票。"张歆越说："举手的话，我们还得查人数，我觉得不太方便。"贺若彤说："那我们用积木来投票，可以看哪个积木搭得高，就说明它的得票比较多。"马文瑾说道："可是那样就会影响小朋友们玩游戏了。"岳嘉阳说："那我们用毛绒球吧，看看哪个毛绒球能摆得最高。"小朋友们听后纷纷说道："这个可以，彩色的毛绒球展示出来还很漂亮。"

分析反思：　在谈话活动中，孩子们积极表达自己的想法，有的孩子还能根据他人的想法梳理出不同投票方法的优缺点。教师充分给予幼儿讨论的空间，为幼儿创设宽容的氛围，支持了幼儿的谈话。

（二）区域活动

美工区

目标：　1. 能自选材料制作冬奥会挂饰、冬奥会手帕。

　　　　2. 喜欢参加到美工游戏中来。

探究点：　探索冬奥会手帕的制作方法。

过程：　两名幼儿来到美工区制作冬奥会手帕。还还和涵涵来到墙饰边挑选自己想制作的手帕。还还说："我们今天做这种鱼鳞状的手帕吧。"涵涵说："好呀，那我们先准备材料吧。"在制作的过程中，还还发现雪糕棍不够长了，于是她尝试着将两根雪糕棍连接在一起，将雪糕棍变长。涵涵看了还还的方法，也尝试着用她的方法将雪糕棍变长。

分析反思：　在幼儿的游戏中，教师为幼儿提供了墙饰，便于幼儿挑战制作冬奥会手帕。幼儿能够通过自己的方法解决遇到的问题。

建筑区

目标：　1. 能用搭高的方法搭建大跳台。

　　　　2. 能按照自己的想法选择适合的游戏积木。

探究点：　如何固定大跳台的滑道。

过程：　梓隽计划搭一个首钢大跳台，进到建筑区就跪在大跳台的图面前，用手在图上比画着说："这个造型从侧面看像一个 S 形，用什么能够搭出弯弯曲曲的呢？这里还有能够上去的梯子。"这时他找来旁边的六六，问："你知道怎么搭弯弯曲曲的吗？"六六说："就用我们搭马路的方法呗。""不错，是个好主意。"

他们两个用上学期学习的阶梯式搭法搭了楼梯，然后又找来跟楼梯一样高的长空心积木立着做柱子，又找来短一点的柱子，向铺马路一样搭上薄板。在搭第一个平台的时候，上面的薄板总是从柱子上滑落，这时梓隽看了看我说："为什么总是滑下来呀？"他见我没有回复，又像之前一样摆放了两次，还是失败了。这时我对他说："你觉得为什么会滑落呢？""就是因为上面太滑了呀！""你想用什么来固定呢？""胶钉可以吗？我觉得胶钉很好用，不用的时候还能撕下来。""你的想法不错，为什么不试一试呢？"果然，效果还是很不错的。

后来在固定彩虹围栏的时候，他也用了胶钉，把用德国插片制作的围栏固定在了斜坡上。

分析反思：　在游戏中，幼儿具有经验迁移的能力，能够将上学期阶梯式的搭建方法运用到大跳台的楼梯搭建中，能够把固定薄板的方法用来固定围栏，能够根据图示感受大跳台外部的结构特点。

（三）集体活动

活动名称：冰球棒的诞生（综合领域）

探究点： 1. 在操作过程中尝试解决制作冰球棒过程中出现的问题。

　　　　 2. 使用不同的材料制作冰球棒。

活动目标：

1. 在操作中能够发现问题，并能够主动想办法进行调整。

2. 能够大胆探索使用不同材料制作冰球棒。

3. 愿意主动参与活动，体验制作冰球棒的乐趣。

活动准备：

物质准备：矿泉水瓶、报纸、酸奶纸盒、废旧水彩笔笔杆、筷子、胶带与海绵胶若干、黑板、宽敞的活动场地、冰球、冰球比赛视频。

经验准备：幼儿了解冰球运动的游戏规则，对冰球运动感兴趣，体验冰球运动时发现了问题，并进行讨论，对冰球棒的制作材料有初步的计划。

活动过程：

1. 开始部分：谈话导入。

教师：这几天我们体验了冰球运动，但是在运动的过程中发现了很多问题，比如弯腰玩会很累，打不准等。为了解决问题，你们收集了很多材料，今天我们一起来试试，怎样能够解决我们遇到的问题呢？

2. 基本部分。

（1）分享方法进行第一次尝试，教师对幼儿的制作进行观察记录。

教师：你想用什么材料，怎样做？已经有想法的小朋友现在就可以到桌边进行尝试了，每组的桌子上准备了冰球，制作完你们就可以试一试。

（2）分享游戏中的问题。

教师：在刚才的尝试中，你发现了什么问题？你用什么办法解决的？（利用黑板记录幼儿的问题与解决方法）

幼儿1：我制作的冰球棒太细了。

幼儿2：用报纸制作的冰球棒有些软，打不动冰球。

幼儿3：我自己做的时候没有办法固定，得需要小朋友来帮我。

根据幼儿的分享进行及时小结。

教师：除了这种方法，还可以怎样做能够让冰球棒更硬一些呢？怎样能够帮助我们瞄准呢？

小结：可以在报纸中间填充其他物品或把报纸卷紧一些让冰球棍变硬。可以把筷子外面包裹上纸壳，让冰球棒的粗细更适合我们的手。在我们自己捆绑不了的时候，可以跟好朋友合作。

（3）根据分享的经验，进行第二次操作与游戏，教师进行个别支持与指导。

教师：我们想出了这么多好方法，现在可以对你们的冰球棒进行改装，再来体验游戏。

3. 结束部分。

教师：有了冰球棒，你们越来越像真正的冰球运动员了。我们一起来看一看运动员们在比赛中的精彩表现，思考一下怎样可以让我们的游戏更加丰富，需要怎样改装冰球棒呢？

分析反思：　在孩子们的操作中，能够看出他们在积极地寻找合适的材料，在尝试后能够发现自己制作的冰球棒存在的问题并进行修改调整，在第二次操作中，个别幼儿也能够主动帮助需要帮助的小朋友。

（四）家园共育

目标：　1. 通过主题活动，教师与家长形成合力，共同推动主题的开展。
　　　　2. 在活动中增进亲子感情。

过程：　班级教师对于每一次制作活动中孩子们遇到的问题和解决方法进行梳理，并在微信群中与家长们分享。请家长借助周六日的时间与幼儿在家进行进一步的探索和制作，制作的过程中拉近了亲子关系，也让家长看到了孩子各种技能的展现，如胶带的捆绑、材料的筛选等。当孩子们带来自己与爸爸妈妈一起制作的球杆的时候，能够感受到幼儿更加自信、骄傲和满足了。

分析反思：　家长资源的融入让幼儿了解到废旧的扫帚把、杂志、塑料膜等都可以通过不同的方式变成球杆。教师给予家长指导，鼓励家长让幼儿多参与，这也让家长更好地掌握在家培养幼儿的方法，对园所的课程文化以及班级主题的开展更加认可与支持。

活动三：我设计的冬奥会游戏

（一）区域活动

益智区

目标：　遵守游戏规则，能与同伴共同玩进退棋。

探究点：　按照游戏规则玩冬奥会进退棋。

过程：　结合每日一讲，与培养中班幼儿合作游戏能力的目标，班级自制了冬奥会项目规则进退棋，帮助幼儿了解冬奥会运动的场地、服装以及规则等内容。进退棋的游戏方式有助于幼儿之间的合作游戏，培养幼儿遵守游戏规则、在游戏中调控自己情绪的能力。

分析反思：幼儿能够按照游戏规则进行游戏，并根据游戏的内容加深对冬奥会的了解。

（二）集体活动

活动名称：我是雪车设计师（综合领域）

探究点：1. 自主探索游戏的玩法。

2. 积极解决制作过程中的问题。

活动目标：

1. 能够想办法解决制作雪车过程中的问题。

2. 能够勇敢地参加体育活动，并探索雪车的多种玩法。

活动准备：

物质准备：平板车、泡沫垫子、竹棍、绳子、障碍等。

活动过程：

1. 导入部分。

幼儿分组对雪车进行固定连接。

教师中引导幼儿自主解决问题，必要时给予一定的帮助。

2. 基本部分。

（1）讨论：怎样让雪车在平地上动起来？游戏有怎样的规则？

幼儿1：用绳子拉着走，雪车就能动起来。

幼儿2：游戏规则是得按照自己的线路走，不能到其他人的路上。

（2）分组游戏。

幼儿介绍游戏过程中的注意事项。

幼儿1：得掌握速度和方向。

幼儿2：乘坐雪车的小朋友得保护好自己的头部。

3. 结束部分。

幼儿再次游戏，并收拾材料。

分析反思：幼儿喜欢体育活动，通过自己动手操作尝试制作"雪车"，能够根据游戏的内容制定游戏规则，有一定的自主性。

（三）户外活动

目标：在游戏中敢于挑战自己，同时感受与同伴游戏的乐趣。

探究点：团队之间的协作方法。

过程：在每一次的户外冰球运动后，我们都会与孩子分享游戏中自己的发现，在孩子们的奇思妙想下，冰球也从大篮球换成小篮球，最后换成茶叶桶的黑色盖子，游戏的材料越来越方便、越来越逼真，孩子们带着自己制作的冰球杆参加冰球运动，感受进球的开心，失球的不愉快。

分析反思： 在游戏中，教师积极帮助幼儿调控失掉比分的不良情绪，感受集体游戏的快乐等。在游戏中，孩子们成长了很多，寒冷的冬季因冬奥会主题活动的开展变得更加温暖。

活动四： 快乐冬奥会

（一）区域活动

科学区

目标： 1. 愿意挑战冰雪赛道的搭建。

2. 尝试利用不同材料完善赛道。

探究点： 用不同的材料搭建冰雪赛道。

过程： 幼儿在科学区利用磁力轨道玩具拼搭了玉如意赛道，利用拐弯材料让赛道有更多的造型，还探索了怎样让小球滚得更快、如何让小车划的时间更长等问题。

分析反思： 幼儿愿意进行科学游戏的挑战，在挑战过程中能够发现问题并尝试自主解决问题。教师提供了充足的材料来支持幼儿的搭建。

（二）集体活动

活动名称：我会保护自己（健康领域）

探究点： 如何在运动过程中保护自己。

活动目标：

1. 通过观看运动安全视频，掌握自我保护的方法。

2. 知道在运动时要关爱他人，遵守活动规则。

3. 愿意大胆发言，与小朋友分享心得。

活动准备：

物质准备：冬季安全运动视频、冬季运动危险视频。

经验准备：有初步自我保护的意识。

活动过程：

1. 导入活动。

教师：我们一起来看个小视频，看看里面的小朋友都有哪些危险的行为。

2. 基本活动。

（1）讨论冬季应该如何运动。

教师：小朋友们刚才看了视频，你觉得他们这么做对吗？为什么？那你们觉得应该怎么做呢？

（2）观看冬季安全运动视频，掌握正确的运动方法。

教师：小朋友们说得都很好，我们一起来看看大家说得对不对吧。请大家认真观看视频，一会儿老师会有小问题问大家哦。

（3）与幼儿一起制定冬季安全运动规则。

教师：老师想请小朋友们和老师一起来制定咱们班的冬季安全运动规则。

幼儿讨论，教师小结。

3. 结束部分。

自然结束。

分析反思：幼儿对视频中的危险行为进行讨论，在讨论过程中孩子们能够积极发言，大胆表达自己的想法。

主题活动反思

本次主题活动由幼儿对社会大事件的关注引发。为了满足中班幼儿表达的需求，班里开展了每日一讲的活动，根据幼儿每日一讲的内容以及幼儿日常聊天的内容，逐步确定主题内容。在活动中，教师遵循幼儿学习的特点，让幼儿亲身体验、实际操作，在做中学、玩中学。通过参加主题活动，幼儿不仅了解了冬奥会的各个项目、场地、规则等，而且了解了冬奥会的精神，如团结友善、遵守规则、相互竞争等。

本次主题活动充分体现了自主探究的课程理念，结合课程实施的三大路径，给予幼儿充足的材料进行探索，挖掘课程中隐藏的培养目标，如热爱运动、团结协作等情感态度。活动中，教师合理利用家园共育的方式，让幼儿在每日一讲活动中大胆自信表达，在游戏中能够更加安全，使得幼儿的游戏能够顺利开展，同时也促进了幼儿对冬季户外运动的喜爱。家长也在活动中看到了幼儿语言表达能力的点滴进步以及对冬季运动的喜爱。

（教师：张颖、谭玉嵩）

主题五　小豆苗

适宜年龄

5～6 岁

🔲 资源利用

本次主题活动利用了社会资源、文学资源和自然资源。小豆苗属于自然植物资源。在孩子将小豆苗带回家后，利用家长资源，鼓励幼儿共同照顾。在班级区域中，教师投放关于种子、植物成长的图书，属于利用社会资源。

🔲 主题由来

假期回来后，孩子们带来很多种子和植物，也有小朋友带来了自己在家发的豆苗。在介绍的时候，幼儿说这是用黄豆发的，大家都很好奇，所以教师根据幼儿的兴趣，带领幼儿一起收集了不同的豆子，开展发豆苗的主题活动。

🔲 主题总目标

1. 了解不同豆苗的外形特征。
2. 知道豆苗生长需要的外部条件。
3. 喜欢参与种植活动、探索自然。
4. 通过自己的方式记录实验后的结果，并用完整连贯的语言表达自己的发现。
5. 运用不同艺术表现方式表现不同豆苗的美，如绘画、捏泥、手工等。
6. 知道豆苗是蔬菜，有丰富的营养价值。

🔲 主题网络图

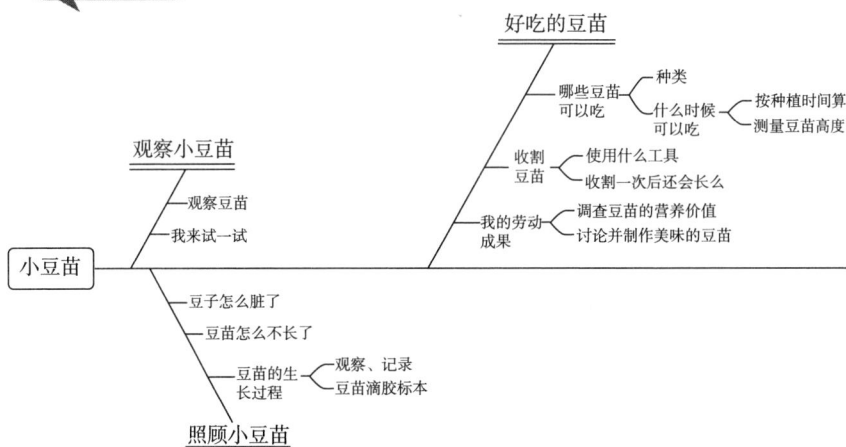

活动一： 观察小豆苗

（一）生活活动

目标： 1. 激发幼儿对培育小豆苗的欲望。

2. 愿意用语言与同伴表达自己的想法。

探究点： 愿意和同伴沟通自己的想法。

过程： 我们在班里和小朋友们将带来的豆子种了下去，孩子们每天都主动去照顾豆子。慢慢地，豆子发芽了，长出了小豆苗。沐芋："你们发现了吗，豆子长出小苗苗了。"西西："我妈妈说这叫豆苗，长出来可以吃的。"恩睿："啊？可以吃？怎么吃啊？"梓雯："我奶奶就种过豆苗，我吃了。"沐芋："可这一点也不够咱们吃的，咱们班那么多小朋友。"轩轩："那我明天让我奶奶多带点。"

第二天，轩轩和其他小朋友都带来了许多豆子，还带来了种植豆苗的盆，孩子们都想自己动手种植。

分析反思： 幼儿在过渡环节与同伴谈话属于幼儿的自发行为，可见幼儿对培育小豆苗非常感兴趣。教师要善于抓住幼儿这一兴趣点，进行深入沟通，倾听幼儿的想法，用幼儿的视角开展班级主题活动。

（二）区域活动

植物角

目标： 1. 了解不同豆苗的外形特征。

2. 在培育豆苗的过程中了解植物生长的要素。

探究点： 在培育豆苗的过程中了解植物生长的要素。

过程： 小朋友种植豆苗后，将豆苗放在了不同的地方，有的小朋友放在了阴凉处，有的小朋友放在了阳光照射时间长的地方。在培育过程中，孩子们每天都会对豆苗进行观察和交流。

思思："你看，我的小豆苗发芽了，长得非常不错呢，但它怎么是歪的呢？"沐芋："因为植物喜欢阳光啊，阳光在哪里，她就往哪里生长。"小贾："为什么我的豆苗不长呢？"豪豪："你看你的土都是干的，你是不是每天都没浇水啊？"

分析反思： 在幼儿的观察中，孩子们能够发现植物生长的向光性。在后期活动中，教师可以利用集体活动支持幼儿深入探究，并开展植物向光性的实验活动。孩子发现自己的豆苗不长，是因为只有土壤，没有水分，教师可利用这一契机引导幼儿发现水分对植物生长的重要性，激发照顾小豆苗的责任心。

（三）集体活动

活动1：各种各样的豆子（科学领域）

探究点： 在观察、比较、操作的过程中积累关于豆子的经验。

活动目标：

1. 能够主动介绍自己收集的豆子的名称以及外形特征。

2. 通过看、闻、比、剥等方式，帮助幼儿积累对各种豆子的感性认识。

3. 萌发对不同种类的豆子生根、发芽、生长情况的探索兴趣。

活动准备：

物质准备：教师、幼儿收集的不同种类的干豆（黄豆、红豆、绿豆、黑豆、蚕豆）、新鲜未剥壳的蚕豆、豌豆等湿豆、豆子发芽猜测记录单。

经验准备：在收集豆子时，对豆子的名称、吃法等有初步了解。

活动过程：

1. 导入活动。

出示分好类的豆子，引导幼儿观察、探究。

教师：这是我们这两天一同收集的豆子，你认识哪些豆子？

2. 基本部分。

（1）调动幼儿已有经验，展示教师和幼儿共同收集来的各种豆子。

教师：谁愿意来说说你带来了哪种豆子，关于这颗豆子，你还了解什么？

教师：豆子有不同的颜色和名字，黄色的豆子叫黄豆，红色的豆子叫赤豆，绿色的豆子叫绿豆，黑色的豆子叫黑豆。还有一些豆子是老师们收集的，有麻豌豆、黑眼豌豆和松柳豆。

（2）豆子比大小。

教师：这些豆子一样大吗？请小朋友们摸一摸、比一比，哪种豆子最大，哪种豆子最小。

教师：刚才，小朋友都用手摸了摸，又把这些豆子放在一起比了比，发现这些豆子中黑豆最大，绿豆最小。

（3）干豆、湿豆大不同。

教师将新鲜的蚕豆和豌豆放在幼儿活动桌上。

教师：这是什么？来找找豆子藏在哪里了？

幼儿自由探索，将豆子从豆荚里分离出来。

教师：两个房子里面的豆子一样吗？怎么不一样？

幼儿1：一个大，一个小。

幼儿2：一个圆圆的，一个扁扁的。

教师：大大的、扁扁的叫蚕豆，小小的、圆圆的叫豌豆。

（4）什么豆子能发芽？

教师：今天我们认识了湿豆（蚕豆、豌豆），还一起分享了我们一同收集的干豆（黄豆、红豆、绿豆、黑豆、蚕豆等）。前几天，我们看过了小豆子长成豆苗的视频、照片，请你猜一猜、想一想，现在班中的干豆、湿豆都能长成豆苗吗？

教师：小朋友们都有自己的想法，现在请把你的猜想记录在记录单里吧！

3. 结束部分。

幼儿完成猜测记录单后，进行分享、交流。

分析反思：　本次集体活动是在师幼共同收集豆子后的科学认知活动，幼儿在活动过程中通过经验分享、教师讲解、经验唤醒等多种形式，丰富了关于豆子的认知，积累了豆子名称、大小、颜色、形状等经验。在此次基础上，进行了"什么豆子能发豆苗"的猜测，对后续活动起到了引发兴趣与经验启发的作用。

活动2：小豆苗（综合领域）

探究点：　自主选择材料，进行种植活动。

活动目标：

1. 能够大胆尝试在不同环境下进行种植并猜测。

2. 萌发观察、照顾豆苗的探究意识和责任意识。

活动准备：

物质准备：酸奶杯、瓶子、土、沙子、水、盐水、纸、铲子。

经验准备：有过土培、水培的种植经验。

活动过程：

1. 开始部分：出示班级收集的"豆子多宝阁"。

教师：小朋友们，我们之前观察、发现了豆子形状、颜色、大小的小秘密，还猜测了不同豆子能否发芽，并记录在记录单上。

2. 基本部分。

（1）分享对豆子发芽的猜想。

教师出示幼儿猜测记录单分类展板，展板上按照豆子的种类展示了幼儿的猜测情况。

教师：这是我们之前记录的猜想记录单，小朋友们都对什么豆子能发芽有自己的猜想。

教师出示水、土、沙、育苗盆四种种植环境。

教师：下面，我们就要种植你猜想的能发芽的豆子了。你想把什么豆子种在哪里？

教师：小朋友们对什么豆能发芽、种在哪里能发芽有了自己的猜测、想法，接下来，就选择材料试试吧。

（2）出示种植容器、工具（酸奶杯）、土、沙等材料，进行简单介绍。

教师：一会儿小朋友们可以根据自己的计划，利用酸奶杯发豆苗。沙、土分别在自然角、科学区，小朋友们利用种植铲自取。需要水，请去盥洗室内自取。豆子在我们的多宝阁内。

（3）幼儿自主种植。

幼儿自选豆子、种植方式进行种植。

（4）分享种植过程。

3. 结束部分。

教师：刚刚我们都进行了种植活动，现在每个小朋友都有一本种植记录本，一会儿户外活动回来，我们把今天的种植活动记录下来。

分析反思： 本节综合活动中，幼儿自主计划、自选工具进行种植活动。同时，幼儿能借助生活经验大胆猜测豆苗的种植环境。教师借助分类摆放计划单、豆子多宝阁等形式，帮助幼儿在多维度的种植活动中有目的地进行种植活动。在活动结束部分，延伸出个人种植记录，支持中班幼儿进行持续、细致的观察记录，进而形成完整的种植经验。

活动二： 照顾小豆苗

（一）生活活动

目标： 能够发现自己在照顾小豆苗过程中的问题并寻找原因。

探究点： 发现自己在照顾小豆苗过程中的问题并寻找原因。

在过渡环节的时候，部分小朋友非常积极地观察自己的小豆苗。豪豪："哎呀，我的水怎么变脏了？"瑶瑶："我的也是，有股臭臭的味道。"豪豪闻了一下，连忙扇着鼻子说："哇，好臭啊。"这一举动引来了许多小朋友。水培的小朋友都拿起自己的豆苗闻了一下。西西："你闻闻，我的水不臭。"沐芋："我的是种在土里的，不会臭，你看。"思思："但是你的土上面存了好多水，水太多了。"

分析反思： 从孩子们自主的交流活动中能够看出，孩子们的生活经验还是比较丰富的，知道给小豆苗浇水不能过多，也不能太少，这样都会影响小豆苗的生长。教师要利用集体活动或过渡环节引导幼儿梳理照顾小豆苗的经验。

（二）区域活动

美工区

目标： 1. 能够使用多种材料制作遮阳棚。

2. 在操作的过程中能够主动发现问题并解决问题。

探究点： 能够使用多种材料制作遮阳棚。

过程： 培育小豆苗成功后，小朋友们和家长都品尝了小豆苗，但是觉得小豆苗的口感不太嫩，轩轩在奶奶的讲解和指导下，在班级群里分享了一个照顾小豆苗的好方法。

轩轩："奶奶说等小豆苗长到像小朋友的小手一样长的时候，给它遮光，这样就会更嫩一些。"大郡："那怎么给它遮光呢？"轩轩奶奶在群中分享了家里自制的简易遮光设备，群里的家长和小朋友都非常感兴趣，纷纷想要在班里自制。

思思在美工区找来了四根筷子，插在小豆苗盆子的四周并用胶订固定，然后找来了一张白色的 A4 纸，顶在筷子上面当棚顶。这时轩轩说："不成，得用黑色的，奶奶说白色不遮光。"恩睿快速拿来了垃圾袋子："我看轩轩奶奶是用黑袋子弄的，咱们直接把黑袋子套上呢？"沐芋："那小豆苗没有空气怎么办？会被捂死的。"思思："我有个好办法，咱们在上面扎一些孔，这样就有空气进去了。"

分析反思： 因为家长的参与和分享，让本次的主题活动内容更加丰富有趣，在轩轩分享奶奶的遮阳棚后，孩子们开始自主在美工区为自己的小豆苗制作遮阳棚。有了轩轩奶奶的经验分享以及教师材料的支持，孩子们迸发出了很多想法，制作不同样式的遮阳棚的活动还在继续。

（三）集体活动

活动名称：照顾小豆苗（社会领域）

探究点： 能够积极思考，共同寻找方法解决种植过程中的问题。

活动目标：

1. 能够用完整的语言表达自己在培育过程中出现的问题。

2. 能够主动反思出现问题的原因并进行调整。

3. 喜欢参与种植活动，有探索的愿望。

活动准备：

物质准备：培育的豆苗、记录卡。

经验准备：有培育豆苗的经验。

活动过程：

1. 导入活动：聚焦幼儿照顾豆苗的问题，进行集体思考。

教师：今天小朋友们在植物角讨论自己在培育过程中出现的一些问题，你的培育盆出现了什么情况？

幼儿1：我的豆子有点臭臭的味道。

幼儿2：我是用水泡的，昨天（周一）来幼儿园以后，我发现水上面有一层膜。

2. 基本部分。

（1）发现问题并记录。

教师：请小朋友们用简单的图记录自己在照顾豆子时遇到的问题，要保持记录纸的干净整洁，记录要清晰。

（2）分享问题。

幼儿分享自己记录的问题，教师以表格的形式梳理幼儿问题的种类。

教师：刚刚我们都梳理了自己的问题，请你看看这个问题记录表格，发现了什么？

幼儿1：泡豆子的水脏了。

幼儿2：种土里的豆子不发芽，什么也看不到。

幼儿3：我的豆子在种在沙子里，一浇水，水就溢出来了。

（3）梳理解决问题的方法。

请幼儿先猜测出现问题的原因，教师利用简笔画的形式进行梳理、记录。

教师：咱们先来一起讨论水培组小朋友们的问题，豆臭了、水脏了，为什么会出现这种情况？

幼儿1：因为不换水，每天换水就不会这样了。

教师：那土培组的豆子不发芽是为什么呢？

幼儿1：再等一等，也许豆苗就出来了。

幼儿2：我也种土里了，我的豆子就发芽了。

教师拿出幼儿2的种植杯，引发幼儿对比观察。

教师：你们看看这个种植杯里的豆苗，有什么发现？

幼儿1：他的豆子就在土上面种着，我的埋得深！

幼儿3：种得深的，小豆苗还在底下呢。

教师：那沙培组小朋友的问题呢？水为什么总溢出来？

幼儿1：水浇太多了。

幼儿2：因为这个杯子不漏水，越浇越多。

幼儿3：我觉得是沙子和土不一样。

教师：那小朋友们为沙培组的小朋友支支招，有什么方法能解决这个问题？

幼儿1：换花盆。

幼儿2：少浇点水。

幼儿3：用喷壶浇水。

教师：好，我们一起发现、讨论了自己种植豆苗时遇到的问题，相互提出了解决办法，接下来就用我们想出的新办法，试着去照顾小豆苗。

3. 结束部分。

教师帮助幼儿梳理完解决问题的办法并制作照顾豆苗的墙饰，引导幼儿自己调整培育方法。

分析反思：　本次集体活动是基于幼儿种植情况的生成活动，通过问题分析、大胆推测、共享经验，丰富了幼儿解决问题的方法。教师在组织幼儿讨论的过程中，注意帮助幼儿及时梳理经验，同时又将活动的主体权利交给幼儿，请幼儿主动思考、积极探索。

活动三：豆苗有多高

（一）生活活动

目标：　愿意使用自然物测量小豆苗的高度。

探究点：　如何使用自然物测量小豆苗的高度。

过程：　经过几天时间的培育，孩子们都说自己的小豆苗长高了。在过渡环节，孩子们也开始互相比较谁的豆苗高，最后得出小贾的豆苗最高了。但有小朋友提出问题："你的豆苗到底有多高啊？"

小贾："啊，我也不知道啊。"亮亮："那我们量一量吧。"于是亮亮把两个小拳头依次重复摞起来说："他的豆苗都有我三个拳头高了。"小贾拿来一块积木："呀，我的豆苗和积木一样高。"

分析反思：　在孩子们的讨论中，教师发现他们懂得借助自己的身体、身边的物品对小豆苗进行简单的测量，教师要把握此次机会，开展更多丰富的科学测量活动。

（二）集体活动

活动名称：小豆苗有多高（科学领域）

探究点：　能利用多种材料测量自己的小豆苗有多高。

活动目标：

1. 鼓励幼儿使用多种自然物测量小豆苗的高度。

2. 能够用简单的符号或者图案记录测量结果。

3. 在活动中积极主动、专注思考。

活动准备：

物质准备：有一定高度的小豆苗、各种自然物。

经验准备：有测量的经验。

活动过程：

1. 活动导入：共享个别幼儿的测量经验，启发全体幼儿思考。

教师：今天亮亮用自己的小拳头测量了豆苗的高度，得出了一个结果，我们请亮亮与我们分享下。

幼儿：我今天发现我的小豆苗又长高了，上次还只有拳头一半那么高，今天和我的拳头一样高了。

教师请亮亮展示用拳头测量豆苗的方法。

教师：我们一起看看，半个拳头是几个手指宽？整个拳头呢？

2. 基本部分。

（1）启发幼儿思考利用自然物测量，发现小豆苗的长势。

教师：你还能用什么工具测量豆苗的高度呢？

幼儿1：用积木。

幼儿2：可以用水彩笔。

幼儿3：还可以用手指头，看看小豆苗长到哪条线了（指关节）。

幼儿4：用插片玩具。

（2）鼓励幼儿大胆测量并用自己的方式记录。

教师：小朋友有很多的想法，那我们去寻找材料试一试，然后用清晰的方式记录下来。

幼儿在班级中寻找自然物，进行比对、测量。

3. 结束部分。

幼儿分享自己的测量方法。

分析反思：　随着小豆苗不断地生长，幼儿经常讨论自己的小豆苗长高了。本次活动鼓励幼儿利用自然物测量并记录小豆苗的高度，引导幼儿对豆苗高度的变化产生兴趣，丰富利用自然物测量的经验。在自主测量后，尝试记录小豆苗的高度，方便后续观察、记录。

主题活动反思

本次主题开展的过程中，班级每位幼儿自己按照自己的想法将豆子种植在不同的地方，随后开始观察豆苗的生长，根据出现的情况做出调整，有的小朋友把豆苗泡在颜料水里，发现根本没有办法发芽，还有小朋友种在沙子里，孩子们惊奇地发现沙子里也能种出豆苗。班级还设有豆苗观察记录本，幼儿每天都特别主动地去照顾豆苗，记录豆苗出现的情况。有的小朋友在种植盆里发现豆苗变臭了，教师就开展了照顾小豆苗的方法调查，孩子们根据自己种植的经验以及调查结果，制订了照顾小豆苗的方案，每周六日都会把豆苗带回家，家长们反映孩子的责任心越来越强了。

班级开展主题活动时，家长也更愿意参与到活动中，如轩轩奶奶的参与，调动了班级大部分家长的积极性，孩子们的兴趣也更加浓厚，班级的活动也更加丰富了。

随着孩子们无微不至地照顾，豆苗很快就可以食用了。在和孩子们了解了豆苗的营养和做法后，部分小朋友将豆苗割下来清洗干净后送去了伙房，我们一起品尝了鸡蛋炒豆苗，这一次的豆苗比之前更加美味了。

（教师：耿爽、刘运超）

主题六　棒棒天使

适宜年龄

5～6 岁

资源利用

本次主题活动利用了图书区的绘本《棒棒天使》，教师抓住幼儿在阅读中的兴趣点以及过渡环节中的相反小游戏，生成了本次主题活动。在活动的开展过程中，幼儿不仅认识了很多的反义词，玩相反棋，而且结合自身的体检结果制定了健康计划并实施。

主题由来

在图书角，有一本《棒棒天使》引发了幼儿的兴趣，其中渗透了很多反义词。另外，在过渡环节中，我们经常会开展说相反的小游戏。为了提高幼儿对相反的认知，并且提高幼儿用符号表达的能力，同时引导幼儿了解书中人物间的关系，促进幼儿对自身情绪情感、健康等多方面的重视，特开展此次活动。

主题总目标

1. 了解相反的概念，能够寻找生活中的相反，并进行分类。
2. 能大胆用符号或者肢体动作来表达生活中的相反。

3. 喜欢书中的人物形象，并通过讨论重视自身的情绪情感和健康。

4. 尝试运用对比色创意作画，了解刻印艺术是一种独特的中国书画艺术。

5. 能够尝试用自己的方法创造相反的事物，并在游戏中调整、完善。

主题网络图

```
                我喜欢读……                     怎样让自己更健康
        _____              _____

                                                ——— 保健体检数据
                ——— 书中有趣的内容
                                                ——— 制定健康计划
  ┌─────────────┐
  │   棒棒天使    │────────────────────────────────────────
  └─────────────┘
                ——— 我想成为……                 ——— 生活中的相反

                ——— 棒棒天使? 胖胖天使?          ——— 故事中的相反

        我喜欢书中的……                       相反大揭秘
```

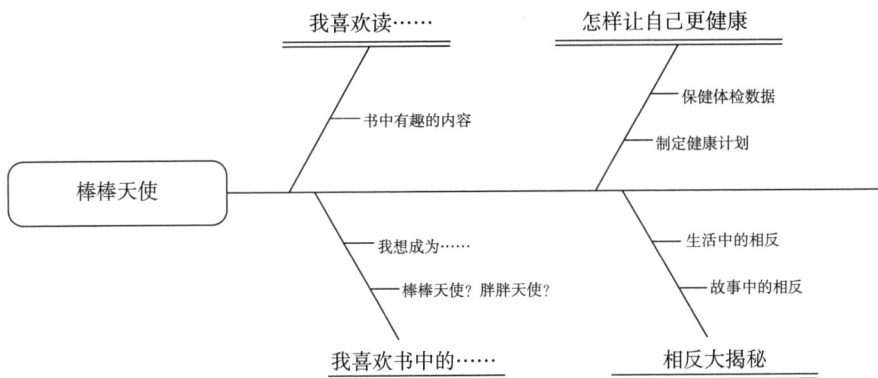

活动一：我喜欢书中的……

（一）生活活动

目标： 1. 通过仔细观察绘本画面，理解故事内容。

2. 结合自身的阅读经验，大胆表达自己的想法和发现。

探究点： 理解绘本故事内容，并大胆表达自己喜欢的情节。

过程： 过渡环节，几个孩子共同翻看着一本《棒棒天使》的大书。绘本中讲道，棒棒天使有个好朋友叫胖胖，尽管他们那么不同，遇见相同的事做出来的反应一点儿也不一样，但这并不耽误他们成为好朋友，因为每个人都是独一无二的，是最棒的自己。谨言说："我好喜欢棒棒和胖胖共同打伞的时候呀，感觉好有爱。"诺诺说："我喜欢棒棒和胖胖玩月亮船的时候。"

分析反思： 根据幼儿的兴趣，我们一起共读《棒棒天使》这本书。在讨论喜欢谁的时候，幼儿各自说着理由，教师倾听、记录。

（二）区域活动

图书区

目标： 1. 通过自主阅读、小组阅读，尝试用语言表述故事情节。

2. 完整阅读时能仔细逐页阅读，有良好的阅读习惯。

探究点： 把书中的情节和生活相结合，大胆表达自己的想法。

过程： 基于幼儿的兴趣点，教师抛出了问题："你们喜欢书中的谁？是喜欢棒棒天使，还是喜欢胖胖天使？他们在生活中各自的优点是什么？"孩子们根据书中的情节进行联想，喜欢棒棒天使的原因是棒棒天使个子高，能够做一些事情，比如帮妈妈挂衣服、投篮投得准等。喜欢胖胖天使的原因是觉得他很可爱，很像自己家的小弟弟，胖胖天使力量大，可以帮助爸爸妈妈拎东西等。

分析反思： 幼儿通过书中的情节理解了绘本的内容，结合生活，分别说出了自己喜欢棒棒天使和胖胖天使的理由，讨论极为热烈。教师遵循幼儿的想法，开启了一场"棒棒胖胖辩论赛"。从简单的一本书里，幼儿在多次的阅读中感受到了绘本中有价值的内容，把书中的人物与现实相结合，在讨论争辩中成为他们梦想中的样子。

美工区

目标： 利用符号及图画的形式将自己在阅读过程中的发现记录下来。

探究点： 幼儿尝试用不同的方式进行阅读记录。

过程： 区域游戏中，桐桐先来到了美工区，一边看着《棒棒天使》，一边用水彩笔在纸上记录着什么。这时，烁烁走了过去，问桐桐："你在这画什么呢？"桐桐说："我要把我喜欢的地方全部都记录下来。"桐桐邀请烁烁一起来记录，烁烁回答道："你这种方法太浪费时间了，我有一个简单的方法，不用画图，直接用符号记录就可以了，方便又省时。"说着，烁烁和桐桐一起在美工区记录着。

分析反思： 边阅读边记录符合大班幼儿的年龄特点，也是较好的学习方式。桐桐很自主，并且对《棒棒天使》这本书很感兴趣，尝试在美工区进行记录。烁烁愿意分享自己用符号记录的好方法，两人合作完成记录。

(三) 集体活动

活动 1：棒棒天使（语言领域）

探究点： 使用语言和动作相结合的方式表达书中相反的事物。

活动目标：

1. 通过阅读理解反义词——胖瘦、高矮、上下、多少、长短等，感知相反的概念。

2. 愿意用语言表达和动作相结合的方式充分感受故事的童趣。

3. 在阅读中体验故事幽默的语言风格。

活动准备：

物质准备：绘本《棒棒天使》、PPT、笔、纸。

经验准备：幼儿有一定的阅读经验。

活动过程：

1. 导入活动：情境展示，激发幼儿兴趣。

教师：今天老师请来了一位小客人，这位小朋友长得很特别，她什么地方很特别呢？身体像什么呀？她有一个好听的名字，叫棒棒天使，猜一猜她是男孩子还是女孩子？你是怎么知道的？

2. 基本部分。

（1）出示胖胖天使，把两个人放在一起对比。

教师：棒棒天使有一位好朋友，这位小朋友有什么特点呢？和棒棒天使比一比，他长得什么样？像什么呀？他的名字叫胖胖天使。

教师：棒棒天使和胖胖天使是好朋友，一个长得高高瘦瘦的，一个长得矮矮胖胖的，他们两个在一起发生了很多好玩的事情，我们一起来看一看吧！

（2）教师展示图片并讲故事，帮助幼儿理解绘本内容。

教师：棒棒天使和胖胖天使在哪里？你是怎么知道的？棒棒天使在云中，胖胖天使呢？

幼儿回答问题，理解棒棒天使高高的，胖胖天使矮矮的。

教师：棒棒天使和胖胖天使飞过来啦，白云是他们的玩具，那谁的玩具多，谁的玩具少？他们在和白云玩什么游戏呢？

激发幼儿发挥想象，鼓励幼儿用完整的语言表达自己的想法。

教师：天空下雨了，看一看他们是怎么飞的？会不会淋到雨呢？怎样飞才不会淋到雨？

教师鼓励幼儿进行动作演示，学着棒棒天使和胖胖天使飞一飞。

（3）幼儿自主阅读。

3. 结束部分。

分享交流。

教师：刚才小朋友们已经阅读了这本书，谁来说一说你发现了什么？你最喜欢哪一页？为什么？请将你喜欢的情节记录到纸上。

分析反思： 此节集体活动的开展是由于幼儿对《棒棒天使》兴趣浓厚，教师带领幼儿一起深读，挖掘绘本故事中的含义，帮助幼儿把握绘本的中心内容和感情基调，在此基础上给予幼儿自主阅读的机会，满足不同幼儿的需要。在师幼共读的过程中，教师鼓励幼儿用肢体动作以及绘画的形式进行表现，营造一个想表达、愿意表达的氛围和环境，从而激发幼儿主动表达的愿望。

活动2：相反大分类（科学领域）

探究点： 尝试找到事物的同一特征，并进行相反分类。

活动目标：

1. 通过小组游戏的方式，尝试给相反的事物分类。

2. 按照事物的同一特征分类，并找出相反。

3. 在动手动脑中体验分类活动的乐趣。

活动准备：

物质准备：黑板、各种相反的事物、纸、笔。

经验准备：幼儿对相反的事物有一定的了解。

活动过程：

1. 开始部分。

出示黑板，回忆最近在生活中、班里找到的相反事物。

教师：小朋友最近找到了不少相反的事物，想一想，咱们怎样给相反的事物分类呢？

幼儿：可以按方位来分类，比如上下、前后、左右。

2. 基本部分。

（1）幼儿分组尝试给相反事物分类。

教师：小朋友自愿分组，思考一下可以用什么样的方式来给相反的事物分类。

（2）每组派一名代表来表达分类的维度，教师在黑板上记录。

教师：刚才咱们都将找到的相反词进行了分类，现在请小组代表来和大家分享。

（3）师幼小结。

教师：我们可以按照食物、人物、方位、心情、颜色、交通、季节、动物等分类。

3. 结束部分。

每组幼儿将相反的事物画出来作为主题墙饰。

分析反思： 本次活动以幼儿熟悉的生活中的相反词入手，让幼儿充分观察各种材料，先进行分类，再去找相反。幼儿的参与度高，能够积极思考、认真观察，思考每一组相反事物的含义。分享活动提高了幼儿的语言表达能力。

（四）家园共育

目标： 1. 通过家园共读活动，提高家长参与活动的积极性，推进主题活动的开展。

2. 分享家园共读中的妙招及有效策略，提高幼儿的阅读能力。

过程： 通过网络形式，教师将《棒棒天使》这本书分享给家长，并和家长交流，提供家园共育的策略，使得家长注重幼儿亲子绘本阅读的重要性。在阅读过程中，请家长协助幼儿观察画面，思考交流，并延伸故事情节，提高幼儿的想象力和创造力，锻炼幼儿的语言表达能力。

分析反思： 通过绘本亲子共读的形式，家长对幼儿的阅读习惯有了更深刻的认识。教师鼓励家长在群中分享自己和孩子亲子共读时的有效策略及妙招，通过思维碰撞获得新的发现。

活动二： 怎样让自己更健康

(一) 生活活动

目标： 1. 关注棒棒天使和胖胖天使的优点，结合自身进行思考。

2. 能大胆表达自己的发现与想法。

探究点： 关注自身身体的情况，了解身体健康的重要性。

过程： 幼儿对棒棒天使和胖胖天使两位主人公充满着浓厚的兴趣，在过渡环节经常听到孩子们在一起交流讨论，桐桐说："我想成为棒棒天使，高高的，一伸手就能摘到树上的苹果。"嘉言说："我想成为胖胖天使，胖胖的，力量肯定特别大，每次出门都能帮助妈妈提东西了。"楚怡说道："棒棒天使虽然很高，但是太瘦了，胖胖天使又矮又胖，我想成为不胖不瘦的。"

分析反思： 通过幼儿的交谈，能够看出每名幼儿的想法不一样，幼儿都发现了棒棒天使和胖胖天使身上的优点，都希望有棒棒和胖胖的优点，但是楚怡小朋友发现了不足的地方，认为不胖不瘦才是最健康的。

(二) 区域活动

美工区

目标： 1. 能够用多种材料制作棒棒天使和胖胖天使。

2. 在制作的过程中遇到问题尝试合作解决。

探究点： 利用不同的材料制作棒棒天使和胖胖天使的身体。

过程： 结合班级主题活动的开展，幼儿选择在美工区用酸奶盒制作棒棒天使和胖胖天使的人偶。楚怡和诺诺利用双面胶进行连接，但是发现酸奶盒总是掉，粘得不牢固，结合已有经验，更换了粘贴的材料，选择了细胶带和宽胶带。操作中两人相互配合，楚怡扶着酸奶盒，诺诺用剪刀剪胶带。

分析反思： 幼儿能够选择适宜的材料进行制作。在连接酸奶盒时，发现双面胶粘贴不牢固，主动到区域中选择胶带进行连接。幼儿不怕困难，愿意为了同一个目标不断更换材料，幼儿的协商合作能力以及动手动脑能力得到提高。

益智区

目标： 1. 能够根据游戏情况调整相反游戏棋的机关。

2. 在游戏中协商合作进行游戏。

探究点： 根据游戏情况及时调整相反游戏棋，设置对应机关。

过程： 在益智区，幼儿共同制作了相反游戏飞行棋，仿照情境飞行棋的模式，棋中的机关运用相反词，从起点出发，投掷骰子，按照骰子的步数往前走，遇到机关后，按照相应的奖励和惩罚进行操作。第一次尝试中，希希先出发，投掷的骰子是 3 点，往前走 3 步，轮到瑶瑶，瑶瑶投掷的骰子是 5 点，往前走 5 步，在 5 步处设置的机关是椅子上面，那么对应的相反词是椅子下，瑶瑶一下就可以走到临近终点的点数处，这时，希希着急了，提出设计的机关不合理，要重新设置，于是讨论出两个相反词的机关不应设置得过远，这样才更公平。

分析反思： 在游戏中，希希和瑶瑶通过操作尝试的方法，发现相反游戏棋设置的机关不合理，于是更改了机关的点位，体现了幼儿在操作中发现问题、解决问题的良好品质，并且在更新完机关点位后，再次尝试游戏。

（三）集体活动

活动名称：我来制订健康计划（健康领域）

探究点： 根据自己的身体情况来制订健康计划。

活动目标：

1. 能够结合自身情况制订自己的健康计划。

2. 知道健康对人们的意义，养成良好的生活和行为习惯。

3. 能够将自己制定的计划付诸行动，并坚持执行。

活动准备：

物质准备：关于健康生活的 PPT、计划表、笔。

经验准备：幼儿对健康的生活方式有一定的了解。

活动过程：

1. 导入活动：回顾绘本内容，引入主题。

教师：前期咱们已经讨论过，有的小朋友羡慕棒棒天使高高的个子，有的小朋友喜欢胖胖天使的力量大，嘉言小朋友说棒棒天使太高太瘦了，胖胖天使又胖又矮，那结合自身，你们的想法是什么呢？

2. 基本活动。

（1）出示体检数据，讨论健康的生活方式。

教师：咱们一起来看一看保健室为我们下发的体检数据。

幼儿根据体检数据分析自己的身体情况。

教师：你们从体检数据中看到了什么？

幼儿1：我身高130厘米，体重40斤，有点瘦了呀！看来我需要变胖一点了。

幼儿2：我看到体重这里画了个三角形，看来我太胖了，都超重了。

（2）根据体检数据中的数值，幼儿了解身体情况，为自己制订健康计划。

教师：刚才小朋友都看了自己的体检数值，有的小朋友发现自己超重了，有的小朋友发现自己太瘦了，那你们怎么制订自己的健康计划呢？

幼儿1：我太瘦了，需要多吃一些肉和有营养的食物，增强体质。

幼儿2：我超重了，我要多吃一些菜，并且要多运动。

（3）幼儿制订健康计划。

教师：在制订计划的时候，想一想这些计划每天都能完成吗？

3. 结束部分。

幼儿相互分享自己的健康计划，鼓励幼儿每日按照计划去完成。

分析反思： 本次活动以绘本内容为切入点，在幼儿的讨论中生成，结合保健室下发的体检数据，教师和幼儿共同分析体检结果，知道健康对人们的重要意义，进而针对自身情况制订健康计划。教师鼓励幼儿付诸行动，为增强身体素质做好铺垫。

（四）家园共育

目标： 1.通过主题活动，教师与家长形成合力，共同推动主题的开展。
2. 在活动中增进亲子感情。

过程： 教师鼓励家长在家监测幼儿实施健康计划的效果，并给予针对性指导。

分析反思： 大班幼儿自控能力较弱，在实施计划的过程中，难免会有懈怠、放弃等情况发生，家长需给予幼儿提醒和鼓励，支持幼儿完成健康计划。

活动三：相反大揭秘

（一）生活活动

目标： 发现幼儿园里的相反，并能大胆地表达。

探究点： 寻找生活中的相反，并能准确应用。

过程： 在喝水环节，小朋友围坐在桌边喝水，宁宁拿起水壶倒了一个杯底，并把水壶推给了将要喝水的桐桐，桐桐扭头看了一下宁宁倒的水，说："你倒的水太少了。"宁宁说："那我再倒多一点。"桐桐说："嗯嗯，先把水壶给你。你倒完我再倒。"宁宁接过水壶又倒了一些。桐桐边看边说："多半杯就可以，这样我们的身体里才能保证充足的水量，身体棒棒哒！"我观察到这一情景后，请幼儿说说使用了哪些相反词，并且鼓励幼儿互相提醒对方，养成良好的健康习惯。

分析反思： 在饮水环节，大班幼儿知道自己的喝水量，但是幼儿有在不监督的情况下减少喝水量的情况。同伴之间的监督和提醒可以保证饮水量，在良好的幼幼关系中互相学习，巩固良好的健康习惯。

（二）区域活动

美工区

目标： 自主选择材料制作胖胖天使的身体。

探究点： 使用酸奶盒做出胖胖天使圆圆的身体。

过程： 楚宜说用酸奶盒可以制作胖胖天使的身体，她把一堆酸奶盒放到

桌子上，然后拿起两个酸奶盒立起来。两个酸奶盒竖起来后，中间出现了一个角。楚宜对芷萱说："咱们得把这个角填上，这样外边就有弧度了。"芷萱点了点头。楚宜拿起剪刀和酸奶盒，把酸奶盒沿着折痕剪成一长条，并且拿起长条盖在竖着的酸奶盒中间，她对芷萱说："你帮我扶着点下边的两个酸奶盒，我用笔记一下中间缺的地方。"芷萱默契地一手扶一个酸奶盒，楚宜边看着角边用笔在长条上画了一个三角形的图案，然后用剪刀剪下来，放在两个酸奶盒的中间，芷萱笑着说："还挺合适的，我去拿胶条粘上。"芷萱扶着酸奶盒，梓希从胶条器上撕下胶条，横着一条条粘在三角形和酸奶盒的连接处，两个边都粘好了。楚宜开心地说："咱们再把对面的三角形和空出来的长方形剪下来粘上就可以啦！"楚宜和芷萱分工，一个剪立着的长方形，一

个剪底部的三角形，再合作粘上，一个圆圆的弧度展现出来。

分析反思： 幼儿在制作胖胖天使圆圆的身体时，能自主选择材料，使用多个酸奶盒连接粘贴后，发现有一个三角形的空缺，她们使用目测、对比、先绘画再剪贴的方式补全圆形的身体，说明幼儿有很强的空间感，同时幼儿在遇到问题时有思路、有想法，能够自己解决问题。

（三）集体活动

活动1：大一班的相反（语言领域）

探究点： 寻找发现班级中相反的事物，并且用图画或符号的形式记录。

活动目标：

1. 寻找发现班里的相反，并尝试归纳总结。

2. 能发现相反事物之间的关系，尝试用自己的话表达出来。

3. 尝试用图画或符号记录找到的相反事物。

活动准备：

物质准备：调查表《我找到的相反》、黑板、粉笔。

经验准备：幼儿对相反的概念有一定的生活经验。

活动过程：

1. 导入活动：请幼儿说一说自己在家找到的相反事物。

幼儿1：我有两个小熊毛绒玩具，一个大大的、高高的，一个小小的、矮矮的。

幼儿2：我发现我们家有的窗户是开着的，有的窗户是关着的。

2. 基本部分。

（1）请幼儿分散去找班里相反的事物，并进行简单记录。

教师：现在，请小朋友拿着笔和纸，到班里找一找相反的事物，并用简单的符号记录下来。

（2）请幼儿分享自己找到的相反事物，教师进行总结。

幼儿1：我发现咱们班的土豆苗有一株长得高高的，有一株长得矮矮的。

幼儿2：美工区的作品，有黑色，也有白色。

幼儿3：益智区的轨道有宽的，也有窄的。

教师将幼儿找到的相反事物记录在黑板上。

（3）请幼儿观察记录的相反事物，尝试归纳总结这些相反事物的不同并归类。

3. 结束部分。

教师：在过渡环节还可以找一找生活中相反的事物，在黑板上记录下来。

分析反思：　此活动源于幼儿的生活经验，从绘本中了解相反的概念后，回归到现实生活中，激发了幼儿学习反义词的兴趣，调动了幼儿的积极性，提高了幼儿的观察能力。用图画和符号记录，潜移默化地渗透了大班的前书写目标，更加凸显了幼儿在玩中学、趣中练，培养了幼儿积极探索、勇于尝试的学习品质。

活动 2：棒棒胖胖的相反国之旅（艺术领域）

探究点：　能够根据故事情节，用绘画的方式表现相反场景。

活动目标：

1. 根据故事情节，按照自己制订的计划，用绘画的方式表现相反场景。

2. 能够结合绘画内容进行完整、清晰的语言表述。

3. 能与他人合作交流，体验合作的乐趣。

活动准备：

物质准备：计划表、A3 画纸、水彩笔、油画棒、垫板（桌布）。

经验准备：幼儿理解相反的含义，制订好绘画计划。

活动过程：

1. 导入活动：回顾故事情节，激发幼儿兴趣。

教师：前两天，我们续编了好听的故事《棒棒胖胖相反国旅行》，今天棒棒和胖胖坐着高铁来到了相反王国，你们已经设计了好多有意思的事情，现在就请你们来画一画。

2. 基本活动。

（1）请幼儿介绍计划表。

教师：为了避免重复，你们已经商量制订出了计划，现在谁来分享一下？

小结：你们心中都有了要画的场景，请按照计划去完成你们的相反王国，看一看棒棒和胖胖在哪一个相反场景里最快乐。

（2）幼儿分组绘画，教师进行个别指导。

（3）幼儿分享。

教师：请说一说你从他的作品中发现了什么相反的事物？现在请你来说一说，在相反王国里，棒棒和胖胖发生了什么有趣的事？

幼儿 1：棒棒和胖胖坐着高铁来到相反王国的游乐场，海盗船一会儿高一会儿低。

幼儿 2：他们来到公园玩滑板车，一个滑得快，一个滑得慢。

教师：相反王国里真神奇，每个小朋友都按照自己的计划完成了胖胖和棒棒在相反王国里的故事，有的小朋友还用颜色区分出了相反的事物，让别人一眼就能看出来。明天请美工区的小朋友帮忙上色，请图书区的小朋友装订，咱们这本好看的书就做好啦！

3. 结束部分。

自然结束，幼儿互相欣赏作品。

分析反思： 此活动激发了幼儿的想象力及创造力，幼儿能够在理解相反含义的基础上对故事情节内容有创造想象，并且表述清晰完整，提高了语言表达能力。其实整个活动中还有一个需要幼儿探究的点，就是如何在自己的绘画场景中表现相反，有的幼儿进行颜色的区分，同一组相反用相同的颜色，还有用含义来区分的。活动后，幼儿可以继续创编故事情节并绘画，分享给其他班的小朋友。

主题活动反思

"棒棒天使"主题来源于上一个主题"我们的图书世界"。在看了各类书后，幼儿非常《棒棒天使》绘本，我们便开展了这个活动。在读书时，幼儿讨论了书中有意思的相反。但是"相反"只是绘本的全部吗？用这个绘本怎么实现园所的育人目标？于是我和幼儿又重新阅读绘本，带着孩子发现、探究绘本中的五大领域发展目标。在讨论中，我了解到幼儿喜欢书中人物的形象，喜欢他们的和睦相处，喜欢他们在一起变魔术、做游戏。有的幼儿喜欢胖胖，有的喜欢棒棒。然后又延伸到生活中的"我"想成为谁。结合体检结果，幼儿讨论出根据自身的情况怎样成为高高的、不胖不瘦的小朋友，再去制订自己的健康计划，回归到幼儿对自身健康的重视，并实践健康计划。同时结合绘本，幼儿去寻找大一班、幼儿园、生活中的相反，然后在活动区开展相反的游戏。这次主题活动的开展让我意识到，绘本这类文学资源中存在的综合性教育内容是需要教师和幼儿共同挖掘的，要注重五大领域的综合，最终达到课程的开展目标。

（教师：赵茜、高晨雪）

第二节 自主感受类主题活动案例

认知是情感产生的前提，情感是认知产生的动力。以自主感受为核心的主题活动，突出幼儿的情感体验，抓住幼儿的情感要素，在关爱与尊重的情感氛围中，分析班级幼儿的好奇心与兴趣，支持幼儿安全感、信赖感的建立，逐步提升归属感与责任感，能够在情感上理解、包容、接纳同伴。幼儿通过自主感受产生认知行为，进而通过多种方式主动实现自己的想法，再与以情感浸润为切入点的主题活动达成知情合一。

主题一　颜色真好玩

适宜年龄

3~4 岁

资源利用

本次主题活动利用了自然资源中的食物、植物，在与家长的互动中利用了社会资源，如收集相关物品，同时与班级玩色材料结合，支持幼儿的感受与探索。

主题由来

颜色是儿童每天都看得到的东西，颜色存在于每个人的生活中。颜色也变幻莫测，总给我们带来惊喜。孩子们在舞蹈区将丝巾盖在脸上，说："世界变成了粉红色。"在科学区带着彩色的眼镜片，开心地说："幼儿园变成了蓝色。"在美工区将颜料涂在小手上，兴奋地说着："我变成了凶猛的大恐龙。"在表演区穿着蓝色的艾莎公主裙时，说着："我是美丽的艾莎公主，我最喜欢蓝色。"孩子们在颜色的世界里是放松的，是充满想象力的，更是自由自在的。

针对小班幼儿的年龄特点，我们开展"颜色真好玩"主题活动，引导幼儿成为色彩的探索者，积极去发现、观察身边的事物，让孩子亲身操作并感知颜色的变化，体验玩色的乐趣。为孩子提供多种材料，通过多种形式去感知颜色，从而喜欢大胆地进行玩色游戏，表达自己心中的想法。

主题总目标

1. 大胆选择工具与颜料，在玩色游戏中大胆表现自己的想法。
2. 在活动中认识颜色以及颜色之间的变换，体会不同颜色带来的不同感受。
3. 能够根据自己的喜好进行大胆的艺术表现，感受自己创作的快乐。
4. 通过对颜色的了解，发现同伴作品中的美，尊重同伴的艺术创作。
5. 能够发现生活中的各种颜色，理解生活中特殊颜色的意义。

主题网络图

呀！颜色变了　　　　　　　　　　颜色变变变

——彩色的手电光　　　　　　——三原色大变身

——彩色的世界　　　　　　　——点点游戏真有趣

颜色真好玩

——彩色的泡泡　　　　　　　——颜色晕染真有趣

——制作泡泡液　　　　　　　——漂亮的野餐垫

颜色捉迷藏　　　　　　　　　　　我爱玩颜色

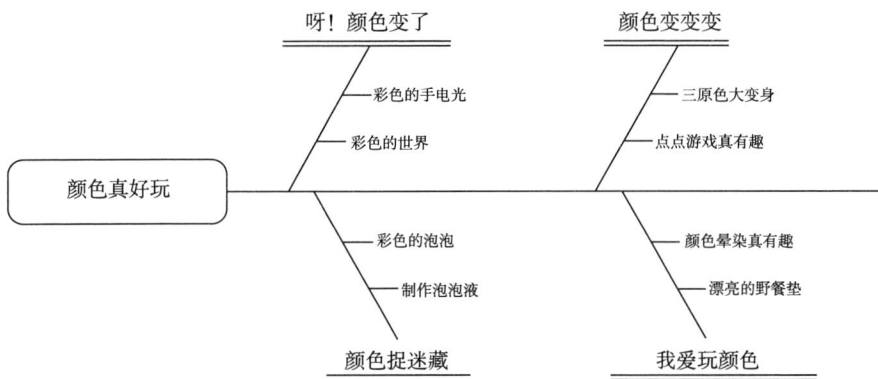

活动一：呀！颜色变了

（一）区域活动

科学区

目标：　1. 好奇地摆弄游戏材料，喜欢问各种问题。

　　　　2. 对周围的事物、现象感兴趣。

探究点：　通过摆弄、操作，发现手电筒的光可以变成各种颜色的光。

过程：　然然来到科学区，在材料柜前走来走去，随后拿起手电一开一关地玩儿着，他看到一会儿出现一会儿消失的光，笑得十分开心。接着晃悠着手电筒，看着在墙上、房顶上转来转去的光，高兴地说："看，它跑来跑去的，真好玩儿！"

淘淘走过去说："我在金泰广场那里也看到过闪闪的彩光，可漂亮了！"然然："我知道，我去过金泰广场那里，游乐场就有好多漂亮的灯。"淘淘："晚上的时候最漂亮了！"然然："这也有灯啊，也好看。"淘淘："但它没颜色，就是白的。"然然："那我找找。"说完他就走回材料柜前，拿了其他几个手电筒都打开看看，但都不是彩色的。然后他戴上三色镜看着墙上的手电光说："淘淘你过来看吧。"淘淘走过来说："哼，我看还是白色的呀。你那是戴着彩色眼镜呢。"然然不高兴地摘下眼镜，手电筒都没关，一手拿着手电筒，一手取下红色的镜片攥在右手后，又要继续取其他镜片。就在他抬头时突然瞪大了眼睛，把右手举高，然后大笑了起来："哈哈，红色的、红色的！"说完又拿起其他颜色的镜片放在手电筒头的部位，果然出现了绿色、黄色的光。他赶忙喊来淘淘一起看。

分析反思： 在游戏中，幼儿喜欢随意摆弄、动手操作游戏材料，并且能够乐在其中。同伴游戏时，能有所交流，激发了然然深入游戏的兴趣，产生了新的游戏。

表演区

目标： 1. 喜欢随熟悉的音乐做动作，感到愉快。

　　　 2. 能够大胆选择各色纱巾进行表演，感受色彩的美。

探究点： 能够在歌舞表演中大胆选用各色纱巾进行表演。

过程： 幼儿在表演区可以选择自己喜欢的服装、头饰、道具等装扮自己。萱萱戴上了粉色的头纱发卡，诗怡穿上了漂亮的银色纱裙，优优穿上了艾莎的裙子，梓晨穿上了白雪公主的纱裙，她们一起随欢快的音乐跳着舞。优优在摆动双臂时，裙子上的蓝色雪纺纱的披风飘扬到了诗怡的面前，诗怡惊讶地说："哇，好漂亮呀！像下雪了。"听闻此声，几个小女孩儿都纷纷围了过来，拿起披风遮在自己面前，惊呼："好看好看，太好看了！"摆弄了一阵儿，萱萱转身去材料柜里拿起粉色的纱巾戴在头上，正好遮住脸了，笑着转起了圈。

分析反思： 幼儿自主自发的游戏丰富了对于颜色的感知经验，彩色的纱巾能够透视，幼儿观察到所到之处都有了颜色。

（二）集体活动

活动名称：多彩的线条（艺术领域）

探究点： 用各种不同的线条来表现自己对音乐的感受和体会。

活动目标：

1. 能够正确画出直线、弧线、锯齿线。

2. 喜欢大胆用各种线条来表现自己的感受。

3. 感受绘画活动的乐趣。

活动准备：

物质准备：A3画纸、黑彩笔、音乐、康定斯基绘画作品。

经验准备：认识常见的线条。

活动过程：

1. 开始部分。

欣赏绘画作品，说说自己的感受。

教师：今天这里有一幅特别有意思的画，请小朋友们看一看，你看出了什么了呢？

2. 基本部分。

（1）认识各种线条。

教师：我们一起来看看这幅画当中藏着哪些有意思的线条吧。

（2）在音乐的伴随下，尝试绘画各种线条。

教师：今天老师带来了一首好听的音乐《森林圆舞曲》，大森林里面的故事都用音乐表现出来了，你可以尝试用各种线条来表现你听到音乐的感受。

（3）幼儿分享介绍自己的作品。

教师：谁想给大家介绍一下你的作品呢？

3. 结束部分。

幼儿将自己的作品平铺展示，大家互相欣赏。

分析反思：　小班幼儿正处于涂鸦期，涂鸦经验多以玩色为主，游戏中，幼儿在音乐的伴随下欣赏线条，结合线条进行涂鸦活动，呈现出来的作品十分生动且千姿百态，获得了美的体验。

（三）家园共育

目标：　1. 感受生活中的颜色美，对颜色感兴趣。

　　　　2. 调动家长的力量，扩展游戏的途径和资源。

过程：　幼儿回到家中，和爸爸妈妈一起寻找家中的不同颜色，从家中带来不同颜色的玩具，穿上不同颜色的服装，感受不同颜色带来的快乐。孩子们纷纷说"红色代表太阳，给人热热的感觉""白色是雪的颜色，很干净"。

分析反思：　通过家园合作，幼儿开始关注自己周围环境的变化等，也是对幼儿科学领域方面的引导。家长的加入也扩展了主题活动的范围，幼儿走到小区、公园、商场、游乐场等地方寻找颜色，感受不同色彩的美。

活动二：　颜色捉迷藏

（一）生活活动

目标：　善于观察发现日常生活中的不同颜色并正确辨认。

探究点：　关注身边的颜色并正确辨认。

过程：　孩子们在生活中关注颜色的变化，在洗手的时候发现洗手液在手上会出现泡泡，从不同角度看会呈现不一样的颜色。孩子们不仅在泡泡中发现了颜色，而且发现树叶、植物、玩具、服装中都藏着颜色，每天都在班级中寻找颜色。

分析反思：　随着活动的开展，幼儿对颜色的兴趣越来越浓厚，因此逐渐在一日生活中讨论颜色的话题。对颜色的探讨也激发了幼儿对颜色的敏感度，他们发现玩具、我们的身体、生活用品等都有颜色，黄色有不一样的黄，绿色也有不一样的绿，提高了对颜色更细微的辨别能力。

（二）区域活动

科学区

目标：　1. 对制作泡泡液感兴趣，喜欢尝试制作泡泡液。

　　　　2. 能够大胆地摆弄各种材料制作泡泡液。

探究点：　能够用不同的材料制作泡泡液。

过程：　美西来到了科学区，高兴地跟旁边的小朋友说："我今天要制作泡泡液，制作出来我们一起吹泡泡玩儿吧。"说完，拿了材料就开始了。她倒了一些洗涤灵，加一点水搅拌搅拌。然后拿来一根吸管吹，一个泡泡出来了，她高兴地玩了一会儿。接着她又拿出一个容器，倒了一些洗衣液，又倒了一些洗涤灵和水，搅拌后试了试，也可以吹出泡泡来。于是她高兴地拿着两个自制的泡泡液和妞妞玩了起来。这时，妞妞说："如果能有彩色的泡泡就好了。"

分析反思：　幼儿能够自主选择材料有计划地进行游戏。

（三）集体活动

活动名称：彩色泡泡（科学领域）

探究点：　通过操作，发现用不同形状的工具吹出来的泡泡都是圆形的。

活动目标：

1. 通过操作探索，初步了解不同形状的工具吹出来的泡泡都是圆形的。

2. 乐意大胆猜想，发现彩色泡泡留下的痕迹是有颜色的。

活动准备：

物质准备：不同形状的吹泡泡工具、泡泡水、记录纸、各种形状的标记、抹布、彩色液体等。

经验准备：喜欢吹泡泡。

活动过程：

1. 开始部分。

（1）幼儿在游戏中学习吹泡泡的方法。

教师：你们吹过泡泡吗？老师为你们准备好了吹泡泡的材料，请你们去吹一吹，比比谁吹得泡泡多而且大。吹的时候请找个空地，不要吹到脸上，也不要把工具贴在小嘴上。明白了就行动吧！

（2）交流吹泡泡的方法。

提问：你是怎么吹泡泡的？（幼儿自由表达）

小结：先拿工具在泡泡水里浸一下，然后慢慢拿到嘴边轻轻吹一吹，这样泡泡就吹出来了。

（3）再次吹泡泡。

教师：这次不仅要吹出大大的泡泡，还要看看你吹出的泡泡什么形状的。

2. 基本部分。

（1）幼儿探索。

教师：告诉我你们吹出的泡泡是什么形状的？（圆圆的）哪个小工具吹出的泡泡是圆圆的？

小结：原来圆形工具吹出的泡泡是圆圆的，我们来找个圆形标记贴在圆形工具的下面。

（2）出示不同形状的工具，大胆猜想。

教师：这又是什么形状的工具？（星星形工具）猜猜它会吹出什么形状的泡泡呢？我们找个标记贴到星星工具的下面。

（3）交流发现并进行记录。

师：星星形状的工具吹出的泡泡是什么样子的？（圆圆的）长方形的工具吹出的泡泡是什么样子的？（圆圆的）纸上留下了什么颜色？

小结：原来不管什么形状的工具吹出来的泡泡都是圆形的，真有趣。让我们赶紧把这个好消息告诉其他的小朋友吧。

3. 结束部分。

幼儿可以选择工具继续游戏，也可以盥洗结束游戏。

分析反思：　吹泡泡是幼儿十分喜欢的游戏活动。幼儿对此次活动的兴趣、积极性都比较浓厚，参与度高。在日常生活中，幼儿都有吹泡泡玩泡泡的经历，通过操作，他们能够自主发现不同形状的工具吹出来的泡泡都是圆形的，在游戏中丰富了科学认知经验。小班幼儿也许无法完全理解、解释出深刻的科学内涵，但是他们通过直接操作获得的认知经验更能够被他们自己接受。

活动三：　颜色变变变

（一）区域活动

图书区

目标：　能够一页一页地翻看图书，感受阅读的乐趣。

探究点：　获取书中关于颜色的知识。

过程：　投放《颜色变变变》等有关颜色的绘本，引发幼儿的自主阅读，并发现颜色与颜色之间的变化。

分析反思：　幼儿在阅读中对颜色有更多的认识，发现有关颜色的科学现象。

美工区

目标： 1. 在大胆玩色的过程中发现混色、水油分离等现象。

2. 在玩色的过程中有快乐的体验，并对颜色有进一步探索的欲望。

探究点： 在玩色过程中发现油水分离以及混色的现象。

过程： 萱站在小房子前，用碌子蘸取了红色颜料，开始粉刷房子的墙壁。不一会儿她好像发现了什么，用力在墙壁上刷了几下，说："这个地方为什么刷不上呢？"琪琪走过来说："我来试一试。"琪琪用蓝色的刷子在没有刷上颜料的地方刷了刷，还是没有刷上颜色，琪琪看了看说："你看咱们的颜色混在一起有点黑。"萱说："这是紫色的，没有颜色的墙你看像不像个窗户？白色的边。"琪琪点了点头。

分析反思： 蕴含教育目标的材料支持幼儿对于颜色的探索。在游戏过程中，幼儿仍然以使用单色颜料为主，在创意的表现中仍然需要通过集体活动等进行支持，丰富幼儿的经验。

（二）集体活动

活动名称：原色三宝我认识（艺术领域）

探究点： 在操作中，认识三原色的千变万化。

活动目标：

1. 对色彩有兴趣，体验色彩美。

2. 感受颜色变化的神奇，有创作的意愿。

活动准备：

物质准备：儿歌《七色光之歌》、PPT 课件、红黄蓝三原色颜料、塑料针管、调色盘、小刷子、水彩笔一盒、红黄蓝绿四色卡纸各一张、白色卡纸四张、画有彩虹桥的宣纸若干。

经验准备：幼儿了解生活中常见的颜色、请家长与幼儿一起观看绘本《小蓝与小黄》。

活动过程：

1. 开始部分。

儿歌《七色光之歌》导入，激发幼儿对色彩的兴趣。

提问：什么是七色光？

教师解释七色光的含义并出示 PPT 介绍颜色，结合班上小朋友的服饰颜色举例。

2. 基本部分。

（1）谈话"最厉害的颜色宝宝"，激发幼儿对颜色的探索欲望。

提问：七种色彩宝宝，哪个最厉害呢？

幼儿发表自己的看法，教师总结幼儿的讲述情况并在操作活动中揭秘。

（2）操作活动：色彩游戏"三色宝宝变变变"。

了解三原色的多变性，启发幼儿的创造性思维，让幼儿自主尝试利用三原色变成更多的颜色。

（3）创作活动：用三原色涂色"美丽的彩虹桥"。

①出示若干画有彩虹桥轮廓的画纸和三原色针管颜料，请幼儿谈谈怎样画出多彩的彩虹桥。幼儿交流，讨论用三原色针管颜料着色的方法。

②幼儿开始创作。

③幼儿在全班展示并介绍自己设计的彩虹桥。

3. 结束部分：教师总结，情感共鸣。

三色宝宝本领大，不识三色伤害大，会用三色好处多。

分析反思： 幼儿十分喜欢玩色的活动，所以在活动中乐于动手操作，在操作中能够大胆尝试，创造了各种各样的颜色，加深了对三原色的认识和感受。幼儿操作的过程是不可逆也不可再现的，教师应该加入记录的环节，让幼儿有完整的体会。

活动四： 我爱玩颜色

（一）区域活动

美工区

目标： 喜欢玩颜色晕染游戏，乐在其中。

探究点： 大胆使用各种喜欢的颜色玩晕染游戏，体会晕染画的乐趣，感受颜色的变化。

过程： 幼儿可以选择不同的纸（手帕纸、餐巾纸、卫生纸、厨房用纸、宣纸）和自己喜欢的任意颜色，通过不同的折叠方式浸染不同的颜色，感受颜色在纸上和各种颜色晕染的美，提高幼儿对颜色美的感受，激发幼儿的创作兴趣。

分析反思： 幼儿自主选择游戏材料，能够沉浸其中专注地体验，同时丰富对不同纸的吸水性的认知，提高颜色搭配的审美能力。

（二）集体活动

活动名称：漂亮的野餐垫（艺术领域）

探究点： 大胆地运用颜色、线条等进行创意绘画。

活动目标：

1. 愿意用不同的线条、图形、颜色表现自己的想法。

2. 在活动中敢于表达自己的想法，发现颜料摆放的位置与线条图形的关系。

3. 喜欢参与到艺术活动的创作中，能够用语言表达自己的想法。

活动准备：

物质准备：衣帽架、大画布、蛋糕裱花纸带、滴管、大小不一的画布、水彩笔。

经验准备：进行过波洛克和米罗的点线画创作。

活动过程：

1. 导入部分。

创设野餐垫情境，引发幼儿参与活动的兴趣。

教师：今天小朋友们是小设计师，一起来看看这里都有什么样的野餐垫？你们喜欢什么样的野餐垫？

2. 基本部分。

（1）介绍材料，幼儿根据自己的想法选择材料。

教师：今天我们也做一块漂亮的野餐垫，想一想怎样才能让你的野餐垫更漂亮呢？今天的材料有裱花袋、画笔等，可以想一想用什么材料制作自己的野餐垫。

（2）幼儿创作，教师进行观察与个别指导。

（3）幼儿绘画后进行分享。

教师：我们来看看这几幅野餐垫，你们的感觉是什么？为什么小朋友觉得漂亮？（颜色、图案）

小结：小朋友对每个作品的感受是不一样的，每个人都有自己的想法。

3. 结束部分。

把野餐垫晾晒在自己想去野餐的地方。

分析反思： 野餐露营是近年来幼儿家庭生活中比较流行的一种亲子活动，幼儿对野餐垫也是十分熟悉的。因此幼儿对活动的兴趣十分浓厚。幼儿创作出多种带有个人色彩的作品。在最后的欣赏环节，能够迫不及待地与大家进行分享，自信心得到了提高。

主题活动反思

本次主题活动来源于幼儿的兴趣。颜色是孩子们每天能够看到、捕捉到的。孩子们在活动中充分地感知颜色、操作颜色，从而感受到颜色的美、神奇与有趣。

本次活动对于幼儿的艺术发展非常有帮助，孩子们在大胆玩色的过程中感受艺术美，逐步了解颜色的简单搭配，能够说出这两个颜色放在一起很好看。幼儿积极主动参与，愿意表达自己的想法，是积极主动的学习者，也体现出从好奇到认知、表现与创造，再到体验的过程，从感受中达成了认知与自我实现的目标，从而获得更为全面的发展。

（教师：武子成、臧亚茹、肖诗佳）

主题二　幼儿园里真快乐

适宜年龄

3～4 岁

资源利用

本次主题活动利用了幼儿园的环境资源，以游戏的形式带幼儿参观幼儿园和班级，帮助幼儿了解新环境。教师在游戏环节、户外环节以及生活过渡环节与幼儿进行谈话，引导幼儿观察身边的环境，同时在一日生活中和幼儿建立良好的师幼关系，让幼儿逐渐喜欢幼儿园的环境，慢慢适应幼儿园的生活，愉快地度过入园过渡期，并能从小关心生活环境，养成良好的生活习惯和行为习惯。

主题由来

9月，幼儿离开家庭的怀抱，进入幼儿园这个崭新的环境，他们的心里难免会感到不安与焦虑，个别幼儿会出现哭闹的现象，不但自己哭得很累，还会影响其他幼儿的情绪。为了鼓励幼儿愿意来园、缓解入园焦虑，让幼儿尽快熟悉幼儿园，感觉到幼儿园的好玩、温馨、有趣，逐步有归属感、信赖感，特开展本次主题活动。

主题总目标

1. 知道自己上幼儿园了，对幼儿园产生安全感和亲近感，能高高兴兴地上幼儿园。

2. 初步适应集体生活，逐步形成基本常规，如能在集体中听教师、同伴讲话，愿意自己进餐、入睡，学会洗手、如厕等。

3. 乐意用纸和笔大胆涂鸦，喜欢和大家一起唱歌，跟着音乐做动作。

4. 喜欢参加体育活动，会听信号向指定方向走和跑，愿意做模仿操。

5. 能按物体的外部特征（颜色或形状）分类，初步学会将实物与相应标记匹配。

主题网络图

美丽的幼儿园　　　　　　　一起游戏真快乐

— 走一走，看一看　　　　　— 小六班的游戏

— 您好，小六班　　　　　　— 户外大操场的游戏

幼儿园里真快乐

— 认识新朋友（同伴）　　　— 我会洗手、吃饭

— 我的大朋友（班级老师）　— 我会穿脱叠衣服

— 我会自己吃饭

交朋友真快乐　　　　　　　学会本领真快乐

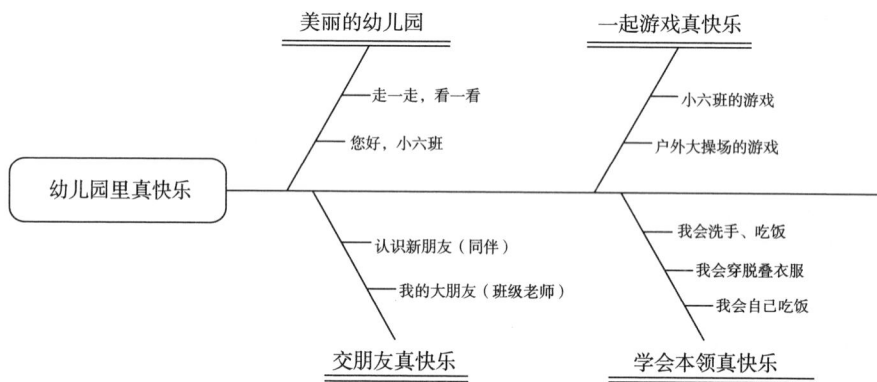

活动一：美丽的幼儿园

（一）生活活动

目标：　1. 有好奇心，愿意到幼儿园的各处去看一看，了解幼儿园的环境。

2. 能及时表达自己的需要和想法。

探究点：　能用较完整的语言表达自己在幼儿园的发现。

过程：　户外游戏开始了，小朋友们跟着老师来到大操场上做小动物模仿操。做完操后，孩子们跟着老师在自由游戏区域运动。休息的时候，转转开心地对老师说："老师，咱们的幼儿园可真大啊，什么都有，一进门就有个这么大的滑梯。"坐在一旁的汤圆也跟着聊了起来："不仅有大滑梯，还有大操场、大门、大树。"其他的小朋友听到了也参与到聊天中来。

分析反思：　每天来到幼儿园，孩子们都很好奇地这儿瞧瞧那儿看看，非常好奇幼儿园的环境。幼儿每天都会对幼儿园进行观察，教师应该及时发现幼儿的兴趣，记录他们的谈话和感兴趣的话题，带领幼儿参观幼儿园，不断激发幼儿的探究兴趣。

（二）区域活动

建筑区

目标：　1. 愿意用各种图形拼摆自己喜欢的建筑房屋。

　　　　2. 愿意用完整的语言讲述自己的作品。

探究点：　选择适合的材料完成幼儿园的搭建。

过程：　转转、墨墨和哈哈在建筑区的地垫上摆弄了半天泡沫积木。转转说："咱们幼儿园这么大，我要搭个幼儿园。"墨墨和哈哈也跟着说："我也搭个幼儿园。"于是他们各自拿了自己需要的积木开始搭建。不一会儿，一个幼儿园的围墙就搭好了。转转说："幼儿园有大门，我把这里打开门，小朋友们从这里走进来。"哈哈说："小朋友中午在这里睡觉。"他拿起一块长方形的积木摆在了地垫上。墨墨一听，也拿来几块长方形的积木，说："这么多小朋友，得多放点儿，咱们幼儿园还有大滑梯呢，得放在外面。"于是他们又拿来好多积木，继续搭建幼儿园的大滑梯。

分析反思：　在幼儿的游戏中，能够用到各种形状的游戏材料进行搭建，满足了幼儿游戏的需要。在这个过程中，幼儿运用已有经验，知道打开门幼儿才能走进来。小班幼儿的搭建都是没有计划的，想到哪里搭到哪里。同时，幼儿能够根据生活经验选择材料，但是缺少正确使用材料的方法，教师需要在生活游戏中继续丰富幼儿的搭建经验。教师也将继续观察幼儿的游戏兴趣点，不断投放适合幼儿游戏的材料。

美工区

目标：　1. 愿意进入美工区活动，喜欢操作摆弄相关材料，尝试用自己喜欢的颜料和工具进行美工活动。

　　　　2. 愿意用喜欢的颜色和工具涂色。

探究点：　幼儿尝试用合适的方法给涂鸦墙上的动物和水果填色。

过程：　区域游戏中，汤圆看到地上放着的海绵拓印棒和彩色颜料很好奇，问："老师，这个是干什么用的?"我回答他说："这个是用来画画的，还可以涂色呢，让墙上的画变得很漂亮。"汤圆听了问我："我想用它涂色，这个怎么涂色啊?"我告诉他首先要先穿上罩衣，然后为他示范了一遍。他在我的帮助下穿好罩衣，拿起海绵拓印棒非常小心地在颜料盒里蘸取颜料，很细心地往涂鸦纸上的大菠萝上印，很快他就涂画出了一个彩色的大菠萝。汤圆非常开心地邀请旁边的小艺来观看他的菠萝。

分析反思：　教师投放的海绵拓印棒和颜料盒引起了汤圆的注意和兴趣。

在幼儿的游戏过程中，教师看到孩子们的模仿能力和创造能力是很强的，在不断尝试用新的材料完成自己的美工作品。宽松、自由的环境、丰富的材料、教师的支持都是满足幼儿自主创作的基础。

（三）集体活动

活动1：幼儿园像我家（语言领域）

探究点：利用提问的方式激发幼儿对幼儿园的探索兴趣。

活动目标：

1. 能够复述简短儿歌，理解儿歌内容。

2. 萌发热爱幼儿园、热爱老师的情感。

3. 喜欢参与集体活动，并愿意交流自己的想法。

活动准备：

物质准备：儿歌《我爱我的幼儿园》、幼儿园图片。

经验准备：幼儿对幼儿园有了一定的了解。

活动过程：

1. 开始部分。

教师弹奏《我爱我的幼儿园》歌曲，引导幼儿演唱，引入主题内容。

2. 基本部分。

（1）教师边朗读儿歌，边与幼儿进行肢体互动。

（2）通过提问帮助幼儿理解儿歌内容。

教师：幼儿园像什么？老师爱谁？幼儿园里有谁？家里又有谁呢？

教师：在幼儿园里，老师就像小朋友的妈妈，老师喜欢每一个小朋友。

（3）带领幼儿有感情地朗诵儿歌《幼儿园像我家》。

3. 结束部分。

师幼共同边说儿歌边进行简单的律动。

教师：我们一起边说儿歌边做动作吧。

分析反思：本次集体活动是基于幼儿初入园的现状来设计的，对于刚刚步入幼儿园的幼儿来说，身边的环境和老师还很陌生，需要逐渐适应。通过儿歌的形式，幼儿观察和发现到身边环境和人物的变化，了解到幼儿园的老师会像妈妈一样爱自己。

活动2：我的小标志（科学领域）

探究点：知道自己的标志，用对应的方法找到自己的物品。

活动目标：

1. 愿意观察多种动物的图片，了解标志的作用。

2. 尝试在游戏中认识自己的小标志。

3. 在游戏中体验物体的对应关系。

活动准备：

物质准备：兔子头饰、大围裙、幼儿人手一份小标志。

经验准备：家长和教师在活动前已初步引导幼儿选择自己喜欢的小标志。

活动过程：

1. 开始部分：情境导入。

教师扮演兔妈妈，从自己大围裙的口袋里拿出给"兔宝宝"（幼儿）的礼物——小标志。

教师：请你们认一认、说一说它们是谁？

2. 基本部分。

（1）找找自己的小标志。

请幼儿从若干标志中找出自己的小标志，看看它们的颜色，比一比和同伴的标志有什么不同。

（2）游戏：它们还藏在哪里。

提问：还有几个小标志藏起来了，它们藏在哪儿呢？

请幼儿找一找、说一说毛巾和水杯的家。

教师：小标志为什么会藏在水杯格里和毛巾架（床、柜子）上？

3. 结束部分。

"兔妈妈"带领"兔宝宝"洗手、喝水，引导"兔宝宝"找到标志，把毛巾、水杯送回家。

分析反思： 为了让小班幼儿建立归属感，教师用游戏的形式调动幼儿的兴趣和积极性，帮助幼儿认识自己的小标志，知道自己的物品用完后要放到对应的位置，学会了按照标志取放物品。

（四）家园共育

目标： 1. 与家长形成合力，共同推动主题的开展。

2. 帮助家长理解幼儿的学习方式与特点。

过程： 通过微信的形式向家长介绍幼儿在活动中的兴趣点及幼儿的学习方式与年龄特点。家长利用休息的时间与幼儿谈话，聊一聊孩子在幼儿园的游戏、生活、学习。将全家福照片带到幼儿园张贴在娃娃家，并和小朋友分享自己的家庭故事，家园携手，帮助幼儿适应幼儿园的生活。

分析反思： 通过向家长介绍主题活动的来源和开展脉络，家长对班级主题活动非常支持。为了让幼儿更好地适应幼儿园的集体生活和游戏，家长们也积极配合。教师将在班里录制的视频发到微信群中,孩子们根据视频的内容向家长讲述在幼儿园的生活游戏,让家长也减轻了焦虑。

活动二: 交朋友真快乐

(一)生活活动

目标: 1. 主动参与幼儿园的活动并愿意与人交往。

2. 初步学习与人交往的基本方法。

探究点: 大胆表现自己,能够愉快地和老师、小朋友问好。

过程: 每天清晨,小朋友们来到幼儿园都会找到老师进行晨练。虽然孩子们对老师和小朋友还有些陌生,但是在老师一次次热情主动地打招呼中,他们慢慢地和老师熟悉了起来,也认识了几个小朋友。转转每次入园时都非常开心并主动地和老师打招呼:"老师早上好,我来了,我是第四个,贤贤还没来呢,他一会儿肯定还会哭。"经过一周的相处,好好的分离焦虑也好了很多,在入园时能开心地和老师打招呼:"老师,我来了,我今天开开心心地来的。"

分析反思: 幼儿在和老师、小朋友的相处中逐渐熟悉了起来,来到幼儿园的第二周,有些孩子已经能够记住1~2个幼儿的姓名。教师应为幼儿营造宽松的氛围,满足幼儿每天认识新朋友的想法。

(二)区域活动

娃娃家

目标: 1. 愿意与人交往,发展友好交往能力。

2. 知道与人分享玩具,体验和同伴游戏的快乐。

探究点: 能根据自己的想法大胆表达,愿意与人交往游戏。

过程: 三名幼儿选择在娃娃家的厨房给宝宝做菜,两名幼儿决定到娃娃的房间去照顾娃娃。贤贤说:"我要给宝宝炒个菜。"玥玥什么也没说,她从柜子上拿了一盘蛋糕,又拿了很多盘子放到桌子上。好好则拿了好多菜放到盆子里清洗。在一旁的娃娃房里,京京在给宝宝穿衣服,可是怎么穿也穿不好。核桃拿起奶瓶冲好一瓶奶去喂宝宝。京京对我说:"我给宝宝穿不上衣服,她该着凉了。"我说:"需要我帮忙吗?"他笑着点点头。玥玥和贤贤搬着椅子到桌子那里准备吃午饭了。好好在餐桌前很开心地邀请全家人聚餐。京京和核桃抱着宝宝一起来到餐桌前坐下来,开始模仿爸爸妈妈吃饭和喂宝宝。

分析反思: 在幼儿的游戏中,虽然平行游戏多一些,但是依然有一些交流。在遇到问题时,能够在老师的询问下寻求帮助,学习初步解决问题的方法。但是角色意识还很薄弱,没有明显的区分,后期需要老师提供角色服饰,支持幼儿区分角色。

（三）集体活动

活动1：甜甜找朋友（语言领域）

活动目标：

1. 喜欢听故事、儿歌，理解其大意。

2. 注意倾听他人讲话，能听懂日常生活用语，并能做出反应。

3. 体验和同伴做好朋友的快乐，喜欢与同伴交往。

活动准备：

物质准备：幼儿用书、故事《甜甜找朋友》教具、音乐《找朋友》。

经验准备：幼儿在生活中有交朋友的经验。

活动过程：

1. 开始部分。

教师出示一张甜甜嘬嘴的画，请幼儿猜猜甜甜为什么嘬嘴。

教师：甜甜这是怎么了呢？

2. 基本部分。

（1）教师讲述故事《甜甜找朋友》。

边讲故事边将故事画面展示出来，帮助幼儿理解故事。

（2）通过提问帮助幼儿理解故事。

教师：甜甜想跟谁玩儿？他们在干什么？甜甜到幼儿园看到了什么？她可以到哪里去找朋友？

（3）看故事图片，集体讲述故事，再次理解故事。

提问：如果你想交朋友，你会怎么办呢？

3. 结束部分。

播放《找朋友》音乐，教师带领幼儿唱歌跳舞。

分析反思：　幼儿通过故事《甜甜找朋友》知道了交朋友的好方法，如可以用好听的话交朋友。教师在一日生活中关注幼儿的交往情况，营造宽松的氛围，鼓励幼儿大胆地用语言与同伴交流，在游戏中体验交朋友的快乐。

活动2：我会打招呼（社会领域）

探究点：　能够在游戏中认识新的朋友，并尝试用"我是××，大家好"的句式打招呼。

活动目标：

1. 能够情绪安定、愉悦，有安全感，逐步建立与教师的依恋关系。

2. 能够在集体活动中大胆表现自己，尝试用"我是××，大家好"的句式打招呼。

3. 喜欢幼儿园，能够适应幼儿园生活。

活动准备：

物质准备：幼儿照片、小动物图标、家长和幼儿共同完成的"自我介绍"小海报。

经验准备：幼儿有交朋友的经验。

活动过程：

1. 导入活动。

教师：你知道你旁边坐着的小朋友是谁吗？有什么办法可以让我们大家都认识他？

2. 基本活动。

（1）教师引导幼儿观察海报内容，幼儿了解介绍自己的方法。

教师：这里有几张海报，你们看看是谁的，你能给我们介绍一下吗？

（2）教师示范，幼儿理解句式"我是××，大家好"。

（3）教师引导幼儿根据海报和小动物图标进行自我介绍，并引导其他幼儿回复"××你好"。

（4）游戏：谁藏起来了。

教师随机抽取小图标，抽到的小朋友要藏起来，其他小朋友去找他，找到他要说出"××你好"，帮助幼儿记住其他小朋友的名字。

3. 结束部分。

找到认识的好朋友，相互问好，活动自然结束。

分析反思：在游戏中，幼儿通过海报用"我是××，大家好"的句式介绍了自己，并通过游戏记住其他小朋友的姓名。

（四）家园共育

目标：1. 通过主题活动，教师与家长形成合力，共同推动主题活动的开展。

2. 在活动中增进亲子感情。

过程：请家长休息时和孩子到户外与其他幼儿游戏，并在游戏时帮助幼儿认识新朋友。也可以约班里的幼儿一起游戏，增进了解。

分析反思：每个孩子都结交了新的朋友，不仅增强了自信，而且加深了对彼此的了解，体会到认识新朋友的快乐。

活动三： 一起游戏真快乐

（一）生活活动

目标： 1. 愿意和其他幼儿一起游戏。

2. 体验和好朋友一起游戏的快乐。

探究点： 发现和小朋友一起游戏的快乐。

过程： 餐前的自由安静活动是孩子们非常喜欢的活动，因为他们可以选择自己喜欢的墙面玩具和图书，还可以和其他幼儿自由地交流。

分析反思： 在自由游戏时间，幼儿能够在宽松自由的环境中选择自己喜欢的方式进行游戏，能够更加开放和自主地交流。在这个环节中，他们能够体会到和好朋友一起游戏的快乐。

（二）区域活动

建筑区

目标： 1. 尝试利用搭高、围拢、延伸的方式为小动物搭房子。

2. 喜欢与同伴交流，愿意表达自己搭建的感受。

探究点： 利用搭高、围拢、延伸的方式为小动物搭建合适的家。

过程： 转转、墨墨和哈哈特别喜欢在建筑区一起搭建。他们自主选择各种搭建材料，一边聊着自己的想法，一边为小动物们搭房子，最后还在外面用泡沫板搭建了一条路。

分析反思： 幼儿结合生活经验为小动物们搭建了厨房和卧室，并用砖块搭建了围墙，用泡沫板铺路，在游戏中自然地融入了搭高、围拢和延伸的技巧。

科学区

目标： 1. 能够根据自己的兴趣探索班级中的游戏材料。

2. 喜欢操作材料，并在游戏中发现有趣的现象。

探究点： 在摆弄手电筒时发现积木上的颜色可以投影在纸箱上，并会变大变小。

过程： 子贤很喜欢拿着手电筒在小纸箱里照一照，在箱子里用彩色积木搭建各种形状的物体，还拿来小动物放在里面。他来回地把手电筒的光照在彩色积木上，积木的影子就会随着光的方向投影在纸箱的下面，还有小动物的影子，非常漂亮。

分析反思： 幼儿在游戏中根据自己的想法主动选择并摆弄游戏材料，展现出丰富的想象力和创造力，在游戏中发现光和影子的关系。

（三）集体活动

活动名称：户外游戏大闯关（健康领域）

探究点： 能够大胆尝试操控器械、摆弄器械并体验不同的跳跃方式。

活动目标：

1. 能够模仿青蛙的动作形态，正确地做出向前跳、开合跳等动作。

2. 自主探索、操作器械，发现材料的多变性和可组合性。

3. 喜欢参与体育游戏，感受与同伴一起游戏的快乐。

活动准备：

物质准备：青蛙头饰若干、地垫、障碍扇形盘、呼啦圈、过门石等。

经验准备：幼儿在生活中有跳跃的经验。

活动过程：

1. 导入活动。

热身活动：跟着音乐，自己随意模仿小青蛙的动作，如小青蛙跳荷叶、青蛙游泳等，活动身体的关节部位。

教师：小青蛙们，今天老师要带大家去冒险岛闯关，通往冒险岛的路程十分危险而且很遥远，我们一定要练好本领，成为一只勇敢的小青蛙。

2. 基本活动。

（1）幼儿自主操控器械。

鼓励幼儿大胆尝试操控、摆弄器械，掌握不同的跳跃方式。在游戏过程中引导幼儿合作玩耍。

（2）请幼儿说一说并示范自己的玩法。

教师把组合玩法展示给幼儿，让幼儿互相模仿。

（3）教师示范动作要领。

教师：我们跳的时候要双脚并拢，脚稍弓，脚后跟抬起来，脚掌用力蹬地，然后向前连续跳，注意脚落地的时候要轻。

（4）游戏大闯关。

教师：小青蛙们，你们已经学会了跳跃的本领，你们有信心通过冒险岛吗？

教师讲解闯关路程：首先我们要跳过山坡，然后跳过沼泽（地垫），接着开合跳跳过扇形障碍，最后双脚跳过呼啦圈，拿到小旗子，你们就胜利了。在游戏时要注意安全，不要着急，排队闯关。

（5）幼儿自由拼摆闯关材料并游戏。

3. 结束部分。

教师：今天小青蛙们闯关的时候都特别勇敢，我们放松一下，把材料收拾起来吧。

分析反思：　通过情景游戏帮助幼儿体验各种操作器械，在游戏中学习各种跳跃方法，符合幼儿的学习方式与特点。在整个活动中，幼儿非常开心与专注，发现了很多器械的组合玩法，在闯关游戏中得到了很好的锻炼，同时体会到和小朋友一起合作游戏的快乐。

活动四：学会本领真快乐

（一）生活活动

目标：　1. 能用语言表达自己的需要和情感。

　　　　2. 感受自己独立做事的快乐和满足。

探究点：　能够自己脱外衣。

过程：　孩子们已经入园四周了，对于幼儿园的生活流程已经熟悉了，情绪也相对稳定了很多。每天清晨入园后，孩子们会把来园时穿的一件防晒衣脱下来叠放到柜子里，有些能力较弱的幼儿会出现衣服脱到一半就脱不下来的情况。于是我们在生活环节利用儿歌和老师示范的方法帮助孩子学会自己脱衣服。孩子们逐渐学会自己脱下外套，并开心地说："老师，我会自己脱下衣服了。"

分析反思：　穿脱衣服是小班幼儿自理能力的重要内容。通过自己完整地穿脱衣服，感受独立做事的愉悦，建立自信心。

（二）区域活动

表演区

目标：　1. 愿意参与表演活动，体会表演的乐趣。

　　　　2. 游戏结束后将物品材料收拾整齐。

过程：　幼儿很喜欢到表演区穿上漂亮衣服唱唱跳跳，尤其是女孩子，非常喜欢穿上漂亮的裙子站在舞台上跟着音乐唱儿歌。他们能主动地选择自己喜欢的衣服并尝试自己去穿，但是总会因为拉链和带子系不上而影响表演，所以每次都需要老师的帮助。在区域游戏结束时，他们也会主动地脱下衣服，将衣服挂回原位。

分析反思：　幼儿愿意参与表演活动，在表演前会主动地穿戴自己喜欢的服装，但是需要老师的帮忙，脱下衣服后也会主动地将服装挂回衣架，有很好的行为习惯。

（三）集体活动

活动 1：我会穿衣服（健康领域）

探究点： 观察、了解衣服的正反面，尝试自己穿衣服。

活动目标：

1. 通过儿歌学习穿衣服的正确方法。

2. 了解衣服的特征，认识衣服的正反面。

3. 愿意自己穿衣服，体验成功的快乐，树立自信心。

活动准备：

物质准备：玩具娃娃、上衣、外套等、情景图片。

经验准备：幼儿有穿脱衣服的生活经验。

活动过程：

1. 导入活动。

（1）出示娃娃和情景图片。

教师：我是红红，今天天气真好，太阳公公出来了，我也起床了。妈妈去哪里了呢？我还没穿衣服呢！妈妈，快来帮我穿衣服！

提问：小红怎么了？小红哭着叫妈妈做什么？

（2）结合表演，引导幼儿分析讨论：她怎样做就是能干的宝贝。

幼儿：自己的事情要自己做，要学会自己穿衣服。

2. 基本活动。

（1）看图片并启发幼儿讨论：我们应该怎样穿衣服。

教师：图片里的小宝贝是怎么穿衣服的？

（2）出示实物，让幼儿认识衣服的正反面。

教师：看，这里有一件小朋友的衣服，请仔细观察老师用手抓住了哪里？

幼儿：抓住了衣服最上面。

教师：那就是衣领。

教师：谁来告诉老师，衣服哪面是正面，哪面是反面？

教师：前面有图案和小口袋的是正面。

（3）结合儿歌介绍穿衣服的方法及要领。

教师：我们再来看看视频里的宝贝是怎么教你们穿衣服的。

小结：抓领子，盖房子，一手钻进衣袖子，下摆对整齐，扣扣子，大家都是好朋友。

（4）幼儿练习给娃娃穿衣服，边念儿歌边穿衣服。教师巡回指导。

教师：你们想学穿衣服，做个能干的宝贝吗？咱们一起试一试吧！

3. 结束部分。

教师：午睡起床后，我们来比一比，看谁的小手最能干，最先学会自己穿衣服。

活动延伸：在娃娃家投放娃娃的小衣服。

分析反思： 通过故事、视频，幼儿了解了衣服的正反面，一边说儿歌一边学习穿衣服。在为娃娃穿衣服时体验了成功穿上衣服的快乐。教师在生活环节给予幼儿练习穿衣服的机会，幼儿的自理能力有了一定的进步，增加了自信心。

活动2：吃饭香香（健康领域）

探究点： 简单了解食物的营养，不挑食，并学会使用小勺子。

活动目标：

1. 懂得食物对身体健康的影响，养成不挑食的好习惯。

2. 简单了解食物的营养，会使用小勺子吃饭。

活动准备：

物质准备：PPT、手偶、餐具。

经验准备：幼儿有使用小勺子的生活经验。

活动过程：

1. 导入活动。

出示手偶，引入主题，激发幼儿兴趣。

教师：小熊自己不会吃饭，总要妈妈喂，妈妈告诉小熊，幼儿园里的小朋友吃饭吃得可好呢，快去看看吧！

2. 基本活动。

（1）教师示范。

教师：熊妈妈带着小熊来看我们吃饭了，我们是怎样把饭吃得又干净、又快的呢？

老师边讲边示范，手拿好小勺子，扶好小碗，把饭一勺勺送到嘴里。

（2）师幼讨论故事情节。

出示图片，小熊的哥哥特别胖，小熊特别瘦，请幼儿说一说为什么会这样。

幼儿1：我猜小熊哥哥吃得肯定很多，弟弟不爱吃饭。

幼儿2：我觉得哥哥肯定特别爱吃肉。

（3）师幼共同讨论。

教师：那我们应该怎么做呢？

幼儿1：我们吃饭时不能总吃肉，也要吃菜。

幼儿2：我们要按时吃饭，不能总吃零食。

小结：肉和蔬菜都有营养，我们要吃肉，也要吃蔬菜，荤素搭配，还要吃主食。保健医老师为小朋友搭配的餐食都是有营养的食物，我们要做到不挑食。

3. 结束部分。

教师鼓励幼儿不挑食，并关注幼儿的进餐情况。

分析反思： 通过小熊的情景故事，幼儿了解到吃饭的时候要做到饭菜均衡搭配，不挑食，并且要按时吃饭，知道每种食物对身体的营养。在进餐过程中，教师要关注幼儿使用小勺子的情况。在区域游戏中投放锻炼小手肌肉灵活性的玩具，教师适时给予指导。

主题活动反思

通过参加各种各样的活动和游戏，幼儿慢慢喜欢来幼儿园。主题开展的整个过程都紧紧围绕着幼儿的年龄特点和课程的核心目标，围绕幼儿的生活，追随幼儿的兴趣，生成集体活动和区域游戏内容。教师关注幼儿在游戏和活动中的表现，记录他们的情感、语言和动作，为课程的持续开展不断积累素材。

课程的开展不仅有幼儿的参与，也有家长的参与。从如何追随孩子的情感和兴趣到如何去观察孩子，家长在课程中也变成了合作者、支持者，能够在参与活动的过程中了解什么是课程，怎样让幼儿逐渐适应幼儿园的集体生活，让幼儿的情绪稳定。

在整个主题的开展过程中，教师视角的变化源于幼儿认知兴趣的调整。幼儿在活动中认识了新的朋友，了解了幼儿园的环境，逐渐在活动和游戏中与老师建立了良好的师幼关系，同时体验到集体生活和游戏的快乐。在整个主题活动中，幼儿还提高了自理能力，自信心得到了增强，在宽松友好的幼儿园生活中逐渐养成了亲社会能力。

主题活动也从关注幼儿能力、习惯等单一问题入手向幼儿兴趣、情感在前，关注幼儿的整体发展转变。幼儿逐渐从开始的分离焦虑中脱离出来，慢慢地适应幼儿园生活，最后喜欢上幼儿园。

（教师：高晨雪、单明莹）

主题三　我们丰收了

适宜年龄

4～5 岁

资源利用

十一假期，大多数幼儿外出采摘，教师抓住幼儿在班级过渡环节讨论的采摘话题，与家长建立沟通机制，在家长资源的支持下，收集了更多种类的秋收果实。在活动中还利用了幼儿园里的山楂树、萝卜地等自然资源，共同生成了主题活动。

主题由来

国庆节期间，很多家庭都带孩子们参加了采摘活动，孩子们也迫不及待地想跟小朋友们分享他们采摘的喜悦，在微信群里，你一言我一语，一时间，班级的微信群变身为劳动经验、成果分享群。假期回来后，孩子们纷纷把收获的果实带到了幼儿园，想跟小朋友们一起分享。过渡环节，孩子们围在果实周围开始了"知识问答"，"蘑菇是长在哪里的？你们知道怎么采摘蘑菇吗？""你们猜这个是紫薯还是红薯呢？"

看到孩子们对采摘来的果实兴趣浓厚，我们思考从孩子们了解的果实入手，结合孩子们的采摘经验，了解果实生长的不同环境，同时结合幼儿园里的果树，让幼儿对秋收的果实有更多的认知经验。根据幼儿喜欢动手操作探索的年龄特点，鼓励幼儿亲身体验，如试一试、看一看、闻一闻、尝一尝等，了解采摘工具的使用方法，探索蔬果菜肴的制作方法，从而萌发喜欢秋季蔬果的情感，感受丰收的喜悦。

主题总目标

1. 初步掌握铲子、耙子、梯子等工具的使用方法，进行简单的收获活动。
2. 在幼儿园采摘的过程中，体验劳动活动的喜悦，愿意进行集体劳动。
3. 在观察认知的基础上，能用简单的方式对果实进行多维度的分类。
4. 通过猜想与验证，探索不同果实的储存方法。
5. 大胆体验和探索不同美食的制作方法，愿意制作美食。

主题网络图

```
                      果实见面会                    果实可以这样吃
                    ── 果实在哪里                 ── 南瓜的秘密
                    ── 愉快的假期                 ── 南瓜里面有什么
   我们丰收了 ───────────────────────────────────────────────────
                    ── 我们去采摘                 ── 冰糖葫芦甜又甜
                    ── 果实分一分                 ── 分享真快乐
                      果实可以怎样分                 果实乐享会
```

活动一：果实见面会

（一）生活活动

目标： 1. 有好奇心，积极运用多种感官感知果实的外形特点。

2. 能基本完整地表达自己采摘的过程。

过程： 十一假期回来，孩子们在过渡环节总会围到自然角，韬韬抱着自己的大南瓜说："你们猜猜我这个南瓜有多重？"越越说："你们知道怎么采蘑菇吗？"彤彤说："你们猜是红的辣椒辣还是绿的辣椒辣？"

分析反思： 每天的来园时间，幼儿都可以根据自己的意愿到班级中看看植物、动物，也会在观察中不时地提出问题。作为教师，我们也会对幼儿自发的探究行为和突发的一些问题给予应答和关注，记录幼儿感兴趣的问题及话题，和他们一起通过绘本查找资料，不断地激发幼儿的探究兴趣。

（二）区域活动

美工区

目标： 1. 愿意用美术的方式表达自己在采摘活动中的深刻印象和情感体验。

2. 能够用美工工具进行创意表现。

探究点： 尝试用不同的材料表现不同蔬果的特征。

过程： 区域游戏中，阳阳把橘色的泥搓圆按扁，用塑料刀在泥的旁边压出一道道竖纹，他跟旁边的翔翔说："你看我做的像不像个南瓜包？"翔翔把黄色的泥搓成长条，又用黄色的泥揉成小圆粒粘在长条上，问："你猜我做的是什么?"阳阳说:"肯定是玉米,你这个还可以加上叶子,就更像了。"小泥鳅学着图纸上的毛线圈缠绕的方式做了一个红色的小毛绒球,她把毛绒球托在手里,笑着对他们说:"你们猜我这个是什么?""苹果?""樱桃?""不对,苹果哪有这么小,这是山楂。"……

分析反思: 教师提供适宜的美工工具供幼儿探索使用。通过幼儿的表现能够看出,教师的支持是有效的,支持了幼儿的艺术表现欲望。教师可以根据幼儿对蔬果的观察,引导幼儿尝试大胆使用其他材料表现蔬果的不同特征。

(三)集体活动

活动名称:果实在哪里(综合活动)

探究点: 1. 操作中探索剥玉米的不同方法。

2. 在操作中感受玉米粒的特征。

活动目标:

1. 认识白薯、玉米、黄豆等农作物,能够用自己的语言描述其特征。

2. 了解各种农作物的收获方法,知道秋天是丰收的季节。

3. 初步体会农民伯伯的辛苦,萌发爱家乡、爱劳动人民的情感。

活动准备:

物质准备:幼儿采摘回来的农作物。

经验准备:幼儿十一假期参加了采摘活动。

活动过程:

1. 开始部分:谈话导入。

教师:小朋友们,现在是什么季节?(秋天)你们怎么知道的?

幼儿1:很多水果和蔬菜都成熟了。

幼儿2:天气变凉快了,而且山楂从绿色变成了红色。

2. 基本部分。

(1)调动幼儿经验,请幼儿介绍农作物的生长方式。

教师:你知道这些农作物都生长在哪里吗?成熟时要怎么收获?

幼儿1:白薯是长在地里的,需要把上面的秧拔了,用铲子挖出来。

幼儿2:花生长在地里,用手使劲拔就可以了。

幼儿3:葡萄长在葡萄藤上,需要用剪刀剪。

(2)讨论剥玉米粒的方法,并请幼儿尝试用自己的方式剥玉米粒。

教师:你想用什么方法来剥玉米粒呢?

(3)幼儿分享操作感受。

看录像,感受农民伯伯的辛苦。讨论如何对待我们的粮食。

3. 结束部分。

教师：今天我们不仅了解了农作物的生长，而且体验了收获农作物的辛苦，我们要珍惜来之不易的粮食，每天吃饭时要践行光盘行动。

分析反思： 本次活动是基于幼儿对农作物的讨论，给幼儿在集体面前表达的机会，幼儿通过向同伴讲述自己的采摘经历，将个别经验转化为集体经验。活动中加入剥玉米粒的劳动活动，符合幼儿的学习特点。幼儿在劳动的过程中感受粮食的来之不易。教师通过提问引发幼儿思考剥玉米的方法，幼儿调动并迁移生活经验，借助工具和徒手剥。教师可以根据幼儿的经验开展其他有关果实的劳动活动。

（四）家园共育

目标： 通过主题活动，教师与家长形成合力，共同推动主题的开展。

过程： 请幼儿和家长自愿收集秋天的果实带到班级，同时请家长利用周六日的时间与幼儿一起到市场了解应季的蔬菜。

分析反思： 这个过程可以增加幼儿与家长之间的话题，同时在去市场的过程中，能够通过对比，了解更多蔬菜水果的生长环境，对果实的特征有更多的了解。

活动二： 果实可以怎样分

（一）生活活动

目标： 1. 做力所能及的事，愿意参与到劳动中。

2. 敢于尝试有一定难度的活动，并愿意积极想办法解决问题。

探究点： 尝试用不同方法把南瓜运到班里。

过程： 小朋友们从家里带来了很多南瓜，供班级进行美食制作。韬韬想跟好朋友一起把他和小朋友带来的南瓜从传达室运到班里，他们想到可以用箱子多装一些，减少搬运的次数，但是走到一半，手指就酸了。这时教师也拿了一个装有南瓜的小箱子，走到他们身边说："是不是手指头特别酸？你们像我这样试一试，看看会不会好一些。"于是韬韬和悠悠学着老师的样子，两只手分别抬着箱子的两个角，一步一步地向楼上走去。后来他们想到箱子不结实，可以用桌布兜着南瓜上楼。韬韬还想到用姥姥买菜的小拉车。

分析反思： 中班上学期的幼儿愿意为小朋友们服务，同时具有一定的责任感，教师为他们提供了劳动的机会，满足他们劳动的意愿。当幼儿想自己把南瓜运回班里时，教师与幼儿讨论了搬运的方法，支持了幼儿搬运南瓜的行为。幼儿能够想到用箱子装、用桌布兜的方法，体现了中班幼儿主动探索的好奇心和丰富的生活经验。当幼儿自己抬不动请小朋友帮忙时，表现了幼儿对自己能力的认识和初步与他人合作的能力。后期教师可以将生活、游戏与劳动整合，根据幼儿的兴趣，开展一系列有关南瓜的活动，引导幼儿学会安全地使用不同的劳动工具，主动调整劳动的方法。同时在体验劳动的过程中让幼儿逐渐热爱劳动，也可以利用故事、歌曲《劳动最光荣》感受劳动带来的喜悦感与成就感，让劳动逐渐成为一种习惯。

（二）区域活动

图书区

目标：　能理解、讲述简单的画面内容，根据画面内容了解不同果实的采摘方法。

探究点：　根据画面内容了解不同果实的采摘方法。

过程：　大鸣找来一本可以操作的关于丰收的绘本书，一边操作，一边用自己的动作跟启悦比画着，还对启悦说："这个锄头跟耙子的用法一样，都是要抡起来的。"启悦翻着书说："你看这些，都不用工具就能采摘。""小麦是用镰刀收割的，但是我在电视上看到可以用收割机了。"

分析反思：　幼儿在游戏中发现了不同农作物的收获方法，并且了解了不同工具的使用方法。教师还可以为幼儿提供相关视频，让幼儿了解更多植物的采摘方法，同时认识不同农具，丰富生活经验。

美工区

目标：　1. 能用绘画、手工制作等表现不同果实的特征。
　　　　2. 能尝试自己解决美工制作中的问题。

探究点：　用绘画、手工制作等表现不同果实。

过程：　我们与孩子们一起制作了农场的沙盘，有的做玉米，有的做南瓜，还有的在做葡萄。越越做完了玉米，为玉米连接上了绿色的秸秆，可是玉米重重的头低了下来。一旁的子允对越越说："你可以等它干了再立起来，你看我昨天做的这个，今天干了就硬了，它就不会弯了。"听完，越越把做完的玉米放到窗台上晾晒。这时在旁边制作的大航说："你们看我做的苹果树，我的树干就不会弯。""因为你的树干粗，所以不弯。""才不是，因为我里面放了一根水彩笔，这样用泥包起来就不会弯了。"教师问越越："你觉得细细的玉米秆里可以加什么东西来支撑呢？"越越突然起身，从材料柜里找了几根牙签，用绿色的泥包裹住，边做边说："这个方法不错。"

分析反思：　在游戏中，两个小朋友分别看到了同伴制作中的问题，并且结合自己的经验给同伴提供了帮助。教师通过提问，引发幼儿的思考并迁移经验，用牙签支撑材料。教师的及时介入让幼儿的制作游戏更加深入，同时使制作更加具有创意。

（三）集体活动

活动1：果实分分类（科学领域）

探究点： 1. 幼儿在操作中根据不同的特征对果实进行分类。

2. 在操作中感受不同果实的特点。

活动目标：

1. 能够区分不同果实的异同点，并按一定的标准分类、统计。

2. 知道不同果实的不同特征。

3. 体验秋天大丰收的喜悦心情。

活动准备：

物质准备：幼儿采摘收集的多种农作物和蔬果。

经验准备：幼儿认识丰收的果实。

活动过程：

1. 开始部分。

出示丰收的场景，激发幼儿兴趣。

教师：小朋友们，请你们看这幅图是什么场景呢？他们在做什么事情？国庆假期的时候，我们班的小朋友也去采摘了，你从哪里采摘了哪些果实？

2. 基本部分。

（1）引发思考并尝试给果实分类。

教师：小朋友们收集来这么多果实，摆在一起看起来好乱啊，你们有什么好方法能让它们变整齐吗？

幼儿1：可以把它们按照大小排序。

幼儿2：可以把它们分类放到筐里。

（2）启发幼儿想一想、说一说、试一试。

教师：请两个小朋友结为一组对果实进行分类，然后用笔将你们的分类方法记录下来，可以跟其他组分享你们的分类方法。

教师：小朋友很棒，想到了很多办法。再一次尝试，请你用和刚才小朋友们不一样的方法来分类，看看谁有更多的好方法。

（3）分享方法。

教师：这一次你根据什么特点分类的？

幼儿1：我发现它们的外皮有的粗糙，有的光滑。

幼儿2：我发现有的果实软，有的果实特别硬。

幼儿3：有的皮可以吃，有的不能吃。

3. 结束部分。

教师：今天小朋友们通过摸一摸、比一比的方式发现了蔬果的不同，而且能够根据这些特征对它们进行相应的分类。现在我们就把你们分好的果实装箱吧！

分析反思：　孩子们在操作中对果实进行不断地感知。活动前的分享让孩子们了解到不同果实的生长环境，为后面的分类活动做好了铺垫。

活动 2：我们去采摘（科学领域）

探究点：　在操作中探索不同蔬菜水果的采摘方法。

活动目标：

1. 能用语言较清晰地表达自己的采摘计划。

2. 能敢于尝试有一定难度的采摘活动，并在活动中接受同伴的帮助。

3. 对植物的果实产生持续的探究兴趣。

活动准备：

物质准备：幼儿从家里带来了自认为可以使用的铲子。

经验准备：大多数幼儿具有采摘的经历。

活动过程：

1. 开始部分：分组讨论，引出活动内容。

教师：小朋友们发现幼儿园的山楂、萝卜熟了，还制订了自己的采摘计划，谁来分享一下，你想采摘什么？采摘的方法又是什么？

幼儿 1：我想拔萝卜，可以用手握住萝卜的叶子把萝卜拔出来。

幼儿 2：我想摘山楂，可以搬我们的椅子作为梯子。

幼儿 3：我想摘山楂，可以站在彩虹伞上摘。

2. 基本部分。

（1）分小组进行采摘活动。

教师：现在请你们带上自己需要用到的工具，按照计划去采摘吧。一会儿我们一起来分享你们的采摘收获和采摘方法，看看哪种方法可以帮助我们采摘。

（2）山楂组。

教师：山楂树太高了，怎样才能安全地采摘呢？

幼儿 1：彩虹伞不稳，站着容易摔下来。

幼儿 2：我们可以把户外的箱子玩具搬过来，搭成楼梯的样子就可以摘了。

幼儿 3：可以用竹竿敲打，小朋友用布接住。

幼儿 4：我们可以摇一摇树干，把山楂摇下来。

（3）萝卜组。

教师：现在就用你们的方法，看看怎样才能挖出完整的萝卜。

幼儿1：用铲子松松土，不要铲到萝卜。

幼儿2：握住萝卜晃一晃，等萝卜旁边的土松了再来拔。

（4）分享收获。

教师：你们都用了哪些方法采摘呢？哪种方法更容易采摘？

3. 结束部分。

教师：采摘的时候，我们不仅可以用手，还可以借助生活中的工具，我们可能还需要跟好朋友一起合作完成。在劳动的过程中，我们收获了很多采摘的小窍门和好方法，以后我们再去采摘的时候，也能够用到这些方法。劳动中有很多有趣的事情，我们不仅能够在劳动中收获快乐，而且能够收获友谊。

分析反思：　本节活动分两组进行，更好地满足了幼儿对采摘不同果实的愿望和需求。活动中体现了对幼儿探究意识的培养，教师支持幼儿实施计划，满足他们的挑战需求。通过提出不同的问题，引导幼儿更准确地思考问题。在交流中注重对幼儿的鼓励，避免对幼儿的直接评价，让幼儿自己找到合适的方法。同时，利用幼儿的分享丰富同伴的经验，锻炼了幼儿的语言表达能力，也是对幼儿探究意识的鼓励。

（四）家园共育

目标：　1. 通过活动，教师与家长形成合力，共同推动主题的开展。

　　　　2. 能够用自己的方式记录调查内容。

过程：　利用重阳节，请幼儿调查家中祖父母爱吃的美食，利用自己的方式记录调查结果。班级对幼儿的调查结果进行分析和统计，如食物味道、制作方式、软硬等，最终讨论出为祖父母做南瓜菊花饼，不仅造型好看，而且营养丰富。孩子们回家纷纷准备自己认为最好吃的南瓜，为制作南瓜菊花饼做准备。

分析反思：　班级活动结合中华传统节日来开展，调动了家长的参与感。幼儿对祖父母饮食喜好的调查，增进了幼儿对祖父母的了解和情感。记录调查表培养了幼儿的前书写能力。通过家园合力，家长看到幼儿的成长以及班级活动开展的脉络，会为课程的开展提供更好的支持。

活动三：果实可以这样吃

（一）生活活动

目标：　1. 愿意交流分享自己的发现。

　　　　2. 能及时表达自己的需要和想法。

探究点：　探索南瓜子的清洗方法。

过程： 在班级的美食加工厂里，越越想要把南瓜子一半变成瓜子，一半当种子，怎样能够把籽儿上面的瓜瓤清洗干净呢？越越端着装有南瓜子的盘子来到盥洗室，打开水龙头用水冲盘子里的籽儿，水从盘子里流了出来，有的籽儿也跟着水流进了下水道里。越越赶快关水，用阀门堵住下水口。接着她继续用水冲，一些干净的籽儿掉到水池里，她想用手捡出来，尝试了几次都没有成功。我问："怎么了越越，怎么唉声叹气的呀？"她对我说："您试试，这个籽儿沾了水特别滑，一捏就跑了，比我们家的鱼还难抓。""这些籽儿要是掉到水池里，就更不好捡上来了，你有什么好方法吗？""我还真想到了一个方法。"她跑去科学区，从分离游戏的盒子里找来一个漏网，把浮在水面的籽儿捞了出来，可是沉在水底的却不是很成功。这时她抬头看到为水杯控水的漏网盆，对我说："这个带眼儿的盆子能借我用用吗？用这个盆子洗籽儿，就不会被冲跑了，就像家里的洗菜盆一样。"于是她把所有的籽儿倒进漏网盆里，一边用水冲，一边用手揉搓，还不停地跟我说："这个白色的籽儿外面就像有一层膜一样，超级滑，要是不用这个盆，籽儿可能就溜走了。"

分析反思： 中班幼儿的动手能力与观察能力有明显增强，并且能够进行及时的调整和反思。中班幼儿能够初步对生活中简单的劳动工具进行挑选和使用。发现小的漏网不方便清洗时，调动了自己的生活经验，使用大的漏网盆清洗。用揉搓等方法清洗，表现出中班幼儿具有初步的劳动方法，并且能够对劳动方法进行体验与探索。

当幼儿能够迁移经验进行劳动时，可以对幼儿进行引导，调动幼儿更多的生活经验，找到更加适宜的劳动工具。幼儿在活动中已经获得了一定的劳动能力，但是还需要对劳动行为进行鼓励，同时引导幼儿之间的相互学习，将个别经验集体化。所以可以创设劳动智慧角，展示幼儿的劳动经验，不仅普及了经验，而且能够在展示的过程中帮助幼儿树立的劳动自信。

（二）区域活动

益智区

目标： 1. 在操作中感知果实的大小、重量、光滑程度的不同特性。
2. 喜欢与同伴进行合作游戏。

探究点： 尝试用筷子组合形成的空间结构拦住更多的果实。

过程： 在游戏中，孩子们将小球保卫战中的圆球替换成了核桃、栗子、花生等。今天两名幼儿一起进行果实保卫战游戏。阳阳端起核桃，沐燃端起花生，他们两个对视了一下，阳阳笑笑说："咱们两个试试核桃吧，一会儿再用花生。""可以。"于是阳阳把核桃全部倒了进去，所有的核桃都被拦住了。阳阳从里面快速地抽出一根筷子，这时里面的核桃有一定下沉，沫燃说："你慢点，不能从中间拿，可以从上面拿。"阳阳继续向外抽，刚要拔出一根又把它插了回去，我问阳阳："你怎么不拔那根筷子呢?""我一拔，上面的核桃都跟着动了，不能拔。"他绕着筐看了一圈，我站在他们旁边说："这边的缝隙好大呀，从上面看得好清楚呀。"阳阳站起来向筐里看，然后他抽出一根筷子，说："这根筷子没有跟核桃挨着，拔出来没关系。"

沫燃也站了起来，从核桃聚集的地方抽出了一根筷子，掉下来两个核桃，其他核桃也跟着向下移动。阳阳说："你抽筷子的时候，核桃动了你就给他插回去。"后面阳阳每抽一根，核桃都会跟着动，这时我对阳阳说："还向外抽出筷子吗?"阳阳说："可以，但是核桃就该掉下来了。""所以，当你觉得不能再向外抽出筷子的时候，我们就可以进行记录了，看看哪一次用的筷子少，拦住的核桃多。""这次就抽出了 7 根筷子。"他把核桃拿出来数了数说："拦住了18 个核桃。"他们又进行了几次挑战，最好的成绩是 10 根筷子拦住了 17 个核桃。

分析反思：　在游戏中，幼儿遇到问题时能够积极探索并想办法解决。第二次开始的时候，幼儿能够根据教师的引导观察筷子之间缝隙的大小与核桃大小的关系，并且能够根据自己的尝试和观察，成功地用比之前少的筷子拦住更多的小球。当他们两个拿起不同的材料时，阳阳能够积极主动地与沫燃协商第一次用核桃，下一次用花生。在投放材料时，教师也考虑到层次性，增加幼儿的成功体验。核桃比以前的小球大一些，幼儿两次操作都能够把大部分的核桃拦住，感受到大的物体更容易被卡住。通过成功的经验，能够看出幼儿具有一定的空间结构思维，掌握了缝隙大小与核桃大小的关系，并初步掌握了将筷子交叉放会使缝隙小的方法。

生活区

目标：　1. 尝试使用不同的工具和方法将蔬菜和水果加工制作成美食。
　　　　2. 在制作中保护自己，并体验劳动的快乐。

探究点：　探索用不同的方法将蔬菜和水果制作成片状、块状、丁状、丝状。

过程：　通过讨论，幼儿对制作可以吃的美食有了新的想法，有的想做一些菊花饼，有的想用土豆做薯片、薯条，还有的想做泡菜。于是我们开设了"美食加工厂"，每天制作不同的美食。周一是土豆日，可以做薯条、薯片。对于怎样将土豆切成条，他们想到了先切厚片再切条，要切得粗细差不多，薯条才能一起熟。在制作薯片的时候，怎样才能切成薄薄的片呢? 悠悠将家里的擦片工具带来，还在家里手工绘制了使用说明书，告诉小朋友们如何安全使用。

周二是红薯日，可以做红薯糯米饼。用什么工具能够将红薯变成红薯泥呢？孩子们尝试用筷子夹、勺子压，后来他们运用妈妈给弟弟妹妹做辅食的方法，把红薯放进袋子里，用擀面杖擀。在制作的过程中，幼儿自己动手和面，感受水和面粉不同比例的关系。在制作豆沙饼的时候，孩子们发现饼小了，豆沙馅就包不进去了，可以减少豆沙馅或者把皮按压大一些。在泡菜日，孩子们发现可以使用不同的方法把不同的蔬菜切成小块，如芹菜可以用手掰成小块，胡萝卜可以用刀切，大白菜可以用手撕等。

分析反思：　根据幼儿的兴趣，班里开设了美食加工厂，利用孩子们对美食的喜爱，支持劳动热情的延续。教师关注幼儿对工具的探索，并且通过制作不同的美食，激发幼儿对不同工具使用方法的学习与掌握，同时引导幼儿思考用什么方式更容易制作美食。孩子们十分喜爱生活区，不仅学会了制作不同美食的方法，而且还感受到了制作美食的辛苦。

（三）集体活动

活动名称：南瓜的秘密（综合领域）

探究点：　能选择自己喜欢的方式取出南瓜子。

活动目标：　用多种感官感知南瓜子的特性。

活动准备：

物质准备：筷子、勺子、叉子、盘子、南瓜。

经验准备：幼儿喜欢挑战新鲜的游戏。

活动过程：

1. 导入部分。

教师：小朋友们带来了不同的南瓜，你们发现了什么？

幼儿1：南瓜的大小和颜色不一样。

幼儿2：他们的形状也不一样。

幼儿3：南瓜的味道可能也不一样。

2. 基本部分。

（1）与幼儿展开有关南瓜的讨论。

教师：你看南瓜的里面，发现了什么相同和不同呢？

教师：我们怎样取出南瓜子呢？

幼儿1：可以用勺子挖出来。

幼儿2：可以用手抠出来。

（2）幼儿分组取出南瓜子。

教师：怎样能够把籽儿挖干净？

（3）活动分享。

幼儿1：籽儿是滑溜溜的，黄色的丝儿是连接瓜和籽儿的。

幼儿2：用勺子挖更方便。

3. 结束部分。

小结：我们探索了取出南瓜子的不同方法，每个人都是劳动小能手。我们接下来可以把南瓜子清洗、晾干，进行下一步的美食制作了。

分析反思：活动的形式能够满足幼儿的好奇心。幼儿积极地参与其中，进行尝试探索。活动的分享也很精彩，从体验中产生的感受更加强烈，幼儿表达的积极性也很高。教师可以多组织类似的活动，不仅激发孩子的探究欲望，而且能够迁移到幼儿的生活经验，为幼儿提供更多表现自己的机会。

（四）家园共育

目标：1. 在劳动体验中感受劳动的快乐，积累生活经验。

2. 增进亲子情感，提高家长的参与度。

过程：请家长在家里与幼儿一起制作美食，体验美食制作的乐趣，如剥生菜、洗小西红柿、剥橘子，制作水果沙拉、爽口凉菜、红薯蛋挞等多种美食。幼儿加入家庭劳动中，可以感受家庭小主人的成就感，满足想被他人认可的意愿。

分析反思：适当的家庭劳动能够培养幼儿的责任意识。重视一日生活皆教育，使幼儿在劳动中思考，在劳动中收获快乐和生活技能。

活动四：果实乐享会

（一）生活活动

目标：1. 引导幼儿通过观察、对比、讨论等方式探索果实保鲜的方法。

2. 感受食物在不同环境下的物理变化。

探究点：探索适合不同果实的保鲜方法。

过程：过渡环节，幼儿观察到植物角的许多果实都已经坏掉并发出难闻的气味了，于是我们与幼儿讨论，果实可以怎样保鲜呢？悦悦说："可以用塑料袋把果实包起来，这样就没有空气进去了。"维维说："可以用保鲜膜，我家里就是用保鲜膜来装果实的。"小宇说："可以用盒子来装果实。"

孩子们把生活中看到和使用过的方法进行了分享。在讨论结束后，我们请幼儿把自己最想用来保鲜的方法与爸爸妈妈分享，并请爸爸妈妈帮忙准备自己想用的材料。后来，孩子们通过观察发现，保鲜后，有的果实还是坏掉了，这是什么原因呢？孩子们又展开了热烈的讨论。针对孩子们发现的各种问题，班级开展了"果实可以怎样保鲜"的调查活动，幼儿通过自己的方式来调查不同果实的保鲜方法，如辣椒的保鲜方法是可以串在一条线上，放在窗台上晒干保存；土豆、玉米等果实需要包好保鲜膜放进冰箱里保存等。

分析反思：　教师抓住幼儿在生活中的问题设计活动，并推动活动深入开展。活动中，调动幼儿的生活经验，通过计划、实施、调整来巩固探究能力，通过材料、记录等支持幼儿在实际操作与对比观察中验证自己的想法。

（二）区域活动

交往区

目标：　1. 初步与他人友好地进行合作游戏，懂得尊重他人的意见。
　　　　2. 能够结合现实生活，大胆表达自己的想法。

过程：　真的果实在交往区上线以后，幼儿在交往区的游戏情节更加丰富。桐桐在甜品屋开张的时候，将制作好的陈皮装进袋子，放了两颗冰糖，准备封口时，环环说："昨天我回去一喝太苦了，这里面还是多放一些冰糖吧！"桐桐说："这个里面陈皮比较少，所以冰糖少，这个陈皮多的，可以多放几块冰糖。"于是桐桐和环环决定在装有大块陈皮的袋子里放 5 块冰糖，装有小块陈皮的袋子里放 2 块冰糖。桐桐看到环环没有戴手套就要装冰糖，说："你戴上手套才卫生。商店里都是这样的，或者你可以用夹子。"

分析反思：　幼儿能够结合日常活动中的经验进行游戏，增加了游戏内容。幼儿对不同食物的味道以及调料的搭配都有自己的方法，可以迁移生活中的经验。

（三）集体活动

活动名称：冰糖葫芦甜又甜（科学领域）

探究点：　1. 幼儿在操作中探索将糖葫芦穿起来不掉落的好方法。
　　　　2. 在操作中感知和创造不同的规律。

活动目标：

1. 在穿糖葫芦的过程中，探索穿的方法。

2. 体验美食制作的乐趣，感受传统文化。

活动准备：

物质准备：不同的水果、签子、糖、电磁炉。

经验准备：幼儿吃过糖葫芦，具有一定的手眼协调能力。

活动过程：

1. 导入活动。

教师：很多小朋友都吃过糖葫芦，你们知道糖葫芦是怎么制作的吗？

2. 基本活动。

（1）利用提问，引导幼儿对如何安全制作糖葫芦进行思考。

教师：今天我们也来制作糖葫芦，我们需要用到的就是你们带来的水果和老师准备的长签子。我们怎样做才能够保证自己的安全呢？

幼儿1：制作的时候不能够用签子对着别人。

幼儿2：串的时候要专心，才不会扎到自己的手。

教师：我们制作的时候，不仅要保证自己的安全，还要保证小朋友的安全。怎样制作美味的糖葫芦呢？

（2）幼儿操作，教师指导。

教师：为什么我们穿上的水果会裂开掉落呢？怎样解决这个问题呢？

幼儿：我们要穿水果中间的地方。

3. 结束部分。

教师：我们今天通过自己动手，发现了穿糖葫芦的好方法，有的小朋友想要回家跟爸爸妈妈一起分享，老师也觉得分享也是一件快乐的事，跟家人一起分享，一定更加甜蜜。

分析反思：通过操作，掌握自我保护的方法，同时探索出水果不掉落的方法。活动延伸到了分享，也是对幼儿社会情绪情感的培养。

主题活动反思

本次主题活动在幼儿的观察中逐步扩展到劳动，幼儿在劳动中获得丰富的感受，在过程中尊重劳动，同时展开深入的探索，并将果实制作成美食。孩子们通过亲身感知和动手操作，感受到了果实的不同特性；通过自己采摘，掌握了不同采摘工具的使用方法，比如铲子可以用来挖土，锄头可以把果实给刨出来等。在活动开展过程中，教师一直追随着幼儿的兴趣，在幼儿不断发现、探索的过程中生成集体活动与区域活动，目标紧紧围绕着幼儿的年龄特点和课程的核心目标。根据不同幼儿的个性化需求，活动形式多样。班级的活动与幼儿的生活紧密相连。活动还调动了家长资源，使家长不仅仅是活动的观察者、支持者，也真真切切成为活动的参与者。

活动中教师时刻关注幼儿的最近发展区，在活动中给予幼儿充分自主选择的权力，让幼儿能够在自己的基础上获得需要的本领。活动中多次利用调查、分享、操作，让孩子们能够在亲身体验的过程中感受不同食物的来之不易。结合重阳节，让幼儿在活动中了解节日的习俗，知习俗、会感恩，同时感受劳动的快乐。

中班幼儿处于从具象思维到抽象思维的过渡阶段，我们通过具体的操作，引导幼儿对相关经验进行迁移转化。幼儿在主题活动中萌发了科学探究的意识，在观察中发现事物的变化，并能够用自己的语言去表达，知道劳动的不易，从而珍惜劳动成果。

（教师：张颖、谭玉嵩）

主题四 | 服务大家真快乐

适宜年龄

4～5 岁

资源利用

本主题活动的开展利用了园内种植区，孩子们在此照顾植物。同时结合五一劳动节，幼儿发现身边为我们服务的人有很多，幼儿园、家庭中、社区里、社会上，到处都是为我们服务的人。充分利用家园社资源，使幼儿感受到身边为我们服务人员的辛苦。利用家长资源，用照相、录像等方式记录活动过程。

主题由来

五一国际劳动节就要到了，结合节日，我们开展"服务大家真快乐"主题活动，支持幼儿认识不同的劳动内容，在劳动中感受到辛苦和乐趣，从而懂得关心、尊重他人。在家中、班级中能够做好力所能及的事情，并乐意为班级服务。开展亲子活动，让家长参与其中，帮助幼儿形成正确的价值观，为逐步养成良好的劳动习惯奠定基础。

主题总目标

1. 通过调查，了解不同的劳动内容与劳动的辛苦。
2. 关心、尊重为自己服务的人，并珍惜劳动成果。
3. 能够做好自己的事情，进而通过多种方式为班级服务。
4. 爱劳动，了解并正确使用常见的劳动工具。
5. 能够运用语言、艺术创作等多种方式表达自己对劳动过程、劳动成果的理解。

主题网络图

```
                  劳动节里快乐多              身边为我们服务的人
                  _____              _____
                                              ┌── 园里为我们服务的人
                      ┌── 我的发现            ├── 家里为我们服务的人
  ┌─────────────┐
  │ 服务大家真快乐 │──────────────────────────────────────────
  └─────────────┘
                      └── 幼儿园                ┌── 服务中我发现
                         └── 家                 └── 服务之星
                  _____              _____
                   我为大家服务               我劳动我光荣
```

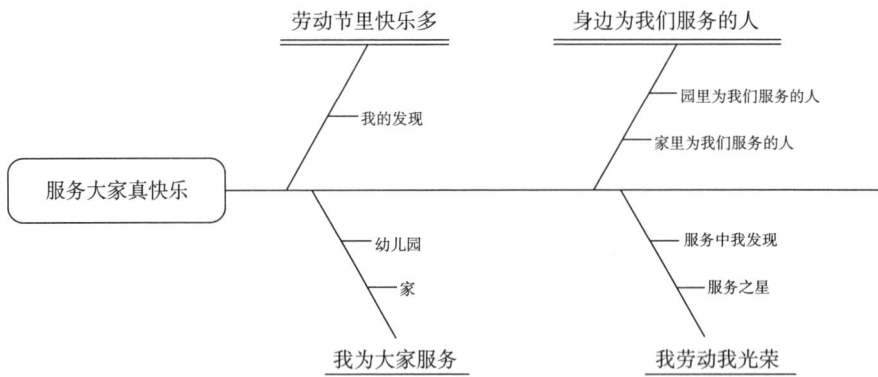

活动一: 劳动节里快乐多

(一) 生活活动

目标: 愿意将劳动节发生的事情分享给老师和同伴。

过程: 过渡环节,琪琪和语柠说:"劳动节,我在家帮妈妈打扫房间,还叠了很多衣服呢。"语柠也开心地说:"我也是,我帮忙扫地、拖地。还帮助妈妈洗菜、包饺子,干了很多活儿呢。爸爸妈妈还表扬了我,以后我都要帮家里人干活。"这时旁边的乐乐也凑过来说:"我也是,我还洗衣服呢,我爸爸夸我长大了呢。"

分析反思: 在过渡环节,孩子们会和同伴说一说自己感兴趣的话题。每当提到自己为家人服务时,孩子们满脸都是自豪,能看出,孩子们也觉得为家人劳动是一件很光荣和有成就感的事。

(二) 集体活动

活动名称:劳动大调查(社会领域)

探究点: 能大胆介绍周边为我们服务的人。

活动目标:

1. 了解劳动节的由来,萌发对劳动人民的崇敬之情。

2. 能够用完整的语言表达自己对劳动的理解。

活动准备:

物质准备:调查表、照片。

经验准备:观察过周围为我们服务的人。

1. 开始部分。

教师：五一假期结束了，你们去了哪里？遇到了哪些为我们服务的人？

幼儿1：我去了商场，有服务员为我们介绍商品。

幼儿2：我和爸爸妈妈坐地铁去动物园，地铁里有检票人员，动物园里也有检票人员。还有保安叔叔给开门。

2. 基本部分。

（1）幼儿相互分享自己的调查表。

（2）请个别幼儿分享展示。

鼓励幼儿大胆介绍自己的调查结果。

（3）梳理小结。

一起梳理周围为我们服务的人的类型，说一说不同的人为我们服务的内容。引导幼儿了解因为有了各行各业为我们服务的人，我们才能够有这么好的生活。

（4）引导幼儿介绍自己会做的劳动。

教师：你都会做什么劳动呢？在家、在园分别都可以做什么劳动？

幼儿1：在幼儿园可以擦桌椅、扫地、叠被褥、发餐巾。

幼儿2：在幼儿园还可以照顾自然角的小花和小鱼。在家可以帮助家人做家务，洗碗、叠衣服、扫地。

3. 结束部分。

结合幼儿所说的劳动内容，在班级活动中增加相应的劳动内容。

分析反思： 结合劳动节，幼儿已经初步感知了身边为我们服务的人有很多，大家都非常辛苦。通过活动，教师对为我们服务的人进行了梳理，同时对幼儿在幼儿园和在家能为大家做的事也进行了梳理，形成班级劳动的初步计划。

（三）家园共育

目标： 1. 通过介绍活动，与家长形成合力，共同推动主题的开展。

2. 了解劳动节的由来，完成劳动调查问卷。

过程： 通过微信的形式向家长介绍幼儿在活动中的兴趣点及幼儿的学习方式与特点。利用五一假期，家长带幼儿观察周围为我们服务的人，了解劳动节的由来，完成劳动调查问卷。

分析反思： 通过向家长介绍主题活动的来源和开展脉络，家长对活动非常支持，完成亲子调查表。家长看到孩子愿意在家中进行家务劳动，有了初步为他人服务的意识，都非常欣喜，觉得孩子们慢慢长大了。

活动二：身边为我们服务的人

（一）生活活动

目标：　1. 能发现身边为自己服务的人，感受他们的辛苦。

　　　　2. 愿意用自己的方式表达想法。

探究点：　观察发现幼儿园为我们服务的人。

过程：　师幼一起寻找幼儿园内为我们服务的人，拍照记录下来并分享。在看到食堂老师辛苦地做饭时，一起讨论怎样做才是尊重别人的劳动成果。孩子们主动说出："在进餐中要爱惜粮食，不浪费，爱护环境，不乱丢垃圾等。"

分析反思：　当孩子们看到为自己服务的人时，会对身边的人充满感恩，知道整洁的校园、香香的饭菜都是有人在为我们付出，我们才能生活在这么好的环境下。知道每个职业都非常重要，要尊重别人的劳动成果。

（二）集体活动

活动名称：为我们服务的人（社会领域）

探究点：　能感受身边为我们服务的人的辛苦。

活动目标：

1. 了解生活中为我们服务的人，体会他们的付出，重点体会爸爸妈妈的辛苦。

2. 能用感恩的心对待为我们服务的人。

活动准备：

物质准备：PPT 课件、为我们服务的人劳动的视频。

经验准备：幼儿已经观察过身边为我们服务的人。

活动过程：

1. 开始部分：谈话导入。

教师：孩子们，我们身边有哪些人在为我们服务呢？

幼儿1：爸爸妈妈在为我们服务，每天接我们放学，准备香香的饭。

幼儿2：爷爷奶奶为我们服务，接我放学、给我做饭、打扫房间。

幼儿3：老师为我们服务，教我们知识。

2. 基本部分。

（1）看一看为我们服务的人。

教师：看一看图片和视频中都有谁？他们在做什么？

幼儿1：保安师傅在组织我们进园。

幼儿2：保健医老师在给我们晨检。

幼儿3：老师在给我们盛饭，和我们一起做游戏，食堂老师在给我们做饭。

（2）说一说你的感受。

教师：看到这么多人为自己服务，你的感受是什么呢？

（3）讨论我们可以为爸爸妈妈做什么。

教师：刚才很多小朋友说到爸爸妈妈很辛苦，那我们能为爸爸妈妈做什么呢？

（4）学习儿歌《我是好宝宝》。

儿歌：妈妈回家，我为妈妈倒杯水。妈妈夸我是好宝宝。

爸爸回家，我为爸爸捶捶背。爸爸夸我是好宝宝。

3. 结束部分。

教师：今天我们看到了这么多为我们服务的人，感受到了大家的辛苦。还学习了好听的儿歌，回家可以说给爸爸妈妈听哦。

分析反思：在活动中，幼儿感知身边为自己服务的人，通过影音回放，再次直观感受他人为自己服务的情景。幼儿心中有幸福感，同时也觉得大家非常辛苦。通过学习简短的儿歌，幼儿抒发对爸爸妈妈的爱，知道自己也可以为大家做更多的事，激发幼儿服务他人的愿望。

（三）家园共育

目标：1. 通过主题活动与家长形成合力，共同推动主题活动的开展。

2. 了解家人的辛苦，增进亲子感情。

过程：家长将家人为幼儿做事的照片或视频发给班级教师，在社区中抓拍为我们服务的人，分享到班级群中。

分析反思：在活动过程中，孩子们看到了家长和社区人员的付出，懂得了感恩，家长们也非常认可活动，并积极配合。

活动三：我为大家服务

（一）生活活动

目标：1. 愿意为他人服务，感受为他人服务的快乐。

2. 能及时表达自己的需要和想法。

探究点: 能主动做值日生计划。

过程: 随着幼儿的讨论,越来越多的小朋友想当值日生,于是班级"小小值日生"活动开始了。可是大家都想现在当值日生怎么办呢? 幼儿主动说可以每人每周选一天当值日生,每天有 6~7 个位置,这样每个人都能当。于是班级创设了相关环境,幼儿拿着自己的小蜜蜂照片,自己选择哪一天当值日生。

知道自己是哪一天的值日生了,但是值日生都要做哪些事呢? 我们选择尊重幼儿,由幼儿讨论值日生的内容并画下来。第一次的讨论结果: 发餐布、放袖子、照顾动植物。但随着幼儿慢慢地实践,发现还有很多事可以做。这样在幼儿一次次实践后,将发现的新内容画下来放在相关墙饰上,值日生在选择内容时会直接看一看要做的事,自然生成了值日生计划。

分析反思: 从幼儿的讨论中发现幼儿的想法,梳理幼儿的发现,引导幼儿主动解决问题。活动来源于幼儿的主动发现,幼儿的兴趣会更高。

(二) 区域活动

美工区

目标: 1. 运用多种材料和工具大胆地、有意识地表现熟悉的场景。

2. 喜欢操作易于使用的美术工具和材料,逐步掌握它们的用法,进行自我表现。

过程: 幼儿在过程中用团纸粘贴、撕纸粘贴、剪纸、水粉画等来装饰农田背景板。紫文还用硬卡纸制作了农民伯伯的帽子,琪琪也用白色卡纸制作了护士帽。

分析反思: 幼儿在游戏中充分动手动脑,用各种方法制作劳动场景的背景板和道具。幼儿主动选择材料,自主创作。

科学区

目标: 1. 能正确使用常见的劳动工具为植物浇水、松土,为鱼缸换水。

2. 有照顾动植物的劳动意识。

过程： 幼儿在照顾动植物的过程中，发现可以用不同的器皿给花浇水，有的小朋友还想到了做自制浇花器。有的小朋友发现有些花不能每天浇水。于是我们一起搜索资料，将班级的植物几天浇一次水标记出来。在照顾金鱼和小乌龟时，孩子们也和家长一起了解小动物的习性，再进行相应的照顾。

分析反思： 活动不仅丰富了幼儿感兴趣的知识，使幼儿学习到简单的劳动技能，体验到生长和收获的乐趣，而且能培养幼儿对所有生命的尊重，从而能够有爱心、有耐心地照顾动植物。

（三）集体活动

活动名称：服务之星（社会领域）

探究点： 知道劳动光荣，能主动为班集体服务。

活动目标：

1. 学习做值日生的具体方法。

2. 知道值日生是为大家服务的，树立为集体服务的自豪感。

活动准备：

物质准备：值日生挂牌、光荣榜。

经验准备：做过值日生。

活动过程：

1. 导入部分。

教师：我们周围有很多为我们服务的人，你们也想给大家服务，小朋友们说一说，我们在班里都可以做什么服务？

2. 基本部分。

（1）教师：我们都想为集体服务，可以怎么做？

鼓励幼儿大胆发表自己的想法。

幼儿：轮流当值日生，都为大家服务。

（2）教师梳理幼儿所说的服务内容并进行分类。

小结：值日生是为小朋友们服务的，有了值日生，可以让大家有更多的时间学习、做游戏，生活会更有秩序。班级里还有很多地方需要我们服务，比如整理玩具柜、抬床、擦水台、照顾植物。

（3）制作服务之星互动墙饰。

幼儿用简单的图画表示需要服务的内容，师幼共同制作墙饰。

3. 结束部分。

展示服务之星活动墙饰，介绍使用方法，鼓励幼儿每天为大家服务。

分析反思： 我们设立了"星星"区墙饰：服务之星、进步之星、认真之星、聪明之星。星星是动态的，每天都有变化。晚离园前，孩子们最期待的就是自己能成为今天班级里的"星星"，听着老师来说自己是怎样为自己、为他人、为集体服务的，又是怎样积极想办法来解决劳动中遇到的问题的。一个个小故事，一颗颗小星星，激励着孩子们每天认真地做事。

（四）家园共育

目标：　1. 通过主题活动，教师与家长形成合力，共同推动主题的开展。

　　　　2. 在活动中发现家人的辛苦，主动承担家庭劳动。

过程：　幼儿制定了家庭劳动计划，家长在家为幼儿创造可以劳动的环境和机会，并鼓励幼儿进行家庭劳动。我们发现孩子在家可以扫地、墩地、洗菜、包饺子、叠衣服、整理图书，还有的帮忙照顾弟弟妹妹。

分析反思：　孩子们在劳动中锻炼自己、照顾家人、心系集体，获得了极大的成就感与自豪感。家园活动的联动，能让孩子们充分体验劳动的乐趣，体验实现自我价值的满足感，提高劳动能力。

活动四：服务中我发现的问题

（一）生活活动

目标：　1. 能在服务他人的过程中发现问题、解决问题。

　　　　2. 感受自己独立做事的快乐和满足。

探究点：　在做值日生时发现问题并尝试解决。

过程：　在做值日的过程中，孩子们会发现：有的事情一个人做太慢；魔尺太长时不好收拾；有的植物不知道该几天浇一次水；小乌龟除了龟粮还吃什么……在发现问题后，教师鼓励幼儿尝试自己想办法或集体想办法，教师进行梳理和提炼。

分析反思：　教师对幼儿的发现都非常赞赏，肯定幼儿眼睛亮，能发现这么多问题。通过努力，所有的问题在幼儿面前都逐一解决了，孩子们也发现原来自己这么棒，可以解决这么多问题。在劳动能力提升的同时，主动解决问题的能力也在不断提升。

（二）区域活动

美工区

目标：　1. 能够选择合适的材料制作遮阳棚。

　　　　2. 制作中，幼儿能够主动寻找材料，发现问题并主动想办法解决。

探究点：　如何选择合适的材料制作遮阳棚和运水车。

过程：　在生活中，孩子们发现有的植物蔫了，就想到要自制遮阳棚和运水车。在制作遮阳棚的过程中，孩子们尝试用不同的材料当棚顶，如塑料袋、纸张、布等。对于如何支撑遮阳棚，孩子们也尝试了各种材料。在制作运水车时，教师和幼儿一起讨论运水车的特点和结构。幼儿能够主动搜集身边的游戏材料制作运水车，如用平板车做底，用垫子做车斗。

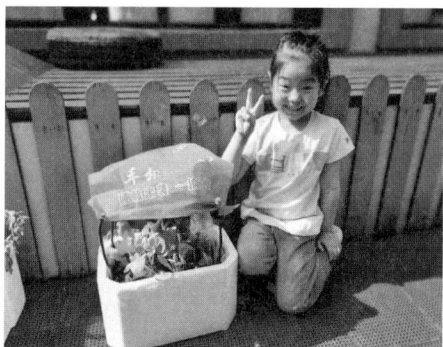

分析反思：　教师抓住教育契机，当孩子们发现植物蔫了，立刻讨论如何解决。孩子们想到操场上的遮阳棚，于是准备自制遮阳棚和运水车。教师投放不同的材料支持孩子们的想法。孩子们在不断的尝试中，各项能力得到了发展。

（三）集体活动

活动名称：自制浇花器（科学领域）

探究点：　能选择合适的工具钻孔，感知孔的大小与水流的关系。

活动目标：

1. 能够选择适宜的工具钻孔。

2. 在操作中感知孔的大小、多少与水流的关系。

3. 在制作中能够安全使用工具，会保护自己。

活动准备：

物质准备：矿泉水瓶子、幼儿讨论后搜集的打孔工具（大头钉、钉子、螺丝、剪刀、锥子、刮画棒、扭扭棒）、水、小黑板。

经验准备：幼儿有运用工具打孔的经验。

活动过程：

1. 谈话导入。

教师：小朋友们发现我们浇水的工具不够，想到了自制浇花器。我们收集了自制浇花器的材料和制作工具，今天来试一试。

（1）引导幼儿讨论如何钻孔。

（2）教师出示并介绍收集的工具。

教师：我们之前搜集了很多工具，请小朋友说一说你准备用什么工具，如何打孔？打孔时需要注意什么？

幼儿1：我准备用扭扭棒打孔，扭扭棒上面有尖尖的铁丝，可以扎在瓶盖上。

幼儿2：我想用大头钉打孔，打孔的时候要注意不能扎到手。

幼儿3：我准备用钉子打孔，钉子的头是尖尖的，可以扎透瓶盖，也要注意不能扎到自己。

教师：小朋友们说得非常好，我们要用尖尖的物品将瓶盖扎透来制作浇花器，同时要注意不能扎到自己和同伴。

（3）提出制作要求。

教师：我们制作的时候要注意每次选择一种材料，如果不行可以换材料，不用的材料及时收回；游戏中注意安全，不要伤到手；做好后可以灌水试一试能否自动出水。

2. 幼儿动手操作，教师巡回指导。

观察点：幼儿选择的工具是否适宜、钻孔的方法是否安全、幼儿发现的钻孔方法。

（1）游戏中尝试调整。

教师：如果你完成了，可以灌水尝试，看看你的浇花器是否能够自动出水。

①如果游戏中发现打孔的问题，进行调整。

②游戏中探索发现水流大小的原因，什么样的水流速度适合浇花。

（2）经验分享。

①幼儿介绍运用的打孔材料、打孔的方法及遇到的问题，小结哪些材料可以钻孔。

②分享自动出水的方法，发现影响水流大小的因素。

教师：小朋友们有没有发现怎样才能自动出水？

幼儿1：老师，我这个孔大，直接倒过来就会滴水，能自动流出来。

教师：孔大的，直接倒过来可以自动滴水。小朋友还有什么发现吗？

幼儿2：老师，我扎了很多孔，一挤就能出来很多水。阳阳的瓶子上扎了一个孔，只能出一点水。

幼儿3：我一个孔可以浇得很远。

教师：哦，阳阳发现一个孔水浇得远，翰翰说孔多水出得多，孔的多少也和水浇得远近和水出得多少有关。

3. 在为植物浇水中自然结束。

教师：小朋友在自制浇花器的过程中发现了很多问题，你们真是爱动脑筋的小朋友。咱们一起用我们做的浇花器来给小种子浇水吧。

分析反思：　本节活动来自孩子们的发现，追随孩子们的需求。我们收集可以制作浇花器的材料，将孩子们猜想可以打孔的工具都准备好。孩子们通过实际操作进行对比，发现适合打孔的工具。教师不断地观察、提炼、梳理对于制作结果来说尤为重要。最后为植物浇水的环节激发了幼儿爱劳动、对植物有爱心的情感，体验成功的喜悦。

活动五：我的劳动感受

（一）生活活动

目标：　1. 能在服务他人的过程中感受劳动的快乐。

　　　　2. 感受自己独立做事的快乐和满足，体验自尊、自信。

探究点：　能在为他人服务的过程中有成就感，有劳动意识。

过程：　在"小小值日生"活动的开展中，孩子们有的积极主动想办法，有的认真做好每一件事，有的主动帮助小朋友。大家进步非常大，我们设立了"星星"区墙饰，孩子们每天最期待的就是自己能成为今天班级里的"星星"。

分析反思：　孩子们每当听到老师介绍自己是怎样为自己、为他人、为集体服务的，又是怎样积极想办法来解决劳动中遇到的问题时，都非常开心。

（二）区域活动

图书区

目标：　1. 能够将自己的劳动过程和感受制作成小书。

　　　　2. 能够主动寻找材料，发现问题并主动地想办法解决。

过程：　幼儿将自己的劳动过程和感受用绘画的形式表现出来，在图书区自制图书。有的记录自己照顾植物的过程，记录植物的生长和感受；有的绘画自己是如何帮助小朋友整理图书和玩具的。在自制图书的过程中，孩子们的选

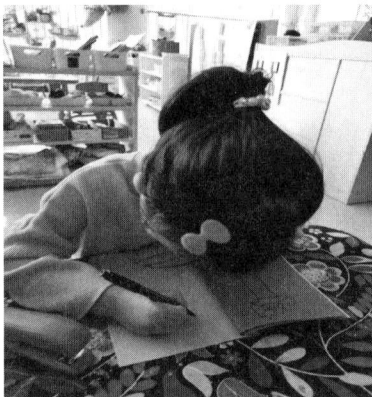

材也各不相同，有的用彩纸，有的用订书器，有的用胶条和胶棒。

分析反思： 绘画并自制图书是孩子们感情的输出。当孩子们认真做过之后还会有自己的想法和收获，孩子们自主地将自己的感想输出，进一步升华了劳动情感，为他人服务的劳动意识也有了相应的提升。

（三）集体活动

活动名称：我的劳动感受（综合领域）

探究点： 能用绘画的形式表达自己的劳动感受。

活动目标：

1. 能够运用绘画的方式记录自己的劳动感受。

2. 能够大胆分享自己的想法。

活动准备：

物质准备：劳动的照片、纸、笔。

经验准备：为班级服务过。

1. 谈话导入。

教师：我们每天都在为班级服务，你们都做了什么事情？

（1）用照片回忆幼儿在班级中的劳动。

（2）说一说自己劳动的感受。

教师：我们看到这么多劳动的照片，谁来说一说你劳动后的感受？

2. 运用绘画的方式记录自己的劳动感受。

教师：小朋友们都觉得帮助别人非常开心和高兴，即使累一点也没关系。那今天我们把劳动时的情景或感受画下来吧。

3. 进行劳动感受分析。

分析反思： 孩子们在活动中先回忆自己劳动时的情景，分享自己的劳动心情。最后以绘画的形式进行感情输出，提升为他人服务的劳动意识。

主题活动反思

本次活动由幼儿在节日中的观察发现引发，通过分享劳动节中的见闻，发现周围许多为我们服务的人，萌发了对劳动者的尊敬以及为大家服务的愿望。在服务班级和幼儿的过程中，师幼共同筛选在班里能为大家服务的事情，制作成服务之星墙饰，激发了幼儿在生活中为大家服务的愿望。幼儿每天都会主动记录自己做的事情，第二天去为大家做更多的服务。

除了生活劳动外，幼儿在本主题中还进行了种植活动，如照顾植物，并在这个过程中展开了一系列的探索。幼儿在照顾植物的过程中发现小苗死了，我们针对这个问题进行了讨论，最后决定给植物做一个遮阳棚。针对小苗渴死的问题，小朋友们想到了制作自动浇花器。

整个主题活动激发了幼儿对劳动的理解，产生对劳动者的尊敬之情，逐步对劳动产生兴趣，在班级、家庭的劳动过程中，幼儿习得了简单的劳动技能及劳动经验，锻炼了乐于帮助他人、愿意为他人服务、不怕苦不怕累等好品质。

（教师：张娜、杨春霞）

主题五 | 幼儿园的大树真好

适宜年龄

5～6 岁

资源利用

本次主题活动利用了幼儿园和小区中常见的各种树木。教师根据幼儿的兴趣和对幼儿的观察，生成各种关于大树的活动。

主题由来

进入秋季，周边的各种树木都发生了变化，有的长出了果实，有的叶子变了颜色，有的已经开始落叶。孩子们对幼儿园里的大树产生的自然现象非常好奇，经常会发出赞叹：五角枫太美了！柞树颜色很丰富，山楂熟了吗？好想吃……当风吹落的树叶纷纷飞舞，孩子们会不约而同地抓叶子。《指南》中指出，幼儿要亲近自然，喜欢探究，能察觉到动植物的外形特征、习性与生存环境的适应关系。结合幼儿对大树的喜爱与大班幼儿的发展目标，我们开展本次主题活动。

主题总目标

1. 喜欢观察大自然中的各种树，能自己动手动脑寻找问题的答案。
2. 通过观察、比较与分析，发现并描述不同树木的外形特征、习性与生存环境的适应关系以及某个树木前后的变化。

3. 能主动发起与树木相关的活动，或在活动中出主意、想办法。

4. 活动时能与同伴分工合作，遇到困难能一起克服。

5. 初步了解人们的生活与自然环境的密切关系，知道保护树木。

主题网络图

我看到大树变啦!　　　　　　　幼儿园里树真多叶真美

—— 观察大树　　　　　　　　　　—— 树叶粘贴

—— 数大树　　　　　　　　　　　—— 大树写生

幼儿园的大树真好

—— 树棍制作　　　　　　　　　　—— 山楂美食

—— 测量大树　　　　　　　　　　—— 树叶敲拓染

大树之最　　　　　　　　　　　大树的礼物

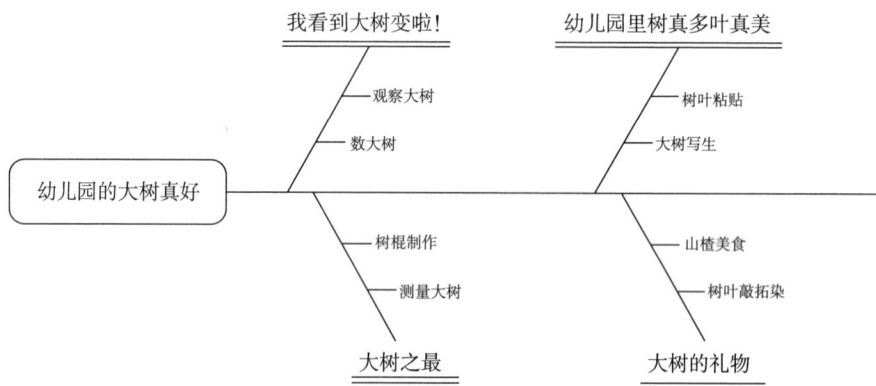

活动一：我看到大树变啦!

（一）生活活动

目标：　1. 有好奇心，积极运用多种感官感知大树的外形特点。

　　　　2. 能清楚表达自己的观察与发现。

探究点：　鼓励幼儿在观察的基础上表达自己的想法和发现。

过程：　孩子们在户外活动时看到很多大树，这些大树有的粗有的细，而且种类不同，孩子们一边看一边讨论，有的说"我喜欢那棵大树，它的叶子很漂亮"，有的说"我喜欢山楂树，因为它的果子在慢慢地变红"，有的说"我喜欢特别粗的大树"……随着时间的推移，大树也在慢慢地发生变化，有的树叶变红了，有的变黄了，还有的树叶掉下来了。

　　　　分析反思：　晨间活动的时候，幼儿会自发地去看看幼儿园变化最大的山楂树、枫树、柞树，并不断讨论。幼儿对大树有很多的兴趣点，如何支持幼儿对大树进行探究并在此基础上获得更多的发展成为教师思考的问题。

（二）区域活动

美工区

目标：　1. 能运用多种材料进行大树写生，感受大树的美。

2. 根据大树不同的姿态进行表现，有愉快的情绪体验。

探究点： 画出不同姿态的大树的美。

过程： 根据孩子们的发现和感受，孩子们在美工区绘画自己喜欢的大树和不同情景下的大树。

分析反思： 幼儿在绘画过程中表现出丰富的想象力，也在不断地尝试用新的材料完成自己的美工作品，每个孩子的想法都是不同的。宽松、自由的环境、丰富的材料、一定的观察基础，都是满足幼儿自主创作的基础。

（三）集体活动

活动1：大树写生（艺术领域）

活动目标：

1. 通过观察，发现大树的外形特征，关注细节。

2. 能用绘画的方式表现自己眼中的大树。

3. 感受大树更多的特点。

活动准备：

物质准备：桌子、桌布、长轴纸、纸张、画笔。

知识准备：幼儿对大树有连续观察。

活动过程：

1. 开始部分。

引导幼儿回忆对幼儿园大树的观察，引发幼儿对于写生的兴趣。

2. 基本部分。

（1）准备材料，做写生前的准备。

教师：你们一会儿想去表现哪棵树？都需要哪些材料？

（2）教师引导幼儿先观察再绘画。

教师：你想画哪棵树，可以找好一个角度在桌子上绘画，也可以找一个自己喜欢的地方画。

教师：看一看，这棵大树的树干是什么样的？

（3）幼儿大胆写生，教师拍照。

（4）组织幼儿收拾材料。

3. 结束部分。

集体分享幼儿的作品，收拾整理材料。

分析反思： 幼儿能够自选材料进行大树写生活动。通过教师关键问题的提示，幼儿能够观察树干、树冠的形状，个别幼儿能够对细节进行刻画，虽然材料不一，但是整体的表现表达了幼儿对大树的喜爱。

活动 2：数一数幼儿园的大树（科学领域）

活动目标：

1. 通过活动，幼儿能用自己的方法统计树木的数量。

2. 尝试用符号记录树木的种类与数量。

3. 在数学活动中有愉悦体验，并愿意交流自己的想法。

活动准备：

物质准备：树木统计表、记号笔、幼儿园的大树。

经验准备：幼儿对班级玩具有过点数的经验。

活动过程：

1. 开始部分。

利用幼儿在日常生活中的发现引发活动。

教师：之前我们一起观察了大树，请小朋友们说一说自己的感受和发现。

2. 基本部分。

（1）与幼儿讨论幼儿园里有多少种树。

（2）幼儿设计记录方法与表格。

教师：现在我们就可以把你们知道的树用符号或图示表示出来，制作统计表。

幼儿自主分组设计表格。

（3）幼儿带着自己的统计表到户外进行点数统计。

3. 结束部分。

教师：今天小朋友们都尝试用自己的方式统计了大树的数量，虽然我们开始数的数量不一样，但是我们想到分组进行统计，遇到问题后能够想办法解决，最终在大家的共同努力下，知道幼儿园一共有 73 棵大树。

分析反思：　本次的集体活动是一节生成活动，活动来源于幼儿在户外观察大树的疑问：幼儿园究竟有多少种大树，每种有多少棵？幼儿运用符号记录、从固定处开始点数记录等方式记录大树的数量，遇到问题也没有放弃，最终将大树的数量数出来了。后期可以根据大树的种类进行进一步的探索。

（四）家园共育

目标：　与幼儿一起查阅幼儿园不同种类大树的知识，并录制生成二维码，挂在相应的大树上。

过程：　幼儿根据自己对大树的喜爱，与家长一起收集关于大树习性、保护方法等信息，并用自己的方式表达，通过喜马拉雅等平台录制并生成二维码，打印塑封后挂在大树上。

分析反思： 家长非常支持班级活动，并在过程中再一次丰富幼儿对于大树的认识，对大树充满敬畏，也讨论着大树接下来的变化以及保护大树的方法。

活动二： 树叶的美

（一）生活活动

目标： 1. 愿意参与有关树叶的活动。

2. 能及时表达自己的需要和想法。

探究点： 观察发现树叶的变化。

过程： 天气渐渐变凉了，有的树的叶子开始掉落了，孩子们会把去公园里看见的好看的叶子或是喜欢的叶子收集起来，开学的时候带过来。户外活动的时候，一阵风吹过，会飘落一些不同种类的叶子，孩子们兴奋不已，有的去追风中飞舞的叶子，有的去捡掉落在地上的叶子，有的拿起叶子玩起来游戏。

分析反思： 幼儿能够收集树叶，当树叶飘落的时候，会跟随树叶的飘动进行游戏，当树叶掉在地上的时候，会原地拼摆树叶。教师要尊重幼儿的发现和多种游戏的玩法，也要抓住幼儿的兴趣进行随机教育和游戏的延伸。

（二）区域活动

主要活动有户外写生活动、树叶拼摆粘贴活动、树叶拓染活动、树叶彩绘活动等。

美工区

目标： 1. 根据树叶的形状进行想象，尝试将不同的树叶粘贴组合来表现有情景的画面。

2. 能够充分发挥想象，结合生活经验，用自己喜欢的方式大胆创作。

探究点： 对不同形状的树叶发挥想象，并进行创作。

过程： 教师把幼儿收集的树叶投放在美工区。有的幼儿用树叶作画，根据树叶的形状拼摆小动物的造型。后来孩子们会根据情景进行拼摆，先在树叶上用笔画造型，然后剪下来粘贴。

崔玉宸铺好桌布后取来了树叶拓印材料，他把两个长叶子进行了组合，并拓印在手绢上，敲完后，手绢上出现了叶子的形状与颜色，他兴奋地拿起来对我说："王老师，你看，多好看。"我说："是呀，几片树叶经过你的操作拓印，可真美。"他说："像不像小狗？"我指着图说："这里像小狗的头，这里像小狗的尾巴。"

分析反思： 在制作过程中，从选择树叶到拼摆粘贴，最后进行拓染的一系列活动，幼儿都非常专注，说明幼儿在制作前有计划，在制作过程中有目的性，符合大班幼儿的年龄特点。教师后期可以加入范画进行欣赏展示，也可以把孩子们的树叶画作品加工塑封，展示给更多的人，增强幼儿的自豪感。

（三）集体活动

活动 1：我喜欢的树叶画（艺术领域）

探究点： 能根据自己的计划设计制作树叶画，在制作过程中遇到问题能积极解决。

活动目标：

1. 能够按照计划，利用自己喜欢的方式用不同的树叶作画，表现有情节的画面。

2. 欣赏时，能用语言表达自己的理解，感受树叶画的美。

3. 自主解决问题，完成作品有成就感。

活动准备：

物质准备：幼儿收集的树叶若干、纸张、美工区装饰材料、粘贴工具。

经验准备：幼儿有粘贴制作的经验。

活动过程：

1. 开始部分。

以情境引入，激发幼儿参与活动的兴趣。

教师：咱们前期收集了很多你们喜欢的大树的树叶，咱们班要进行树叶画展，你想要展示什么情景呢？

2. 基本部分。

（1）幼儿讨论想要展示的内容。

教师：听上去，咱们的画展可真丰富！接下来，请你们轻轻回到座位上，按照计划去操作。

（2）幼儿操作，教师指导，发现幼儿的问题，并鼓励其自主解决问题。

鼓励幼儿分组进行操作，对解决问题的方法进行小组内分享。

教师：你们的计划完成了吗？你们有什么发现吗？遇到困难了吗？

幼儿 1：我的计划完成了，我发现有的树叶不能直接当鱼尾巴，需要用剪刀剪一下。

幼儿 2：我的计划还没有完成，我的房子还差一个三角形的房顶。

教师：根据小朋友出现的问题，谁能帮助他解决一下呢？

3. 结束部分：分享作品。

教师：刚刚小朋友已经帮助他们想了很多办法，小朋友们可以再去试一试。做完的小朋友可以添加一些情景，或者和旁边的小朋友说一说自己的作品。

分析反思： 当遇到问题后，幼儿能够表达出来并尝试寻找解决办法，小朋友之间相互帮助、合作，展示出良好的品质。

活动2：我们的树叶展（综合领域）

活动目标：

1. 愿意按照计划对自己的作品进行展示前的完善。

2. 能够用语言、符号大胆介绍自己的作品，有积极愉悦的情感体验。

活动准备：

物质准备：幼儿的计划、幼儿的树叶作品、根据幼儿计划准备的相关物品（双面胶、剪刀、胶棒、胶条、木板等）、笔、纸张。

活动过程：

1. 出示树叶作品，激发幼儿对班级树叶展的期待，并回顾计划。

教师：孩子们，咱们近期收集了很多幼儿园的树叶，并且制作了很多种类的树叶作品，美工区的小朋友一直在帮助大家制作展览的架子，但是昨天咱们发现了一个问题，就是要展出的作品都不是立起来的，于是你们每个人都根据自己要展出的作品制订了计划，谁来说一说，你想要怎么展示自己的作品？

2. 幼儿根据计划制作树叶作品架。

（1）出示并回顾计划。

教师：有了计划，相信一会儿你们很快就能有新的发现，老师帮你们准备了计划里可能需要的材料，一会儿，请你们看好自己的作品是哪一类，然后轻轻地回到座位上，把自己的作品展示出来。使用工具时要注意安全。

（2）幼儿操作，教师指导，发现幼儿的问题，并鼓励其自主解决问题。

①幼儿根据计划操作，教师关注幼儿的表现。

②关注幼儿对材料的收取及美术常规，对不同幼儿进行指导。

教师：你发现了什么？你遇到了什么问题？怎么解决的？你的作品要怎么展示？你是怎么介绍自己的作品的？

3. 集体分享，回顾实施过程。

教师：大部分小朋友都完成了自己的计划。咱们来分享一下，你们遇到了什么问题，是怎么解决的？

4. 小结活动。

教师：刚才小朋友们在制作的过程中，有用纸杯、纸板、树枝做架子的，发现了很多问题，但是仍然动脑筋去解决问题，最终都完成了自己的作品展示。老师还看到、听到你们用动听的语言、符号介绍了自己的作品。接下来，没有完成的小朋友可以继续完成，完成的小朋友可以用优美的语言跟其他小朋友讲讲自己的作品。

分析反思：　幼儿在探索中让自己的作品立起来展示或挂起来展示，体现了大班幼儿在活动中计划—自主操作—发现问题—解决问题—获得经验—调整—欣赏—梳理小结的过程。

(四) 家园共育

目标：　1. 通过主题活动，教师与家长形成合力，共同收集多种树叶，推动主题活动的开展。

　　　　2. 在活动中增进亲子感情。

过程：　幼儿每天放学后，都会约小伙伴和家长一起去附近的公园或小区里寻找漂亮的树叶，有的是回家把树叶制作成自己喜欢的作品，有的是把漂亮的树叶带到幼儿园里和小朋友一起分享制作。

分析反思：　在这个过程中，幼儿增进了和家长之间的关系，在寻找树叶的过程中，学会了收集以及保存树叶的方法。家长看到孩子们的用心和对树叶的兴趣，也参与到活动中来，在家里帮助幼儿查询保存树叶的方法。

活动三：大树之最

(一) 生活活动

目标：　1. 愿意交流分享自己的发现。

　　　　2. 能及时表达自己的需要和想法。

探究点：　能够表达自己最喜欢的树是哪一棵，最粗的树是哪一棵。

过程：　通过多种活动的开展，孩子们讨论了最喜欢哪棵树，为什么喜欢，幼儿园里最高的是哪棵树，最粗的是哪棵树，可以用什么方法测量。幼儿按照自己的方法进行实地测量，发现问题，解决问题，在实际操作中分工合作，共同完成测量。

分析反思：　通过对大树的叶子和种类进行比较之后，幼儿发现幼儿园的大树各有各的特点，有的特别粗，有的很细，那大树到底有多粗呢？幼儿又开启了新的探索。

(二) 集体活动

活动名称：测量大树（科学领域）

探究点： 能够用不同的方法对大树进行测量。

活动目标：

1. 能用各种感官感知大树的粗细。

2. 利用多种方法对大树进行测量并记录。

3. 体验合作的快乐。

活动准备：

物质准备：大树记录单、测量工具。

经验准备：有过测量桌子的经验。

活动过程：

1. 导入部分。

教师：小朋友们，谁来说一说你最喜欢幼儿园的哪棵树？为什么？

2. 基本部分。

（1）集体讨论，寻找适合测量大树的工具。

教师：幼儿园里有这么多树，怎么知道哪棵树最粗，哪棵树细一些呢？你有什么好办法？

幼儿1：我可以看一看，我能看出来。

幼儿2：我们可以用尺子测量。

幼儿3：我们能用班里的毛线测量，毛线比较软，能够围圈。

幼儿4：我们好几个小朋友手拉手抱在一起，我之前和妈妈一起抱过一棵大树，很好玩。

教师：小朋友们说了很多方法，一会儿都可以去试一试。老师准备了一些工具，如直尺、卷尺、不同长度的绳子等，小朋友也可以自己选择工具去测量。

（2）幼儿尝试测量并交流测量结果。

教师：大家刚才都用了什么方法测量呢？测量时用到了什么工具、什么方法？有没有遇到什么问题？

幼儿1：我用的是直尺，发现直尺测量不了，它不能拐弯，后来换了卷尺就能测了。

幼儿2：我用的是毛线，在测量的时候和小朋友一起合作完成的。

教师：因为大树是圆形的，想知道大树的粗细可以用软软的工具测量，比如软的绳子、卷尺等，直尺、木棍只能量直直的东西。

3. 结束部分。

教师梳理幼儿的测量结果，集体交流哪一种方法更方便直观。

分析反思： 在幼儿的发现和兴趣下，我们和幼儿一起寻找测量工具，到户外进行实践探索。在探索中，幼儿发现测量大树需要软软的工具，丰富了的经验。

活动四：大树的礼物

（一）生活活动

目标：　1. 能将自己的发现分享给周围的人。

　　　　2. 体会山楂果成熟的喜悦。

过程：　游戏时，孩子们会不约而同地走到山楂树下观察山楂的变化，有的发现有些山楂红了一些，还有的说山楂的叶子和五角枫树的叶子很像，还有的小朋友捂着嘴巴说："我好想尝一尝山楂是什么味道的，什么时候我们能摘山楂啊？"幼儿对于山楂果充满了渴望。

分析反思：　幼儿对山楂果的渴望是整个主题活动的高潮，主题活动经历了从喜欢观察大树到对大树的写生创作，到为大树挂上二维码，到利用叶子创作画展作品，再到山楂果实的系列活动几个阶段。

（二）户外活动

目标：　1. 能够根据自己的计划进行采摘活动，活动中注意安全。

　　　　2. 能够分工合作完成任务，并在活动中尝试自己解决问题。

过程：　幼儿分三组，按照计划进行采摘活动。个别幼儿在老师的帮助下可以爬树采摘，个子高点儿的幼儿借助梯子，小朋友互相帮忙，运到盆里。

分析反思：　幼儿能够按照计划采摘，在采摘的过程中有摘山楂的，也有捡山楂的，幼儿之间互相配合，最终将山楂果运回班中。

（三）集体活动

活动1：数山楂（科学领域）

活动目标：

1. 通过数山楂，探索出数数的多种方法，并记录总数。

2. 在多次数山楂的过程中动手动脑，理解多种计数方法。

3. 在自主探索中合作与交流，有成功感。

活动准备：

物质准备：黑板、粉笔、大记录表、摘的山楂。

经验准备：幼儿有摘山楂的经验、有一个一个数的计数经验。

活动过程：

1. 开始部分：情景引入，激发幼儿对问题的思考。

教师：孩子们，咱们摘了那么多山楂，但是你们每个组摘了多少个？咱们怎么能知道自己组的山楂有多少？

2. 基本部分：幼儿探索数山楂的方法。

（1）教师出示记录表，请幼儿自主以小组为单位数山楂。

教师：咱们这么多山楂，你们打算怎么数？

教师：你们刚才说一个一个数，大家每人数一点……接下来，请你们来数自己小组的山楂，一会儿数完分享。

（2）幼儿自主探索数山楂的方法，教师观察了解幼儿的想法。

①幼儿第一次数山楂，教师记录并提炼。

教师：时间到，请你们每组选一个代表说一下自己小组是怎么数山楂的，是否完成，总数是多少。

幼儿回答，教师将小组名字、方法、计数等记录在表格中。

小结：刚才，我们用了合作数、接数、一个一个数的方法来数山楂，有的小组完成了，有的小组没有完成计数，有的小组数乱了，不确定自己数的是否正确，那么，这一次，你们再来试试，看看还有什么方法能数清楚自己小组的山楂。

②幼儿第二次探索数山楂的方法，教师观察、提炼并记录。

教师：时间到，刚才老师看到你们非常认真、专注地合作数山楂，这一次，你们用了哪些新的方法来数清楚山楂？

教师：你们能够用这么多方法去探索数数的奥秘，那么哪种方法数得最快？这一次，给你们2分钟的时间，再来试一试。

③幼儿第三次探索，教师观察并记录。

教师：谁来说一说，你们组发现数数最快的方法是什么？

3. 结束部分。

出示记录表格，梳理提炼：孩子们，咱们昨天摘了山楂，今天又一起数了山楂，原来，数山楂这么有意思，数数有很多方法：一个一个数、两个两个数、按群计数、接数等，我们还探索了数得最快的方法。数的过程中，大家一起合作，你真是太厉害了！

活动2：巧去山楂核（综合领域）

活动目标：

1. 能够动手动脑解决计划实施中的问题，并完整表述。

2. 在去山楂核的过程中，探索工具与结果之间的联系。

3. 在自主操作的过程中，体验协商合作的乐趣。

活动准备：

物质准备：山楂若干、与幼儿一起收集的去核工具（勺子、筷子、吸管、盘子、保鲜袋等）。

经验准备：幼儿制订了制作山楂美食的计划，遇到了共性问题：如何去除山楂核；有使用工具的经验。

活动过程：

1. 开始部分：谈话导入。

教师：孩子们，咱们前期制订了山楂美食的制作计划。现在咱们摘完山楂，也都洗干净了，接下来咱们该做什么了？那山楂里面的核怎么去除？

2. 基本部分：幼儿动手动脑探索去山楂核的方法。

（1）出示与幼儿一起收集的工具，请幼儿观察、猜想。

教师：咱们一起收集了这么多工具，接下来，请你们一起商量一下自己小组要用到的工具，一个代表上去选取，开始尝试。

（2）幼儿自主探索去除山楂核的方法，教师观察幼儿的操作，提醒幼儿注意安全与卫生。

①幼儿尝试利用自己收集的工具去除山楂核，在小组内交流后进行集体交流。

教师：孩子们，咱们先来分享一下，刚才你们组在去核的过程中，有什么发现？

小结：你们发现用勺子去核，山楂会变成几瓣；用筷子时需要小手握好筷子，但是核没有弄干净，也发现不完整的山楂不好切大片晾干。那咱们怎么能够保持山楂的完整呢？

②幼儿再次探索去除山楂核的方法，保持山楂的完整，教师观察。

教师：孩子们，这一次你们用了哪些工具，是怎样操作的？

教师：这一次，很多小朋友都成功地保持了山楂的完整，你们真是太了不起了！接下来咱们加快速度，看看怎样能够又好又快地去除山楂核。

③幼儿合作完成去核，感受自己的成果。

3. 结束部分。

教师：今天，咱们给自己摘的山楂去完核了。在去核的过程中，你们能够探索用不同工具去核，还能够根据自己小组要做的山楂美食，想办法让山楂保持完整，真是爱动脑筋、爱思考的孩子！最后，你们还能够合作，更快地完成任务。接下来，咱们用保鲜袋将不同大小的山楂分类收好，一起送到食堂。

（四）家园共育

目标：　1. 家长与幼儿一起制作山楂美食，在过程中感受山楂果的美味。

　　　　2. 在亲子劳动中增进情感，感恩大自然的馈赠。

过程：　家长与幼儿一起制作山楂美食，在制作过程中感受劳动的快乐，在品尝时感受山楂的美味。

分析反思：　家长能够支持班级活动，将美食带到幼儿园分享；帮助幼儿梳理关于山楂美食的基本种类以及搭配的调料，同时引导幼儿对大自然充满敬畏，感恩大树的馈赠。

【主题活动反思】

运用幼儿身边感兴趣的自然资源开展主题活动，从观察到用多种感官体验，都体现课程的生活化。在开展的过程中，主题脉络清晰，探究过程完整。对于大班幼儿来说，能够在操作中梳理经验，并运用经验完成后面的任务，对科学认知、社会交往等都起到了促进作用，萌发了热爱自然、喜欢劳动的情感。

整个活动以幼儿发现大树的不同为切入点，开展我喜欢的大树、我发现大树的变化、树叶的变化、花的变化、果实的变化等活动。在活动中，孩子们主动观察、讨论自己的感受，记录大树的变化等，情感一次次得到升华。

在和树叶做游戏的过程中，孩子们用收集的叶子自主拼贴不同的造型，发展了想象力和创造力。在树叶拓印的活动中，孩子们利用树叶染色，拓染在纸上、布上，利用敲的方法拓染不同的造型，发展了幼儿创造美的能力。

（教师：高立、王萌）

主题六　不一样的我

【适宜年龄】

5～6岁

【资源利用】

本主题活动在开展中利用了社会资源和文学资源。在孩子们制订"我的成长计划"时，需要家长的配合，共同鼓励孩子们坚持完成自己计划的内容。在区域游戏中利用文学资源《心中的狮子》《我是真正的公主》，让幼儿理解想要获得成功必须改变自己，只有自信、勇敢，才能实现自己的梦想。

主题由来

在运动会开完后，有的小朋友说自己跳绳特别厉害，有的小朋友说自己跑步特别快，每个人都发现了自己的特长。大班幼儿能够对自己的优点和长处有所认识并感到满足和自豪，教师也要关注到幼儿的感受，保护其自尊心和自信心。为了支持幼儿在自我感受的同时提升社会性发展，班级开展"不一样的我"主题活动。

主题总目标

1. 能够认识到自己与他人的不一样，增强自信。

2. 能围绕"不一样的我"主题活动的话题进行讨论并大胆表达自己的想法。

3. 能够倾听和接受别人对自己的意见或建议，不能接受时会说明理由。

4. 根据自己不足的地方制订相应的成长计划，并坚持实施。

5. 在取得成功后有一定的成就感，并还想做得更好。

6. 能够通过观察、比较与分析，发现自己成长前后的变化。

主题网络图

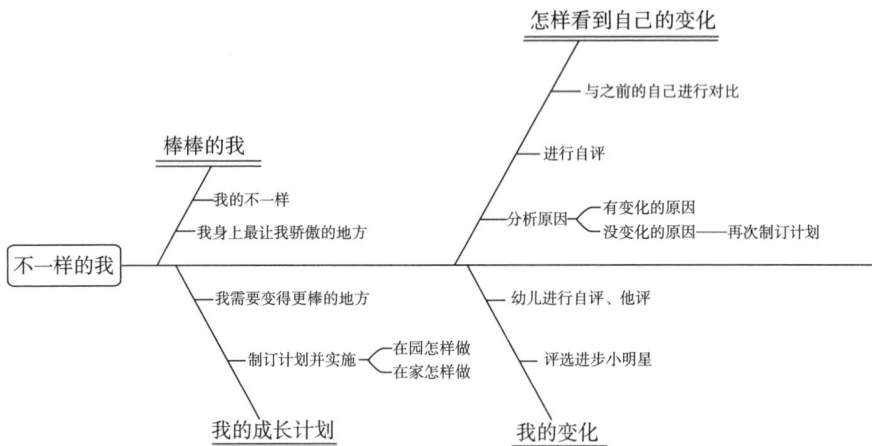

活动一：棒棒的我

（一）生活活动

目标： 能够发现自己及他人的优点，有自信心。

探究点： 主动发现自己与他人的不一样，有一定的自豪感。

过程： 运动会结束后，小朋友们你一言我一样地说着在运动会中发现的别人身上的优点。有小朋友说自己跳绳特别厉害，有小朋友评价同伴"虽然他上课不是很认真，但是他运动会拿奖牌最多了"。

分析反思： 幼儿在过渡环节的谈话中发现自己和其他小朋友的不同，同伴之间的交流让幼儿更加自信。这次谈话分享，不仅让幼儿增强了自信，而且包含了幼儿之间的关爱与尊重。

（二）集体活动

活动名称：棒棒的我（社会领域）

探究点： 能够自我肯定，大胆表达，发现自己独特的地方。

活动目标：

1. 能够发现自己和别人身上不一样的闪光点。

2. 在自我肯定或接受他人的表扬后有一定的成就感。

活动准备：

物质准备：幼儿在运动会中的视频、照片。

经验准备：幼儿的自我评价。

活动过程：

1. 开始部分。

利用视频、照片回顾运动会。

2. 基本部分。

（1）请幼儿说一说自己在运动时发生的事情或者参加运动会的感受。

（2）教师从幼儿的语言、动作行为中，对幼儿的好品质提出表扬。

（3）请幼儿说一说自己或者他人身上最棒的地方。

（4）请幼儿用绘画的形式将自己最棒的地方展现出来。

3. 结束部分。

分享自己受到表扬后的心情和感受。

分析反思： 整个环节以说和听为主，认真倾听别人给予自己的评价，获得他人的肯定，从中获得自信心，并学习每个人身上的优秀品质。

活动二：我的成长计划

（一）生活活动

目标：　1. 通过他人的评价对自己有更多的认识。

　　　　2. 对同伴有自己的评价。

过程：　幼儿在自由交流时针对收到的表扬信展开讨论，大部分幼儿表示不知道自己有这么多优点，感谢同伴对自己的肯定。

分析反思：　在接受完自己或者他人对自己的表扬后，幼儿的自信心更强了。孩子们非常喜欢接受表扬，但是根据幼儿的年龄特点，应该能够正确认识到自己身上的不足，并知道改正。有的小朋友在运动会比赛后提出，自己的运动能力并不是很强，要多加练习。于是我们鼓励幼儿发现自己不足的地方，然后制订改正的目标，让自己变得越来越棒。

（二）集体活动

活动名称：如何制订成长计划（综合领域）

活动目标：

1. 能够正确认识自己身上不足的地方。

2. 能够在讨论活动中认真倾听他人意见，如不同意时说出自己的理由。

活动准备：

物质准备：纸、笔。

经验准备：有一定的成长目标。

活动过程：

1. 开始部分。

请小朋友说一说自己身上的不足以及自己的目标。

2. 基本部分。

（1）小朋友制定的目标非常清晰，那小朋友们需要怎样做才能完成自己的目标呢？

（2）请小朋友以小组的形式展开讨论。

教师鼓励幼儿大胆表达自己的想法，同时能够认真倾听别人的想法，懂得尊重他人，如不同意他人的意见要说出自己的理由。

（3）分享讨论结果：请小组派一名幼儿说出小组想出的办法。

（4）讨论哪组小朋友提出的想法或者意见可以实施。

（5）教师帮助幼儿梳理，一起选出适合的方式，然后制订计划。

梳理举例：

运动：制订具体目标和每年锻炼的时间。

表达：多去表演区，每天上课至少举手回答问题1次。

规则：每天上课时不随便说话，举手回答问题。

分析反思：　通过分析自己的不足之处以及想要改变的地方来制定目标，分享更好的制定目标的方法。

活动三：成长记录表格

（一）生活活动

目标：　讨论并计划成长记录表格的内容。

过程：　在幼儿讨论活动结束后，教师鼓励幼儿在区域中绘画成长记录表格。幼儿之前有记录打卡的经验，也有绘画海报的经验，教师在区域中投放不同的记录表格，引导幼儿观察，再请幼儿自己制订、绘画表格，然后将表格打印出来分发给每一位幼儿，鼓励幼儿完成计划中的内容。教师观察幼儿每天是否主动完成计划中的内容并坚持记录。在经过一段时间的观察后，我们发现每个人与之前相比都有了不同程度的进步。幼儿提出："我们可以制订表格，进行一周对比，看看是否完成了计划。"

分析反思：　幼儿能够制订计划并提出问题，在此过程中不仅增强了语言表达能力，而且增加了幼儿之间相互尊重的情感。

（二）集体活动

活动名称：怎样看到自己的变化（语言领域）

活动目标：

1. 能够用完整清楚的语言将自己的想法表达出来。

2. 能够在讨论活动中认真倾听他人意见，如不同意时说出自己的理由。

活动准备：

物质准备：幼儿成长记录表。

活动过程：

1. 开始部分。

请幼儿分享自己成长记录表的完成情况以及记录的方式。

2. 基本部分。

（1）教师小结：有的小朋友的记录表是使用笑脸等符号来记录的，有的小朋友是用数字记录的，每个人的记录方式不一样。

（2）讨论：一周过去了，我们怎样才能看到自己是不是真的变得越来越棒了呢？

（3）教师帮助幼儿梳理。

教师：你怎样才能看到自己的变化？

幼儿1：有的小朋友记录的是自己每天跳绳的数量，我们对比一下就知道了。

幼儿2：请小朋友投票，看看他是不是有变化。

3. 结束部分。

集体检验小朋友是不是有变化。

分析反思： 通过表格记录自己的变化可以督促幼儿完成计划，同时同伴之间也可以互相帮助、互相监督、共同成长。

活动四： 我的变化

（一）生活活动

目标： 能够对照计划进行自身行为的分析，并愿意继续实施计划。

过程： 在上一次检验是自己是不是有变化后，有的小朋友在生活中发现不爱说话的小朋友在上课的时候主动举手回答问题了，而且表演区总有她的身影；爱哭的小朋友最近也没有哭，大家都看到了她的变化。但是有的小朋友发现自己跳绳并没有进步。对此我们又展开了分析讨论。

分析反思： 上次活动结束后，教师鼓励部分幼儿根据自己的情况再次制订计划，这次班级坚持打卡的人数在不断增加。小朋友再次检验的时候发现，大部分幼儿都在进步。孩子们在这次制订计划、坚持实施计划的过程中展示出了良好的学习品质。

（二）集体活动

活动名称：进步小明星（综合领域）

探究点： 能够发现他人身上的进步。

活动目标：

1. 愿意根据自己身上的变化进行自我评价。

2. 能够发现他人身上的进步。

活动准备：

物质准备：评价表、笔。

经验准备：对自己有初步的了解。

活动过程：

1. 开始部分。

分享幼儿实施计划的照片以及计划表，请幼儿说一说自己的感想。

2. 基本部分。

（1）自我评价。

出示每一位幼儿的计划表，请小朋友说一说自己这段时间的变化以及进步的地方。

（2）绘画评价表。

幼儿进行小组讨论，利用符号、图画等方式记录下自己想要表扬的人以及他身上进步的地方。

（3）评选进步小明星。

请小朋友进行评选，将自己手中的评价表给相应的小朋友，看看谁手中的评价表多。

（4）请小朋友们说一说推选他的原因。

教师小结：这段时间，每个人都有一定的进步。为什么有的小朋友进步比较大呢？

3. 结束部分。

师幼共同制订进步小明星光荣榜及轮换推选机制。

分析反思： 通过游戏的形式调动幼儿的兴趣，从而更加大胆自信地介绍自己。当幼儿无法说出自己优点的时候，别的小朋友就可以指出他的优点，体现了幼儿之间的关爱与尊重。

主题活动反思

在主题活动开展的初期，孩子们之间的告状现象比较频繁，喜欢关注小朋友身上不足的地方，但是在活动的中期后，小朋友分享了自己和他人身上的优点，比如有的小朋友虽然不爱遵守规则，但是非常爱帮助人。孩子们在一声声的夸赞中加深对彼此的了解，社会性得到更好的发展。

在第一次实施成长计划的时候，教师没有过多引导幼儿去打卡，只是提醒一下，靠幼儿的任务意识以及自主性独立完成。在一段时间后，教师利用自评、他评、回顾的方式组织幼儿进行反思，孩子们寻找到自己没有变化的原因，教师也意识到班级幼儿的任务意识有些薄弱，所以在第一次计划后，利用评选进步小明星、发放小礼品的奖励机制调动幼儿的主动性，增强任务意识。

第二次实施成长计划时，幼儿整改了自己的计划并再次实施。在这次实施过程中，幼儿的主动性明显增强了。教师也利用家长资源进行家园共育，将计划表带回家，让家长鼓励孩子独立制订计划并实施。两周后，大部分幼儿都能坚持实施自己的计划。教师再次利用回顾、对比、评选进步小明星的方式，让幼儿感受到了坚持的重要性。

（教师：耿爽、吴菲）

第三节　自我实现类主题活动案例

布鲁纳强调要关注学习的过程而不只是最后的结果，强调直觉思维，强调内部动机，强调从学习探索活动本身得到快乐和满足，而不是外部的奖惩。以自我实现为重点的主题活动，重在幼儿通过自己的方式，在感知、操作中进行表现与创作，积极主动地根据自己的想法去主动探究，在合作交往中获得新的认知经验，在操作中获得自我价值的体验，产生情感要素，获得身心和谐、健康全面发展。

主题一　遇见柠檬

适宜年龄

3～4 岁

资源利用

本次主题活动利用了班级自然角的一颗香水柠檬树，教师抓住幼儿在过渡环节的讨论点和兴趣，与家长沟通，在家长资源的支持下，收集到生活中各种常见的柠檬，共同生成了主题活动。在主题开展过程中，家长提供了有关柠檬的绘本、制作柠檬干的烘烤器、取汁工具等。

主题由来

班里的自然角有两颗香水柠檬树，其中有一颗上面结满了绿色的小柠檬。过渡环节，孩子们都爱去自然角观察它们并细心照顾着。经过一段时间，这颗柠檬树上的绿色小柠檬慢慢长大了，并且变成了黄色，孩子们发现柠檬散发出一股甜甜的香味。

主题总目标

1. 积极运用多种感官感知柠檬的不同特性，如大小、轻重、颜色、形状。
2. 愿意动脑动手探索取柠檬籽的方法，并动手尝试切柠檬片、晾晒柠檬干等。
3. 能够用语言大胆地表达自己对柠檬的探索。

4. 喜欢运用不同的艺术方式表达对柠檬的喜爱，喜欢柠檬酸酸甜甜的味道，同时迁移到喜欢吃橘子、柚子等酸酸甜甜的水果。

5. 能够运用感官感知周围事物，有探究愿望，喜欢动手尝试并掌握"剥"的动作。

6. 对美工活动感兴趣，能够用自己喜欢的方式进行艺术表现活动。

主题网络图

认识柠檬
— 柠檬不是红色的
— 酸酸甜甜就是你

变黑的柠檬
— 翻滚吧，柠檬宝贝
— 户外大操场的游戏

遇见柠檬

— 柠檬我知道
— 柠檬滚画

— 试取柠檬汁

柠檬变黄大作战

柠檬水

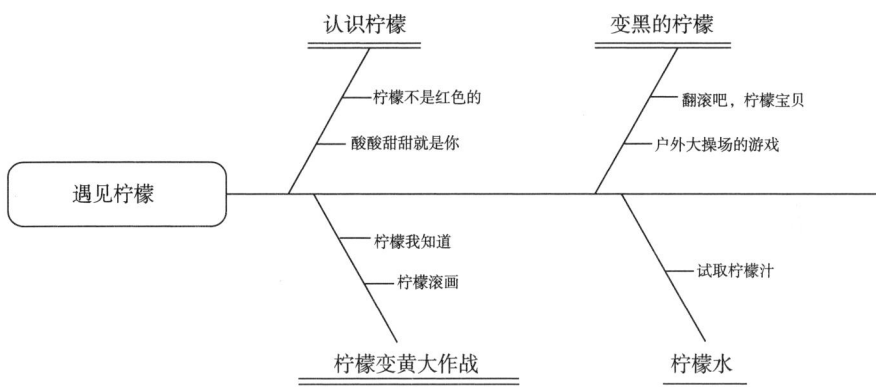

活动一：认识柠檬

（一）生活活动

目标： 有好奇心，积极运用多种感官感知柠檬的外形特点。

探究点： 能用较完整的语言表达自己关于柠檬的发现。

过程： 柠檬树的果实已经成熟了，于是我借机问孩子们："班里的柠檬和我们平时见过柠檬有什么不一样吗?"西西："我看到了几个绿的柠檬。"瑶瑶："我在超市见过的柠檬和这个不一样。"教师："那我们平时看见的是什么样子的呢?"晨晨："我见过黄色的柠檬。"我："那我们一起去看看，除了绿色的柠檬，还有哪些柠檬。"

分析反思： 通过抛出问题"你看到的柠檬和平时的柠檬有什么不一样?"，既可以让教师及时了解孩子目前对柠檬的已有经验，又可以唤起他们的好奇心和探究欲望。"绿柠檬"是偶然所见，为了让孩子进一步仔细观察，我鼓励幼儿再次零距离接触柠檬和柠檬树，有目的的观察活动即将开始。

（二）区域活动

娃娃家

目标： 愿意用投放的各种材料制作柠檬美食。

探究点： 选择适合的材料制作各种柠檬美食。

过程： 娃娃家里，西西指着菜单上的美食图片说道："今天咱们做柠檬蛋糕。"然后开始在厨房寻找材料，边找边说："我需要黄色的橡皮泥，用橡皮泥做个柠檬蛋糕。"西西从柜子里拿来黄色和绿色的泥，先把黄色的泥放在桌子上，用手使劲地压了压，然后拿起绿色的橡皮泥做了两片小叶子，分别捏在了黄色橡皮泥的两端。一个小小的"柠檬"就做好装进了盘子里。

分析反思： 孩子们在生活中吃过柠檬美食，并将经验很好地迁移到游戏中去。材料的投放支持了幼儿的游戏，满足了幼儿的自由探究和尝试。教师也将继续观察幼儿的游戏兴趣点，不断投放适合幼儿游戏的材料。

美工区

目标： 尝试用实物蘸颜料滚画，体验滚画的乐趣。

探究点： 幼儿尝试用柠檬进行滚画活动。

过程： 在美工区，瑶瑶和米米拿起了操作区的大盒子，瑶瑶先用其中一个柠檬蘸了一下红色颜料，然后放进盒子里，对米米说道："我们先试试红色的。"两个小朋友持续滚画了一分钟后，米米说道："我看滚出来的都是红色，能加一个颜色吗？"于是米米又拿起一个柠檬放在黄色颜料盘里蘸了一下，然后放到盒子里，这样两个颜色的柠檬在盒子里滚动。两个孩子一边滚画一边欢呼，吸引了其他小朋友观看，芸熙说道："这个盒子里有红色和黄色。"瑶瑶说道："是啊，我先用红色，后来米米又放了黄色。"芸熙说道："我觉得可以再加一个蓝色。"于是两个小朋友又加了蓝色。就这样，一会儿瑶瑶那边的盒子高，一会儿米米这边的盒子高，有时候还能看到芸熙在中间扶着，两个人左右摇晃，三种颜色的柠檬在大盒子里滚来滚去，留下漂亮的痕迹，孩子们开心极了。

分析反思： 教师为幼儿提供滚画的颜料盘、颜料（红、黄、蓝）以及一些发干的柠檬。幼儿根据前期玩球滚画的经验，尝试利用柠檬滚画。在幼儿的游戏过程中，教师看到了孩子们的动手操作能力是非常不错的，两个幼儿协商游戏，并在同伴的建议下加入了新的颜色。宽松、自由的环境、丰富的材料，都是幼儿自主创作的基础。

（三）集体活动

活动名称：柠檬不是红色的（语言领域）

探究点：　尝试将颜色与食物配对。

活动目标：

1. 认识书中出现的事物，知道它们的主要特征，感受阅读的有趣。

2. 尝试将颜色与食物配对，学说"××不是××色的，××是××色的"。

活动准备：

物质准备：自制立体大图书、各色香蕉、各色苹果、颜色操作板（紫色、红色、黄色、绿色）、镂空图卡（葡萄、草莓、西瓜、樱桃、柠檬）、操作卡及色卡人手一份。

经验准备：认识各种常见颜色，知道一些常见蔬果的特征。

活动过程：

1. 导入活动：魔术变一变，变出颜色来。

魔法术语：咕噜咕噜变变变，变出美丽的颜色来。

教师：变出了什么颜色？

小结：原来一种颜色能让我们想到很多好吃的食物，真有趣。

分析：这一环节重点是让孩子感知色彩的鲜艳，引出话题。利用有趣的魔法术语，增加孩子对活动的兴趣，让孩子反复聆听，鼓励他们尝试学说。

2. 基本部分。

（1）魔术变一变，变出食物来——出示红色的柠檬。

提问：哇，我们变出了什么好吃的？这个柠檬看上去有点怪怪的，奇怪在哪儿呢？

小结：呀，原来柠檬不是红色的，柠檬是黄色的。

（2）第二次魔术（变出橙色的草、紫色的苹果）。

魔法术语：咕噜咕噜变变变，变出好吃的食物来。

提问：我们变出了几个食物宝宝？这些食物宝宝穿错衣服了，我们一起帮帮它们吧。

提问：看它们错在哪儿了？谁愿意来帮它们换一换呢？

追问：苹果只有红色的吗？（出示苹果一家，拓展经验）

小结：原来一种水果也会有很多种颜色，真有趣。

（3）第三次魔术（经验迁移）。

教师：宝贝们，你们不仅会变魔术，而且把食物宝宝变得很漂亮。后面还有许多食物宝宝穿错了衣服，要你们去帮忙。请你走到后面的小桌子旁，一边念魔法术语一边变魔术，记得要告诉它们正确的颜色哦。

幼儿自主操作，教师巡视。

3. 结束部分。

教师：原来食物宝宝都有适合自己的颜色，在你们的帮助下，它们都找对了颜色，它们可高兴了。

分析反思：　为了落实第二条活动目标"尝试将颜色与食物配对，学说'××不是××色的'"，这一环节由三次魔术演示贯穿始终。第一次在图书中为红柠檬纠错→第二次在图书中为绿萝卜、紫苹果、黄葡萄纠错→第三次请幼儿为水果纠错再集体验证。在一次次纠错中，孩子巩固了"××不是××色的，××是××色的"这一句式。为了拓展动儿的生活经验，教师提供的材料并非一成不变，如苹果有红苹果、绿苹果、黄苹果，甚至是黑苹果，鼓励幼儿表达关于苹果的生活经验，教师对幼儿的表达给予肯定。

（四）家园共育

目标：　1. 通过介绍活动，与家长形成合力，共同推动主题活动的开展。

　　　　2. 通过主题活动，帮助家长理解幼儿的学习方式与特点。

过程：　通过微信的形式向家长介绍幼儿在活动中的兴趣点及幼儿的学习方式与特点。家长利用休息的时间带幼儿到超市和市场中去了解各种各样的柠檬，引发幼儿关注其外形特点，并将照片带回幼儿园与小朋友共同分享。

分析反思：　通过向家长介绍主题活动的来源和脉络，家长对活动非常支持。家长们通过观看教师推送的幼儿对探究问题的大讨论和集体、区域游戏的视频，为幼儿表现出来的积极态度而惊讶。艾言妈妈说："现在孩子回到家就会问各种关于柠檬的问题，还会要求爸爸妈妈一起跟她从书里找答案。"家长们还给班里带来了很多关于"柠檬"的绘本。

活动二：柠檬变黄大作战

（一）生活活动

目标：　愿意参与班级自然角的观察活动。

探究点：　观察发现柠檬的变化。

过程：　畅畅看到自然角的柠檬，拿起来就要往嘴里放，这个时候旁边的小朋友提醒道："不能吃，它还没有变黄，不熟呢？"那怎么办？于是幼儿针对柠檬变黄又开始了讨论。佩瑶："妈妈说把绿色柠檬放到阳光下放几天，柠檬自己就变黄了。"艾言："可以放到盒子里，这样柠檬宝宝就不会脏了，再放到地上等着它变黄。"小雨："我们可以把小朋友说的方法都试一试。"教师："嗯，这个提议不错，我们可以把每一种方法都试一试，你认为哪种方法好就可以和小伙伴一起试一试，看一看哪种方法可以让柠檬更快更好地变黄。"

分析反思：　在讨论变黄柠檬的方法时，不给他们提供统一的实验方法，也不限制孩子们的实验猜想。通过"设疑"鼓励幼儿对实验结果进行大胆猜想。孩子们会根据自己的猜测自由选择方法。

（二）区域活动

图书区

目标：　1. 知道一页一页地翻看图书，能理解、讲述简单的画面内容。
　　　　2. 喜欢发现、指认、讲述书中感兴趣的人和物。

探究点：　通过翻阅图书，根据画面讲述故事内容。

过程：　今天艾言带来的绘本《好酸好酸的柠檬呀》引起了孩子们的关注，于是在区域时间，有三个小朋友选择在图书区一起翻看这本新绘本。艾言一页一页地为小朋友讲解，讲到"我迷迷糊糊没看清楚，生气地抓起来大咬一口。没想到，喔，好酸！酸得我顿时就清醒了"时，孩子们一起欢呼："哇，她一定是吃到柠檬了，哈哈哈哈！"几个小朋友一边听故事一边做着书里的各种表情动作，可爱极了。

分析反思：　在阅读游戏中，幼儿会根据故事情节进行想象，并自发地模仿书中的表情动作，说明他们已经对故事内容比较了解，对于人物的表情也有初步的感知。教师下一步将投放各种表情图片，幼儿可以通过图片给故事排序。

益智区

目标：　感知各种材质、坡度不同的轨道。

探究点：　哪种坡度的路面更适合柠檬宝宝进入洞洞。

过程：　班级益智区新投放了自制玩具——三种坡面和坡度的"动物大嘴巴"。圆圆和杭杭分别拿起一个柠檬进行尝试，圆圆说："杭杭，你看这个青蛙嘴巴里很快就有一个柠檬了。"杭杭："我这个不行，我这个柠檬滚到一半就卡住了。"圆圆走过来看看杭杭选择的"嘴巴洞洞"，说道："你选择的这个路不好走，中间有一道一道的，我的都是平的，什么都没有。"杭杭："但是我这个也能进去，就是卡，不信你看。"这次杭杭用力一推，虽然中间有停顿，但是柠檬也进去了。这个时候圆圆提议道："咱俩比赛吧。"于是两个人分别拿了一个柠檬，一个选择在平平的 KT 板上，一个选择了瓦楞纸，一声"开始"令下，两个柠檬飞速地滚落下去了。可惜杭杭用力太猛，柠檬直接滚落到地上了，圆圆大笑道："你小点劲试试看。"于是他们又进行了第二次尝试。这次杭杭用的劲比刚才小了一点，柠檬很快就进入洞洞了。两个小朋友后来又调换位置继续游戏。

分析反思：在游戏开始时，圆圆发现坡面不一样，并主动与同伴分享自己的发现。在后面进行的比赛游戏中，两个小朋友分别选择了不同的道路进行游戏。经过反复尝试，两个人都成功地将柠檬送进了洞洞里，同时发现坡度不同，滚落的速度也不同，而且柠檬在 KT 板上比在瓦楞纸上滚的速度快，但是在 KT 板上，手的力度要小一些才可以。

（三）集体活动

活动名称：柠檬我知道（科学领域）

探究点：了解柠檬的用处。

活动目标：

1. 知道柠檬都有什么用处。

2. 了解食用柠檬的好处。

活动准备：

物质准备：柠檬树、柠檬若干、柠檬水。

活动过程：

1. 开始部分。

教师出示柠檬，激发幼儿的兴趣。

教师：今天老师给小朋友带来了一位好朋友，你们认识它吗？

小结：这是柠檬，是我们生活中常见的水果，有不少小朋友品尝过。柠檬的营养价值非常高。

2. 基本部分。

（1）讨论：柠檬是长在哪里的？

（2）出示柠檬树。

教师：你们看看这盆是什么？你们仔细看一看、闻一闻、摸一摸。

教师：柠檬是长在树上的，但是它很脆弱，需要小朋友的照顾。

提问：柠檬成熟时是什么颜色？没熟时是什么颜色？果实是什么形状的？

（3）出示柠檬水。

教师：你们知道柠檬可以干什么吗？

小结：可以泡柠檬茶，可以做酱和甜点调味等。

3. 结束部分。

教师带领幼儿品尝柠檬水。

分析反思：　通过整节活动，幼儿了解了柠檬，知道柠檬都有什么用处，同时了解食用柠檬有哪些好处。接下来可以带孩子制作柠檬水。

活动三：　变黑的柠檬

（一）生活活动

目标：　1. 愿意交流分享自己的发现。

　　　　2. 能及时表达自己的需要和想法。

探究点：　柠檬怎么保存不会变黑呢？

过程：　孩子们在自然角观察时，发现柠檬不仅没有变黄还变黑了，而且摸起来软软的，还看到了一些变黑的柠檬。教师："为什么放在地上的柠檬变黑了呢？而在柠檬树上的柠檬宝宝变得更黄了呢？"佩瑶："这黑黑的柠檬是不是坏掉了？"教师："我们怎么判断这个黑色柠檬是不是坏了呢？"孩子们提议把黑柠檬切开："怎么一股臭臭的味道，柠檬不是香香的吗？"教师："柠檬不仅没变黄还变黑了，闻起来有些臭。我们应该怎么保存柠檬呢？"刘昀："我见过妈妈喝柠檬水。"教师："柠檬水怎么做的呢？"艾言："可以把柠檬切成一小块儿泡水。"

分析反思：　看到"黑柠檬"，畅畅忍不住要尝一尝。教师通过引导幼儿看一看、闻一闻、摸一摸，对没有变黄的柠檬而是变黑的柠檬有更直接的感知，同时对怎么保存柠檬有了讨论，引发了对制作柠檬水的兴趣。

（二）区域活动

科学区

目标：　1. 积极运用多种感官感知周围事物，进行自发的探究活动。

　　　　2. 喜欢与同伴交流，表达自己取籽的感受和发现。

探究点：　如何取出柠檬籽。

过程：　教师在科学区投放了塑料小刀、柠檬片和一半的柠檬，孩子们在游戏中自主探索如何取出柠檬籽，进行柠檬的晾晒游戏。西西说道："可以去娃娃家找小勺子挖一下。"辉辉提议道："直接用手抠一下吧。"结果柠檬汁溅到脸上，"好酸呀！"两个小朋友哈哈笑起来。西西跑去娃娃家拿来了勺子和叉子，两人分别尝试取籽。最后通过对比，发现娃娃家的小叉子更容易取出籽。

分析反思：　探索对于小班孩子来说具有独特的意义，它能够满足孩子的好奇心，发展孩子细致观察的能力。

娃娃家

目标：　1. 有好奇心，积极运用多种感官感知柠檬的特点。

2. 能及时表达自己的需要和想法。

探究点：　如何制作柠檬干。

过程：　幼儿表现出对柠檬干的兴趣后，就开始寻找制作柠檬干的材料。有的幼儿来到娃娃家找到了塑料刀，有的幼儿找到了小碗，还有的幼儿找到了"烤箱"等，孩子们开心地寻找自己需要的材料。欣雨："把柠檬片放到自然角晒着吧。"康康："我看见妈妈用烤箱烤过吃的，可以把柠檬放到烤箱里。"子熙："我在娃娃家也找到了烤箱，我们来试一试吧。"老师："原来你们想到了这么多方法，那我们都来试一试，看看哪个方法能更好更快地制成柠檬干。"于是孩子们开始忙碌起来，洗柠檬、切柠檬、取柠檬籽、晒柠檬片、烤柠檬干。煜辉："妈妈告诉我，用盐洗一洗柠檬，上面的细菌才能被清除掉。"博文："这个柠檬切起来很硬啊，需要用力切才可以。"佩瑶："柠檬汁弄到脸上好酸啊。"

分析反思：　幼儿通过看、摸、闻等多种感官感知柠檬，符合幼儿的学习方式与特点。整个活动过程中，幼儿非常认真与专注，与同伴进行分工合作，并有一定的生活经验。

（三）集体活动

活动名称：翻滚吧，柠檬宝贝（健康领域）

探究点：　幼儿尝试用不同的方法滚动身体。

活动目标：

1. 练习侧身滚，锻炼腰腹肌的力量，提高身体的协调性和柔韧性。

2. 在走、跑、跳、投、钻爬、攀登的游戏中，能平稳地控制自己的身体。

3. 遇到挫折、困难时不害怕，会寻求帮助。

活动准备：

物质准备：大垫子、刺毛球 8 个、音乐。

经验准备：幼儿有翻滚游戏的初步经验。

活动过程：

1. 导入活动。

幼儿进场进行热身运动。

教师带领幼儿在音乐声中一路纵队进场，绕垫子 S 形跑，躺在垫子上做身体拉伸（面朝上、手抓脚，面朝下、手脚翘起，面朝下、手抓脚）的热身游戏。

2. 基本活动。

（1）教师示范动作：单人侧身滚。

教师示范侧身滚：柠檬柠檬两头尖，手脚伸直向前滚，肚子肚子多用力，可别滚到外面去。

幼儿集体鱼贯练习侧身滚的动作。（教师重点指导：肚子用力，手脚伸直）

（2）两人合作侧身滚。

两位幼儿示范，听教师口令一起滚。

教师：你和朋友滚的时候遇到了什么问题？

幼儿分享解决问题的方法。

教师：小朋友想了这么多好方法，那我们用这些好方法再次尝试。

（3）带球滚。

带球滚山坡。（把垫子的一头叠压在一起，形成高低差，两人带着球一起滚过去）

3. 结束部分。

在轻柔的音乐声中，教师带领幼儿在"柠檬树长大"的情境中做身体放松游戏。

分析反思： 这个游戏对幼儿来说很新鲜，幼儿都能参与到游戏中去。幼儿在配合中增长了知识，锻炼了身体，养成了守规则的好习惯。

活动四：柠檬水

（一）生活活动

目标：初步培养幼儿主动饮水的良好习惯。

过程： 几个孩子开始分工合作，洋洋自告奋勇地去洗柠檬，跳跳负责接热水，我帮着孩子把洗好的柠檬切成片，小雨负责把柠檬的籽去掉，跳跳和洋洋把弄干净的柠檬片放到了温水里。跳跳兴奋地尝了一口，皱着眉头说道："好酸啊！"小雨提议道："我们放点糖吧，老师那里有。"洋洋要把拿到的糖全部倒进水壶里，我赶紧制止了他，并问道："放这么多糖太甜了，小朋友的牙齿就要坏掉了。"跳跳连忙道："对啊，而且不是很酸，不用放那么多，一点点就好了。"听到同伴的话，洋洋就只放了一点点糖，跳跳尝完说道："一点都不酸了，而且是酸甜口味的，很好喝。"

分析反思： 幼儿通过自己制作柠檬水体验到了成就感，了解到了柠檬水的制作过程，从而养成不挑食的好习惯。幼儿分工制作柠檬水，促进了其合作意识的发展。通过协商解决冲突，幼儿的人际交往能力有所发展，自信心也有所增强。

（二）区域活动

表演区

目标： 愿意参与歌表演，体会乐趣。

探究点： 用身体、动作、表情表现歌曲。

过程： 幼儿在表演区根据音乐《柠檬树》创编动作，追随音乐随意摆动身体，与同伴分享自己的发现。

分析反思： 幼儿愿意进行表演活动，在活动中情绪愉快，同伴之间有沟通，当缺少材料的时候能够主动通过以物代物的形式解决问题。

（三）集体活动

活动名称：试取柠檬汁（科学领域）

探究点： 了解简易工具的便利。

活动目标：

1. 乐于参加科学探索活动，并用语言表达自己的发现。

2. 发现不同取汁工具的多种用法，体验动手操作的乐趣。

3. 在取柠檬汁的活动中发展动手能力。

活动准备：

物质准备：一次性桌布、一次性塑料纸杯、切片柠檬若干、半个柠檬若干、小毛巾、托盘。

经验准备：幼儿之前对柠檬有一定的了解。

活动过程：

1. 谈话引入，激发幼儿对取柠檬汁的兴趣。

教师：之前我们看过很多用柠檬制作的美食，小朋友说想制作柠檬布丁，做柠檬布丁需要用到柠檬汁，今天老师准备了很多柠檬，你们想怎么取柠檬汁呢？

2. 主动探索取柠檬汁的方法。

观察幼儿取汁的各种方法。

教师：你刚刚是怎么取到柠檬汁的？今天老师也带来了一些简易的取汁工具，请你们看一看这些工具都是什么样子？一会儿请小朋友自由选择你想尝试的取汁工具，分享的时候请你说一说用哪个工具成功取出了柠檬汁。

3. 幼儿自主探索各种简易取汁工具的用法，教师观察幼儿的做法，支持幼儿获得经验。

（1）幼儿自主探索，教师巡视，倾听幼儿想法。

（2）教师进行小结，提升经验。

教师：我看到大家刚刚都用小工具取出柠檬汁了，谁来说一说你刚才用哪个工具取出的柠檬汁？

教师：真棒！刚才你用了这个工具，把柠檬放上去一揞就出汁了，你们觉得剩下的柠檬里还有没有汁？除了摁上去能出汁，还有没有更好的方法来使用这个工具呢？

（3）第二次探索简易取汁工具的用法，教师提炼。

这一次，教师发现幼儿将半个柠檬放上去后使劲摁了一下，然后又拿起柠檬在上面转了转，又出来很多柠檬汁。

教师：刚才你在用这个工具的时候，发现怎么用可以出汁更快了吗？

教师：你们看，我们除了这个工具以外，还有其他工具呢，用其他工具的小朋友说一说你们是怎么取到柠檬汁的呢？

教师：请你们再来试一试，一会儿我们集体分享，找出最方便取汁的工具。

（4）第三次探索简易取汁工具的使用方法，教师观察幼儿的想法并支持。

教师：谁来说一说，你用了哪个工具一次取到很多柠檬汁的？这两个工具，哪个更容易取汁呢？

4. 提炼小结幼儿取柠檬汁的经验，并迁移经验回归生活。

教师：今天，小朋友用自己的方法都成功地取到了柠檬汁，我们发现这种半个的柠檬更适合这样半圆凸起的取汁工具，这种切片的柠檬更适合这种按压式的取汁工具。在探索的过程中，小朋友们特别认真、专注，通过自己的劳动获得柠檬汁。在日常生活中，小朋友也可以通过自己动手来榨其他水果的果汁。

分析反思：　本节教育活动是幼儿在制作柠檬美食的活动中自发生成了取柠檬汁的想法，教师基于幼儿兴趣开展的一节自主探究实践操作活动。《指南》中指出，幼儿学习的核心是激发探究兴趣，体验探究过程，发展初步的探究能力，成人要善于发现幼儿的好奇心，引导幼儿通过观察、操作等方法，帮助幼儿积累经验，运用于学习生活中，形成受益终身的学习态度和能力。在家长的配合下，幼儿从家里带来了简易操作的取汁工具，教师让孩子们动手操作，体验劳动带来的成功感。幼儿在亲自动手挤一挤、压一压、转一转的感受与实践中积累了更多关于取汁工具的感性经验，也在自然建构着使用工具的经验。

💬 主题活动反思

关于柠檬树的问题来源于幼儿，幼儿在自己动手尝试、操作感知中获得多方面的经验，如在"制作柠檬水"的活动，幼儿的小肌肉动作发展较灵活，也感知到了柠檬的酸，适应能力有所提升。在"柠檬变黑了"活动中，幼儿积极主动、认真专注和不怕困难的学习品质在与柠檬的互动中慢慢激发出来。对问题的讨论，促进了幼儿语言表达能力的发展，也培养了幼儿良好的倾听习惯和相应的语言理解能力，能清楚地讲述自己的想法。

在本次主题活动中，幼儿通过直接感知、亲身体验和实际操作进行科学学习，通过观察、比较、操作、实验等方法，发现柠檬颜色、大小的不同。幼儿不仅了解了柠檬这种水果的特点，而且其观察能力、探究能力都得到了发展。

（教师：赵媛英、冯娜）

主题二 我是干净小超人

适宜年龄

3～4 岁

资源利用

本主题活动的开展源于幼儿在过渡环节的讨论点和兴趣。教师利用家长资源收集生活中的清洁用品，丰富幼儿的认知。同时请家长减少包办代替的行为，给予幼儿动手操作的机会。

主题由来

户外活动结束，孩子们在洗手的时候，桐桐说："张老师，你看白泡泡变成黑泡泡了。"韬韬说："你看我手上的泡泡比你的还要黑。"阳阳坐在椅子上休息，发现自己的鞋子上粘了一圈泥，赶快抬起脚说："老师快来，我的鞋上都是泥，鞋子上的泥要掉到地上了。"越越说："等我给你拿垃圾桶，你把脚放上去，这样就不会把地面弄脏了。"小宇说："我进来的时候跺了跺脚，看我的鞋子多干净。"随后孩子们对怎样让自己变干净展开了讨论。

看到孩子们对怎样变干净进行讨论，我们思考让孩子们从发现身边的"不干净"出发，逐渐了解变干净的方法，从而养成良好的卫生习惯。在探索方法的过程中提升幼儿的自理能力和各项品质，给予幼儿自我实现的机会。

主题总目标

1. 能够自主发现自己身上、小手、衣服等变脏了。

2. 在观察的基础上，大胆、自信地将发现变脏的过程用清楚的语言表达出来。

3. 能够主动按照正确的方式清洁身体。

4. 能够主动发现清洗后，手、脸、身体变干净了，并知道要保持身体的干净。

5. 愿意在角色扮演游戏中再现正确的清洁方式，并从中获得成就感。

主题网络图

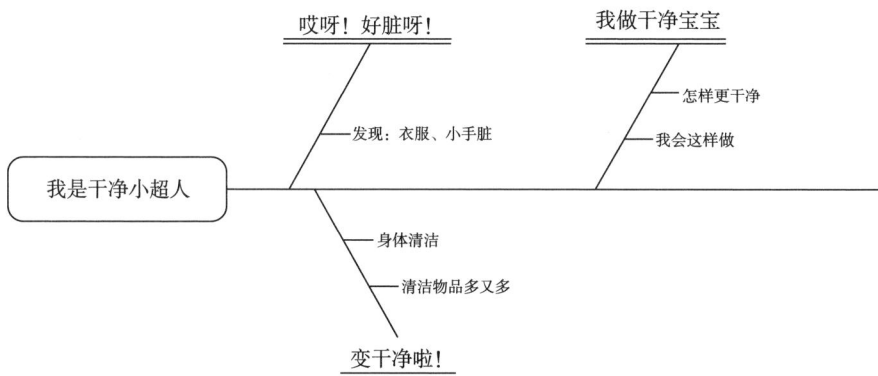

活动一： 哎呀！ 好脏呀！

（一）生活活动

目标： 1. 能够对身边的环境和事物仔细观察。

2. 能及时表达自己的发现和想法。

探究点： 尝试发现班级中的"不干净"。

过程： 美工区活动结束，地面上会散落小亮片、碎纸片等，小石头说："小亮片掉到地上都被小朋友们踩脏了。"阳阳说："美工区的地面太乱了。"跟随孩子们的发现和表达，班级开展了"小小慧眼"的活动，请孩子们到班级中找一找，班里还有哪些地方不干净。越越发现植物角的植物掉落的干叶子需要扫一扫；小泥鳅发现洗完手以后，盥洗室的地面和水池变脏了，需要擦一擦；中午吃完饭，维维发现小朋友们掉落的米粒；下午户外活动后，翔翔发现自己小裤子上都是土。孩子们不仅从生活环境中找到了"不干净"的地方，还找到了自己身上"不干净"的地方。老师组织孩子们进行了讨论，如你们是怎样把不干净变干净的，调动孩子们的已有经验，从而确定主题下一步的开展方向。

分析反思： 小班幼儿的认知经验是在行动过程中获得的。小班幼儿容易对身边的事物产生好奇，因此教师根据幼儿在生活中的发现，开展符合幼儿年龄特点的"小小慧眼"的活动，既满足了幼儿对身边环境的好奇与探索，又给予了幼儿语言表达的机会。教师记录幼儿的经验、问题及话题，和他们一起通过亲身体验、实际操作来满足探究兴趣。

（二）区域活动

美工区

目标：　1. 能够在游戏后主动将垃圾收拾干净。

　　　　2. 游戏后，能够在他人提醒下对手部进行清洁。

探究点：　探索收拾整理垃圾的方法。

过程：　活动区游戏结束，越越用小手捡桌上的碎纸屑，一边捡一边放到另一只手里握好，这时阳阳拿来一个酸奶盒说："你把纸放我这里吧，上次我就用这个盒子装垃圾的，这个上面有垃圾桶的标志。"这时，大航走到桌边，用手一下一下地把纸屑拢到一起说："你把盒子放到桌边，我帮你弄盒子里。"

分析反思：　通过幼儿的操作，能够看出幼儿在收拾整理方面具有一定的生活经验，而且收拾整理垃圾的方法不同。我们可以通过讨论以及之后的实践，发现幼儿收拾整理不同垃圾的方法，并利用照片的形式记录下来，将幼儿劳动的经验由个别转向集体。

科学区

目标：　1. 能够对身边的事物进行细致观察。

　　　　2. 能够用语言大胆表达自己的发现。

探究点：　观察发现每个物品上都是有细菌的。

过程：　区域游戏中，大鸣找来了小朋友们都喜欢的动物标本，将其擦一擦放在显微镜下的载玻片上，看完后大声说："这个上面居然有这么多的脏东西，以后摸完我得好好洗手了。"他又找来一片植物角的小叶子看了看说："这个小叶子上也有耶！"这时，我好奇地问："上次我看到的是小黑点，你看到了什么样子的细菌？"大鸣说："我看到了像毛毛虫一样的细菌。"旁边的小浩说："你看看小乌龟身上会不会有细菌呢？"于是他们像小侦探一样，对班级感兴趣的物品都进行了观察。

分析反思：　教师在科学区投放的显微镜支持了幼儿的观察。同时，教师利用语言引导幼儿进行对比观察。每名幼儿都是有力量的学习者，他们能够在宽松、自由的环境下对班级内的物品进行探索。

（三）家园共育

目标：　1. 通过介绍活动，与家长形成合力，共同推动主题活动的开展。

　　　　2. 通过主题活动，帮助家长理解幼儿的学习方式与特点。

过程：　通过微信的形式向家长展示孩子们在班级寻找"不干净"的活动照片和视频，同时向家长介绍幼儿在活动中的发展目标、兴趣点及学习方式与特点。请家长在家开展"寻找不干净"的活动，利用照片的形式进行记录。

分析反思： 通过向家长介绍主题活动的来源和开展脉络，让家长看到幼儿在活动中的积极行为，家长对于活动非常支持。有的幼儿在发现了不干净的地方以后，能够主动和家人一起想办法清洁干净。很多家长都感叹，曾经包办代替这么多，原来孩子们对这些事情是非常感兴趣的。教师也会继续向家长们推送孩子们劳动探索的精彩瞬间。

活动二： 变干净啦

（一）生活活动

目标： 1. 能根据自己的兴趣选择不同的工具进行简单的劳动活动。

　　　 2. 能及时表达自己的需要和想法。

探究点： 探索不同劳动工具的使用方法。

过程： 在加餐饮水环节，然然拿着老师用的拖布来到活动室，对我说："张老师，小植物那里流水了，我去擦一擦。"越越从盥洗室里拿出自己的毛巾说："我也去擦一擦。"于是我请越越跟保育老师换了一块抹布，然后她跟然然一起去擦植物角的水了。大航看见了，也跟保育老师要来一块布，说："我想擦玩具。"翔翔说："那我去扫地。"他们拿起班里打扫卫生的工具，热火朝天地忙了起来。

分析反思： 为了满足小班幼儿对周围事物充满好奇以及爱模仿的年龄特点，同时让幼儿在过渡环节有事可做，让过渡环节更加自主和有序，班级根据孩子们的劳动需要，在各个游戏区域分散准备了抹布、扫帚和簸箕，让孩子们能够体验劳动的快乐，感受自己让班级变干净的成就感。

（二）区域活动

娃娃家

目标： 1. 能使用各种清洁工具，丰富角色游戏的游戏情节。

　　　 2. 喜欢参与角色游戏，并体验游戏的乐趣。

探究点： 根据自己的生活经验使用清洁工具。

过程： 子衿来到娃娃家，把娃娃抱起来放在娃娃车里，拿来奶瓶和奶瓶刷对娃娃说："妈妈给你刷下奶瓶，沏完奶粉再出去。"说完忙了起来。阳阳对另外一个娃娃说："爸爸给你刷个牙，也带你出去玩。"说完，他拿了一个盆，里面装着牙刷和牙杯，开始用牙刷为宝宝刷牙，还让娃娃把水吐到盆子里。然后子衿和阳阳一起带着娃娃出去玩了。回来以后，娃娃家的越越、彤彤、小九立刻把娃娃的衣服都脱了，边脱边说："这是在泥坑里玩了吗？这么脏，阿姨给你洗一洗就干净了。"说着拿起浴花给娃娃搓身体。

分析反思：幼儿发现了角色区不同的清洁工具，并且能够结合自己的生活经验使用，丰富自己的游戏情节，同时也发展了同伴交往能力。教师下一步可以投放其他的生活工具，如洗衣板、晾衣架等更多的生活物品，发展幼儿的想象力与操作能力。

美工区

目标：1. 能够大胆介绍自己的艺术作品，体验探索的乐趣。

　　　2. 能自己选择清洁工具进行探索使用。

探究点：探索不同清洁工具的艺术表现形式。

过程：小九来到美工区，拿起钢丝球蘸上白色颜料，在黑色的卡纸上连续按压了几次，对旁边的阳阳说："你看像不像一团白云，还有点像我奶奶的头发，我奶奶前两天刚烫了头发，卷卷的。"阳阳拿起一把小牙刷，从中间向外刷了几下，对小九说："你看小花。"这时小九也拿起牙刷在刚刚的拓印上加了一道竖线，说："我变出了一个棉花糖。"两个人一边游戏一边介绍自己的作品。

分析反思：在游戏中，两个小朋友能够大胆地使用收集来的清洁用品开展玩色游戏，发现了不同清洁工具的艺术效果，同时能够发挥想象力介绍自己的作品。教师投放的钢丝球、牙刷、鞋刷等满足了幼儿的需要，让幼儿有更多想象的空间。

（三）集体活动

活动1：娃娃变干净（语言领域）

探究点：探索让娃娃变干净的方法。

活动目标：

1. 初步理解故事内容，知道要如何变干净。

2. 能够尝试用完整语句大胆发言。

3. 结合操作感受故事的有趣。

活动准备：

物质准备：脏娃娃玩偶、PPT。

经验准备：幼儿具有一定的自理能力。

活动过程：

1. 开始部分。

情境引入，激发幼儿参与活动的兴趣。

教师：今天有一个新朋友来到我们班，我们一起和她打个招呼吧！咦？你们猜一猜，为什么娃娃不开心呢？

2. 基本部分。

（1）教师完整讲述故事。

教师：故事中的小娃娃遇到了什么事情呢？她为什么不开心？

（2）教师再次讲述故事。

教师：老师再来讲一次故事，这一次请你认真听一听小娃娃是怎么变干净的。

（3）帮助小娃娃变干净。

教师：我们班的小娃娃还是很脏，我们有什么办法可以帮帮她吗？我们一起来试一试吧！

3. 结束部分。

教师：小朋友们今天帮助小娃娃变干净了，小娃娃让我告诉大家她很开心，谢谢小朋友们！

分析反思： 孩子们通过观察猜出了娃娃不开心的原因，而且通过倾听知道了让娃娃变干净的方法。教师利用真实的操作，让幼儿在游戏中巩固变干净的方法。在让娃娃的衣服变干净的时候，孩子们探索出搓、揉等方法，这些也体现了幼儿生活经验的迁移。

活动2：给玩具宝宝洗澡（健康领域）

探究点： 尝试用不同的工具让玩具变干净。

活动目标：

1. 知道有顺序地做事及做完事要收拾。

2. 能尝试使用不同的工具清洁玩具。

3. 养成良好的卫生习惯。

活动准备：

物质准备：班级内常见的玩具若干、大盆每组两个。

经验准备：具有动手能力，并喜欢给玩具洗澡。

活动过程：

1. 导入活动。

幼儿听《脏脏猪》的故事。

教师：妈妈经常告诉它要做什么？小猪为什么会生病？是什么事情让它知道讲卫生的重要呢？

2. 幼儿清洗自己班里的玩具。

（1）幼儿动手清洗每天活动时玩的玩具，注意玩具要一件一件放入水盆，每个玩具要认真洗，侧面和缝隙都要洗到，不要把衣服弄湿。

（2）劳动分享：你是用什么方法把小玩具的每个缝隙洗干净的呢？

3. 结束部分。

幼儿收拾整理清洁工具。

分析反思： 在游戏中，教师鼓励幼儿用各种不同的方式清洗玩具，每名幼儿的想法和方法也是不同的。幼儿也在观察他人的过程中不断调整自己的清洗方法。教师关注活动中遇到困难的幼儿，鼓励他们尝试使用其他工具。

（四）家园共育

目标： 1. 通过主题活动，教师与家长形成合力，共同推动主题活动的开展。

2. 在活动中增加幼儿对清洁活动的兴趣。

过程： 班级创设了"干净小超人"光荣榜，孩子们在班里进行了相关的劳动就能够为自己贴上一个超人标志。居家时，我们也发放了"干净小超人"打卡记录，孩子们在家中也可以做一些力所能及的劳动并进行记录，激发幼儿在家做事情的积极性，帮助幼儿坚持养成良好的卫生习惯。这些都需要家长们的支持，利用照片和视频的形式记录幼儿的劳动并分享，让幼儿获得成就感。

分析反思： 家长的放手让幼儿得到了更多操作体验的机会，满足了幼儿做中学、玩中学的需要。在此过程中，家长也发现幼儿各方面能力的提高，让幼儿在家也能够获得"我是小主人"的归属感与责任感。

活动三： 我做干净宝宝

（一）生活活动

目标： 1. 利用不同的工具清洁玩具的不同部位。

2. 具有初步的自我服务意识。

探究点： 探索用不同的工具清洁玩具。

过程： 过渡环节，大航从涂鸦区的玩具箱里找来了自己带来的小车，对我说："张老师，你看车上都是颜料，我想把它洗干净带回家。""可以呀，没问题，你想用什么方法清洗呢？"我问。还没说完，他就跑到盥洗室，用水冲小车，然后挤上了点洗手液，用手搓呀搓，"张老师您看，这么多彩色的泡泡。"用水冲了以后，他发现车轱辘里还有很多颜料，这时我对他说："你觉得小的缝隙可以用什么来清洗干净呢？"他说："可以用娃娃家洗吸管的小刷子。""那你可以试一试。"于是他将小刷子头穿进车轱辘里来回刷，把每个缝隙都刷得很干净。

分析反思： 小班幼儿以自我为中心，具有初步的自我服务意识，想要把自己的玩具车清洗干净，教师在活动中尊重幼儿的想法，并且利用语言引导幼儿思考让小汽车变干净的方法，基于幼儿的兴趣给予引导，更能够激发幼儿的探索能力。班级可以开展相应的教育活动，鼓励幼儿继续深入探索。

（二）集体活动

活动1：清洁小能手（健康领域）

探究点： 探索用毛巾擦物品的不同方法。

活动目标：

1. 能够在动手操作的过程中初步掌握擦东西的方法。

2. 养成讲卫生的好习惯。

3. 在游戏中体验劳动的快乐。

活动准备：

物质准备：毛巾若干条、《劳动最光荣》的音乐、幼儿劳动照片PPT。

活动过程：

1. 导入部分。

利用音乐和幼儿劳动的照片进行观察回顾。

教师：我们班的小朋友都是劳动小能手。昨天小朋友们都说了自己的劳动计划，今天是班级劳动日，老师为你们准备了我们之前用过的小毛巾，一起来让我们班里的小玩具、小椅子和小镜子变干净吧！

2. 基本部分。

（1）请幼儿进行劳动体验。教师提示幼儿"小袖子爬楼梯"，注意清洗时，小水滴不要弄到衣服上。班级教师分组巡回指导，观察幼儿擦的方法并及时录像、照相。

（2）经验分享。

教师：你们刚才都做了哪些劳动呢？是怎么做的呢？

教师及时对幼儿分享的经验进行小结提升。

小结：大的柜子面可以把布叠整齐擦拭，小的缝隙可以用手指帮忙擦拭，擦完洗手池可以拧一拧水再擦或者用布将水擦到水池里，小椅子的缝隙可以用小毛巾的一角来擦等。

3. 结束部分。

教师：小朋友们的小手真能干，让班里的椅子、玩具、柜子、洗手池都变干净了，你们真的是干净小超人呀！棒棒哒！

分析反思： 小班幼儿喜欢动手摸摸这儿动动那儿，活动为幼儿提供动手操作体验的机会，符合幼儿的学习特点。教师利用幼儿模仿学习的特点，丰富幼儿的劳动经验。

活动 2：我爱洗澡（艺术领域）

探究点： 探索用身体的不同部位表现不同的泡泡。

活动目标：

1. 能够跟着音乐大胆地用肢体动作表现洗澡的过程和体验。

2. 探索用身体的不同部位表现不同的泡泡。

3. 感受洗澡的乐趣，养成爱清洁的好习惯。

活动准备：

物质准备：音乐《我爱洗澡》、泡泡枪。

经验准备：幼儿有自己在家洗澡的经历。

活动过程：

1. 导入活动。

跟随《我爱洗澡》音乐伴奏入场，调动幼儿游戏的愉悦情绪。

2. 基本活动。

（1）幼儿自由展示让自己变干净的动作。

教师：你们在家是怎么让自己变干净的呢？我们一起听着音乐，让你的好朋友来看一看你是怎么让自己变干净的吧！

幼儿自由表现，教师观察幼儿的动作。

（2）分享。

教师：你刚刚让自己哪里变干净了呢？还有其他方法让自己的头（胳膊、手……）变干净吗？

（3）幼儿探索用不同的动作表现不同的泡泡。

教师：你们在家洗澡的时候还发现了什么呢？你看到的泡泡是什么样子的？（幼儿进行表现）

教师：小朋友们洗澡的时候会有这么多的泡泡，今天泡泡真的来了，要跟小朋友一起做游戏啦！（泡泡和音乐同时出现，幼儿与泡泡游戏，引导幼儿发现泡泡会落在身体的不同地方）

教师：刚才你们跟泡泡玩得好开心呀！洗澡时泡泡可以让我们整个身体都变干净了呢。现在让我们一起跟着好听的音乐把这些泡泡都冲走吧。（完整播放音乐）

（4）教师进行小结。

教师：孩子们，你们用有趣的动作展示了一支优美的舞蹈，真是太棒了。我们可以在表演区用这些有趣的动作来表演舞蹈，也可以展示给爸爸妈妈看。

3. 结束部分。

教师：我们再把这些有趣的动作展示一下吧。

分析反思：　小班幼儿喜欢模仿，利用这一年龄特点开展活动，调动幼儿的已有经验，回顾洗澡的各种动作，丰富同伴的经验，借助同伴间的模仿进行相互学习。在整个活动过程中，幼儿非常认真与专注，并且利用自己的经验创造出非常有趣的舞蹈动作。

主题活动反思

主题活动源于幼儿的发现。在活动中，教师遵循幼儿学习的特点，将清洁用具、用品投放到活动区，让幼儿能够真正亲身体验。同时班级将废旧的清洁工具进行消毒再利用，培养幼儿的节约意识，让幼儿对这些工具有更多的功能体验。本次主题活动不仅完成了培养良好卫生习惯的目标，而且丰富了幼儿过渡环节的内容。

在主题活动中，充分体现自主探究的课程理念，结合课程实施的三大路径，给予幼儿充足的材料进行探索，挖掘课程中隐藏的培养目标，如爱护班级环境、珍惜他人劳动成果等。在主题活动中，孩子们对如何让自己更干净、如何让环境更美丽有了初步的了解。通过家园共育的方式，使良好的卫生习惯得到巩固，同时，通过清洁家中环境，幼儿更加有主人翁意识。现在，幼儿在幼儿园能够主动把饭吃干净，过渡环节看到地上的小垃圾能够主动捡起来。

（教师：张颖、谭玉嵩）

主题三　我升中班了

适宜年龄

4～5 岁

资源利用

本主题的开展来源于升中班这件儿童成长过程中的真实经历。幼儿由小班升入中班，从幼儿园的一层走到二层，在园内的生活、游戏环境都发生了改变，同时，幼儿的身高体重和心理感受也都发生了改变。在主题活动的开展中，教师注重挖掘幼儿生活中的资源，协同家长在线上共同开展"升中班""筷子挑战赛""值日生"等多种活动，帮助幼儿形成积极的自我认知。

不知不觉中，成长悄然而至，小六班的小朋友要成为中六班的哥哥姐姐了。班级幼儿在小班一学年中既有自理能力、社会性等多方面的成长，又有在疫情背景下的两个月的居家活动。对于再次回到幼儿园的他们，升班既有欣喜，又有挑战。结合幼儿的新变化、新适应、新成长，班级开展"我升中班了"的主题活动，帮助幼儿完成对中班的适应。

主题总目标

1. 发现、适应中班环境与生活的变化，在活动中增强自信心。
2. 能够积极表达自己对新变化的发现与思考。
3. 萌发初步的责任意识，并尝试体验自我服务和为集体服务的快乐。
4. 在中班游戏中形成初步的计划能力，并且探索实施计划的方式。
5. 能用简单的图画记录自己的活动过程，利用图画、符号等表征方式表达自己的感受。

主题网络图

```
        小六班—中六班                    我的小烦恼
        ——我的新变化                     ——小朋友们怎么了
        ——我的新本领                     ——绘本《不要告状，除非是大事》
        ——我们的新班级

我升中班了

        ——开始用筷子了                   ——值日生能做什么
        ——筷子挑战赛                     ——值日大转盘

        筷子挑战赛                        怎么当值日生
```

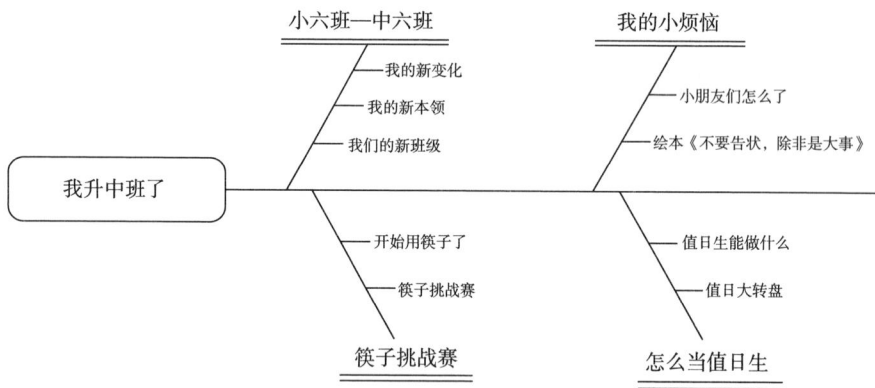

活动一：小六班—中六班

（一）生活活动

目标： 1. 能积极感受班级环境的变化，乐于用语言表达自己的观察、发现。

2. 愿意与同伴、教师积极互动，共同建设班级环境。

探究点： 能尽快与班级环境、同伴、教师建立亲近的关系。

过程： 愉快的暑假结束了，9月1日，孩子们怀着欣喜的心情回到了喜爱的幼儿园，从一层的小六班来到了中六班。进入班级内，每位小朋友既兴奋又好奇，开始探寻这个全新的班级环境：衣帽柜上贴的是姓名贴，水杯格上多了一个牙刷杯，班级环境从温馨的粉色变成了清新的绿色。在中班生活后又发现了生活中的变化：回到班级需要爬楼梯了，吃饭要用筷子了，午餐后要刷牙了。在一起聊天时，还发现了小朋友之间的变化，祎祎和安歆聊天时说："我比小班高啦！"活动区游戏时，嘟嘟说："看，我都会坚持挑战新玩具了！"

在随后的过渡活动中，教师组织幼儿说一说"从小六班到中六班，你发现了哪些新变化？"孩子们七嘴八舌地说着自己的想法。老师在孩子们讨论时，利用简笔画的形式在白板上进行随记、梳理，发现小朋友们感受到的变化主要是在环境、自身、游戏这三个范畴内。

分析反思： 孩子们通过观察、比较，大胆地表达自己看到的东西，对比了跟原来班级的不同，表露出自己对新环境的喜爱。在一天天的适应中，慢慢地熟悉新的环境。

（二）区域活动

交往区

目标： 1. 在自由、自主的班级环境氛围中，尝试设计、布置交往区的游戏规则、环境。

2. 愿意积极地发表自己对班级区域游戏的看法。

探究点： 发挥自主性，师幼共创角色游戏的规则、区域布局。

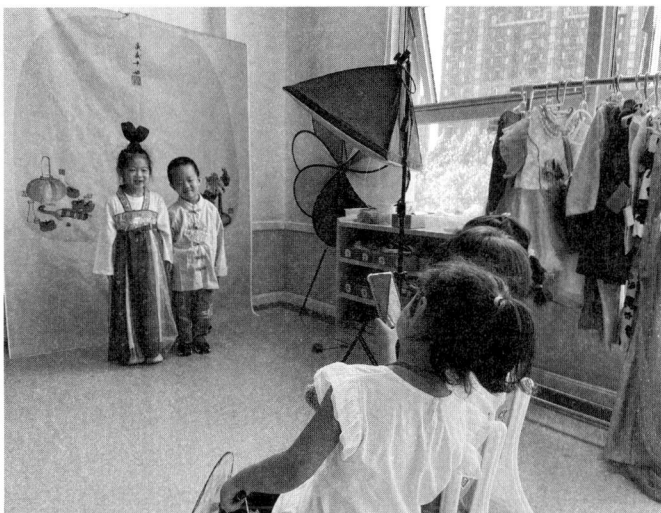

过程： 进入中班，班级设置了新的交往区——照相馆，孩子们对里面的服装、道具很感兴趣，但是怎样布置、摆放这些材料呢？在幼儿在区域内尝试游戏几天、熟悉照相馆的基本流程后，教师与幼儿共同讨论："现在的照相馆，怎么调整可以让游戏更方便、更有趣？"兜兜说："我在拍照的时候，总有穿衣服的顾客挡着我。"睿睿说："男孩子的衣服不多。"汤圆说："小顾客穿衣服只能站着穿，不方便。"孩子们的表达指向了表演区内换衣区与拍摄区位置过于接近和男生的拍照服饰较少两种情况，于是我们决定调整布局。针对照相馆原有材料不太吸引男孩客人的情况，增设男孩子的服装、道具等。同时与幼儿共同梳理经验：照相馆里都有谁？照相馆里的人员如何工作、消费？支持幼儿理解角色区游戏的部分规则，如要扮演的角色、游戏中的职责、游戏的基本规则（用代币游戏）。

孩子们在早餐过后的选区过程中，经常说"要去照相那里玩"，新的问题又来了，照相馆叫什么名字好呢？小朋友们纷纷参与讨论，兜兜说："叫爱莎照相馆吧！"大果果不认同地摇摇头，说："男孩子不喜欢，叫奥特曼照相馆吧！"当男孩女孩争论的声音越来越大时，芒果说："得叫大家都喜欢的名字！"嘟嘟说："都用雏鹰币照相（园徽为一只昂扬向上的小雏鹰，班级的游戏代币也选用该形象），就叫雏鹰照相馆吧。"这下小朋友们都表示认同，雏鹰照相馆的名字就此诞生啦！

分析反思： 进入中班后，随着能力的不断提高，部分幼儿开始有了自己解决问题的意识。雏鹰照相馆开设初期，面临着区域环境和布局需要创设、更改，照相馆名字需要确定，游戏角色、规则需要确定等多种游戏、交往、活动的冲突点与任务点。教师抓住这种"混乱"，将更多班级活动的权利放手给幼儿，鼓励幼儿在交往中学会关注他人的想法，学会互相进行简单协商；尝试发现游戏中的问题，并自主解决。

（三）集体活动

活动名称：我的新班级（综合领域）

探究点： 感知自己长大了，体验成长的快乐。

活动目标：

1. 知道自己长大了，应在各方面给小班的弟弟妹妹做出榜样，每件事要做得更好。

2. 体会作为中班小朋友的自豪感。

3. 增强守纪律、有礼貌、爱劳动的意识。

活动准备：

物质准备：小班幼儿活动的图片。

经验准备：有意识地带幼儿去观察小班幼儿的一些有代表性的行为，让幼儿意识到自己和小班幼儿是不一样的。

活动过程：

1. 开始部分。

参观完小班后，让幼儿通过回忆自己看到的，感知到自己的变化。

教师：小班的弟弟妹妹和我们有什么不一样呢？你看到的弟弟妹妹是什么样子的？

小结：小班有的弟弟、妹妹上幼儿园时会哭，我们现在上幼儿园不会哭了，还能够不要爸爸妈妈陪就能活动了。小班有的弟弟、妹妹不会系鞋带，我们已经学会很多的本领。让幼儿意识到这些变化都是因为自己长大了。

2. 基本部分。

引导幼儿讨论如何做中班的小朋友。

（1）让幼儿展开"大带小"活动的情景。引导幼儿讨论自己应该怎样关心小班的弟弟妹妹。

教师：我们在小班的时候，中班的哥哥姐姐是怎样对我们的呀？现在你们也成了中班的哥哥姐姐，应该怎样关心小班的弟弟妹妹呢？和小班的弟弟妹妹做游戏时要怎样做呢？

（2）引导幼儿思考、讨论，让幼儿知道自己升入中班了，应比以前表现得更好、更能干。

教师：我们现在已经会做什么了呢？我们怎样做呢？

（3）教师引导幼儿从守纪律、有礼貌、爱劳动、爱学习等方面对自己提出要求。

3. 结束部分。

教师：大家已经长大了，不再是幼儿园中最小的弟弟妹妹了，而是小班弟弟妹妹的哥哥姐姐了，所以要给小班弟弟妹妹做好榜样，认真学本领，每件事都要比以前做得更好，做一名合格的中班小朋友。

（四）家园共育

目标：　1. 通过介绍活动，与家长形成合力，共同推动主题活动的开展。

　　　　2. 通过主题活动，帮助家长理解幼儿的学习方式与特点。

过程：　孩子们每天都欣喜地来到中六班生活、游戏，慢慢地熟悉着中班生活。班级教师为了建立更和谐的师幼关系，开展了"幸运箱"的抽奖活动，孩子们既可能抽到贴画等物质奖励，也可能抽到与老师抱抱、合照的精神奖励，还可能抽到当一次排头的奖励。开学后的第一周，小朋友们纷纷拿着幸运卡与老师们兑换礼物，迅速拉近了开学初的师幼关系。

分析反思：　从小班升入中班，部分幼儿较容易产生焦虑情绪，教师利用"幸运箱"的活动形式，设计了具有仪式感、迅速拉近师幼距离的"兑奖活动"。幼儿在离园环节开心地将"幸运卡片"带回家，回到家后与父母共同解读幸运卡片能兑换什么礼物，第二天来园时又兴致勃勃地从家中出发。这样的互动不仅缓解了幼儿刚升入新班级的焦虑情绪，而且迅速拉近了家园之间的距离。

活动二：　筷子挑战赛

（一）生活活动

目标：　1. 在班级活动及教师的鼓励下，树立使用好筷子的自信心。

　　　　2. 在应对困难和挑战时，愿意多次尝试，坚持进步。

探究点：　在活动中产生愿意学用筷子的内在动力。

过程：　幼儿开学一周了，在早餐、午餐环节都使用了筷子。教师通过观察，分析了班级幼儿筷子使用不畅的原因：接触少、手部肌肉力量弱。针对班级幼儿使用筷子的情况，我们开展了升班大挑战的活动"筷子挑战赛"。第一期的筷子挑战赛由班级教师组织一比一对战：两位小朋友相互挑选对手比赛，用筷子夹大圆绒球。孩子们参赛的热情很高涨，兜兜自然地说出："这一次我没有赢，下次我一定可以！"赛后，我们与幼儿一起讨论了还可以怎么比，还能夹什么，孩子踊跃地说："人多一点比，这次两个人比，下次可以三个人比。"孩子们在班级内寻找物品，没一会儿就找到魔法玉米、玻璃珠、小圆球、小绒球、水彩笔盖等可以比赛用的物品。孩子们都很期待下一次的比赛。

分析反思：　中班幼儿在升班初期的适应重点是如何使用好筷子完成进餐，虽然班级教师在假期中也在群内进行了温馨提示，开学后也组织了集体活动，但是回到班级的进餐环节，我们发现班级中 70% 的幼儿在使用筷子上是有方法问题的。那如何在园内激发幼儿用好筷子，把使用筷子的问题在幼儿园内解决呢？教师利用活动、游戏真正地激发幼儿"用好筷子"的内驱力，帮助中班幼儿度过使用筷子的适应期。

（二）区域活动

益智区

目标：　1. 在游戏中锻炼手眼协调能力，提高精细动作水平。

　　　　2. 能自己选择探索内容进行游戏活动。

探究点：　激发兴趣，利用筷子进行游戏。

过程：　在上周的益智区游戏活动中，班级内投放了筷子游戏材料（筷子、圆球、画有小动物嘴巴的纸盒），但选择筷子进行益智区游戏的小朋友少之又少，即便是选择了，没玩一会儿，也会将玩具送回。怎么提高幼儿在区域内利用筷子游戏的兴趣，帮助幼儿练习使用筷子呢？班级教师在班级中调整了材料，增加了以下筷子游戏：（1）丰富原有喂食小动物的筷子游戏，利用多宝阁玩具筐，投放多种形状、材质的可夹的"食物"，如薯条（吸管）、面条（长纸条）、蔬菜丁（魔法玉米）、大芸豆、爆米花（纸球）等。（2）将班级原有的棋类游戏改造为"筷子棋"，丰富规则：两个小朋友猜拳，获胜者先掷骰子，掷到几就用筷子夹几颗棋子，放在自己一侧的棋盘上。两个小朋友轮流进行，直到其中一个人的棋盘摆满，游戏结束，摆满者获胜。（3）水上夹夹乐，把两种颜色不一样、数量一样的短吸管放在一个装有水的"缸"里，两个小朋友用筷子从"缸"中夹出不同颜色的吸管，先夹完的小朋友获胜。

今天的活动区时间，浚浚和添硕就选择了水上夹夹乐游戏。两位小朋友拿着"小水缸"到盥洗室接了一缸底水，将紫、绿两色吸管倒入其中，一人一双筷子便开始夹了。开始几下，浚浚都瞄准自己的紫色吸管夹，但是因为吸管漂浮在水中，都失手了。这时，要夹绿色吸管的添硕成功了，兴奋地告诉浚浚："可以夹角落里的，好夹！"接下来的游戏中，两人有说有笑地夹完了水缸里所有漂浮的吸管。

分析反思：　活动区域内利用筷子玩游戏，能帮助刚升入中班幼儿提升使用筷子的技巧，但却经常出现幼儿缺乏游戏兴趣的情况。为了提升幼儿游戏的兴趣，教师将班级原有的游戏进行调整，投放多种材料，鼓励不同水平的小朋友都能参与其中。幼儿在游戏过程中自主选择、准备游戏材料，同伴之间在轻松的互动下持续地利用筷子游戏，达到了较好的练习使用筷子的效果。

（三）集体活动

活动名称：筷子挑战赛（科学领域）

探究点： 通过摸、看、玩感知筷子的特性、用途和特点。

活动目标：

1. 通过摸、看、玩，了解筷子是用哪些材料制成的，以及筷子的用途和特点。

2. 发挥想象力，用筷子创造各种图形或情境。

3. 练习使用筷子夹物品。

活动准备：

物质准备：各种样式及色彩的筷子数十双、用盘子装好的混在一起的花生和豆类。

经验准备：暑期有学用筷子的经历。

活动过程：

1. 开始部分。

教师：小朋友，我们吃饭的时候都会用到什么餐具？（勺子、筷子、叉子）现在我们在幼儿园用勺子吃饭，可是我们长大以后，就要用到筷子了，你们想不想用筷子夹到好吃的东西呢？今天老师就跟小朋友一起来跟筷子兄弟做游戏，好吗？

2. 基本部分。

（1）教师出示各种不同材质和不同花色的筷子，请小朋友来看一看、摸一摸，并观察筷子都是用什么材质做成的。

（2）请幼儿讨论筷子都有哪些作用，出示课件（用筷子摆出的各种好看的图形）请幼儿欣赏。

教师：你们知道吗？筷子除了可以用来吃东西，还能创造出各种好看的图形呢。

（3）幼儿分成小组，利用桌子上的不同筷子尝试摆出各种不同的图形，并请各组派出一名代表说一说他们小组摆的是什么图形。

（4）教师教幼儿正确使用筷子的方法：手捏在筷子的中下方，不能太低或太高，两根筷子不能分得太远，中指与大拇指碰头，其他手指做辅助。

3. 结束部分。

游戏：分一分。

教师：小朋友们都知道如何正确使用筷子了，那我们来玩个游戏，请小朋友帮助老师把这些混在一起的花生和豆子分开，放进旁边准备好的小碗中。

教师讲解游戏规则，幼儿以小组的形式把混在一起的花生和豆子分别夹出来，放在旁边的小碗中，教师计时，在规定的时间内夹的最多的一组胜出。

4. 活动延伸。

请小朋友回家找一找厨房中的各种餐具并记录下来。

(四) 家园共育

目标：　通过分享班级开展的"筷子活动"，帮助家长直观地了解幼儿园的生活课程组织方式，引导家长在家中鼓励幼儿利用筷子进餐。

过程：　将班级开展筷子挑战赛的初衷与教育意义分享给家长，同时利用视频、照片分享幼儿在班级内参与挑战赛、筷子区域游戏的活动情况，鼓励幼儿在家也用好筷子。

分析反思：　在中班开学初的家长工作中，教师常常会嘱托家长回家多让孩子用筷子。但反思后发现，幼儿使用筷子的水平在短时间难以真正进步，在家中也容易因不愿使用而引发家长更多的说教。一日生活皆课程，幼儿是在玩中学，玩中进步的。当班级的活动真正触动、激发幼儿想使用筷子的意愿时，技能自然会有所提升，家长也会在活动分享中感受到幼儿园生活教育的智慧与魅力。

活动三：我的小烦恼

(一) 生活活动

目标：　1. 在班级生活中，经常保持积极愉快的情绪。

　　　　2. 在生活、游戏中遇到困难、争执时，能在教师、同伴的鼓励下及时平复情绪。

探究点：　在社会活动中关注自己的情感，形成积极、乐观的态度。

过程：　九月的第三周，孩子们的入园适应基本完成，对班级活动的胜任感增强，但是社会交往中，经常出现争抢、告状或遇到问题用哭的方法来解决的情况。围绕中班幼儿容易发生冲突、相互告状的情况，我们引入了绘本《不要告状 除非是大事》，孩子们理解了班级的规则"每个人都有权利在中六班感到开心、快乐，但前提是管好自己的手""要关心别人，但不插手不该管的事情""发生问题时，要先和对方试着解决"等，意在通过社会性活动的开展，支持幼儿慢慢去自我中心化，逐渐欣赏到他人的"闪光点"。

对于部分遇到问题容易哭的幼儿，我们在班级内讨论"你什么时候想要哭"。教师通过绘本《哭吧，不是错》支持幼儿理解哭是表达情绪的一种方式，是每个人的权利，但是用嘴巴说出来更容易解决问题。

社会性活动的开展是要引发幼儿形成逐渐向上的内驱力，于是班级将彩虹色的啪啪环设置在主题墙低矮处，供幼儿形成内在激励，如书瑶戴上啪啪环，说："我今天一天心情都很好。"世瑞说："我今天不是最后吃完饭的。"就这样，孩子们都愿意在每天来园前与班级教师说说自己的进步，形成了一种支持幼儿社会性发展的良好氛围。

分析反思：一个主题活动螺旋上升的过程就是不停地与人、事、物各种资源发生互动的过程。教师应该较好地把握时机，与幼儿产生情感共鸣，构建主题活动。在升班初期，幼儿渴望交往又缺乏交往方法，所以我们通过个体关注、社会性绘本共读、情景讨论、环境互动等多种方法与幼儿产生良性互动。

（二）区域活动

图书区

目标：1. 在前阅读与前书写的游戏中，丰富关于情绪的认知。

2. 喜欢与同伴交流，表达自己的感受。

探究点：能利用绘本形象，了解愤怒、伤心、担心等较为抽象的情绪。

过程：在班级的图书区内，投放家长收集的《我的感觉》《我的情绪小怪兽》《生气汤》《杰瑞的冷静太空》《我的大喊大叫的一天》《生气王子》《小情绪大情感》《菲菲生气了》《我变成喷火龙了》《哭了》等绘本，整理出情绪图书专柜。同时结合绘本《情绪小怪兽》，在图书区设置“我的心情书”，支持幼儿涂涂画画，利用颜色、线条画的形式记录心情。

分析反思：在社会活动中，优质的绘本能帮助幼儿直观形象地感受到什么是情绪、不同情绪有什么表现。情绪教育的起点是认识情绪，图书区的阅读活动、记录活动能帮助幼儿认识、感知自己的情绪。

照相馆

目标：1. 在交往游戏中发现问题并尝试解决。

2. 在游戏中遇到分歧时，能尝试利用沟通的方法解决。

探究点：在交往区内，能通过沟通的方式解决游戏的分歧。

过程：早饭环节后，芒果、汤圆与另外两位小朋友选择了照相馆游戏。芒果选择了化妆师的角色，来到了梳妆台附近；汤圆选择了收银员的角色，也站在收银台前摆弄、翻看着记录单。区域游戏开始了十几分钟后，照相馆里传出了大声交流的声音：“不是，收银员不能穿裙子！得让客人穿！”循声而去，原来是芒果正在和汤圆僵持着。只见芒果双手打开，站在正要从衣架上取下爱莎公主裙子的汤圆前。另一侧的汤圆也噘着小嘴，“哼”的一声扭过头去。芒果先发制人：“刘老师，汤圆要穿爱莎裙子拍照，我说了几次她就是不听！”这时摄影师天睿也说：“对！裙子是给客人穿的，收银员是收雏鹰币的！”

听到另一位游戏伙伴也在质疑自己，汤圆的眉头皱得更深了，仍然不出声音，扭着头。芒果伸出手拉住汤圆的手腕，语气和缓地跟汤圆说："我们可以邀请客人来照相，等他们来了，咱们给她们拍就行！"汤圆转过头对芒果说："没有客人，我也想拍！"这时旁边的天睿说："那你有钱吗？你得交钱（雏鹰币）。"汤圆点点头，来到自己的代币盒内拿出了自己的雏鹰币，放在了照相馆的口袋里，然后穿上了爱莎裙子开始拍摄。

分析反思：　本次游戏中，三位幼儿的交往冲突在于幼儿对既定的照相馆规则与幼儿萌发的照相意图如何平衡，即照相馆的工作人员可以拍照吗？找相关的工作人员拍照片用不用交代币？汤圆的游戏玩法引起了照相馆的小风波，但三位幼儿自己尝试解决冲突，自我认知得到调节，社会性均有发展。教师在"等一等"中发现了三位幼儿的游戏闪光点。这也启示教师，角色区的游戏，幼儿发展的不是"按照剧本进行游戏"，而是要不断发现问题、解决问题。这需要教师不但要帮助幼儿丰富经验与材料，更要鼓励幼儿的多元互动，给予幼儿更多自主的空间。

（三）集体活动

活动1：不要告状，除非是大事（语言领域）

探究点：　利用绘本故事，了解不同类型的告状，鼓励幼儿自己化解矛盾，解决问题。

活动目标：

1. 借助绘本，在讨论分析中了解需要告状的"大事"，遇到"小事"时代替告状的方法。

2. 积极参与活动，大胆表达自己的想法，掌握独立解决问题的能力，养成宽容的品格。

活动准备：

物质准备：PPT、绘画纸、记号笔、教师简笔画。

经验准备：幼儿在处理同伴间的矛盾方面有一定的经验。

活动过程：

1. 开始部分。

教师：今天我们一起来讲个故事，在讲故事之前，老师想问一问，谁能告诉大家什么是告状？

幼儿交流自己的想法。

教师小结：告状就是把别人做得不太好的事情，或者你不太喜欢的事情，告诉老师或者爸爸妈妈。

2. 基本部分：分享绘本故事。

（1）出示图片一，请幼儿仔细观察图片，回答问题。

教师：瞧，动物幼儿园里发生了什么事？

原来麦太太的班级里有 19 个孩子，是 19 名爱告状的孩子。发生了那么多不太好的事，接下来这 19 个孩子会做什么事情呢？

（2）出示图片二并讨论。

教师：瞧，首先是西西、文文和梅梅，他们分别跑到麦太太面前来告状，它们分别为什么事来告状呢？谁观察到了？

教师：小朋友们观察得很仔细，文文来到麦太太面前告状："小花抢了我的蜡笔，我已经说了 2 次，都没有还给我。"如果是你们，会怎么做？

幼儿表达自己的想法。

教师：你们看，这时候梅梅也来告状了，说大克给小克起绰号了，猜一猜麦太太会怎么说？其实，麦太太是想让他们班的孩子，就像我们班的小朋友一样，遇到事情能够尝试自己解决。

（教师利用绘本故事，在分享交流过程中，通过提问"如果是你，你会怎么做"引导幼儿想办法解决问题。经过本环节，幼儿已经意识到遇到问题首先要自己想办法解决了）

（3）出示图片三、图片四。

教师：她们班级所有的孩子都挤到麦太太面前，要干什么呀？

教师：都去告状，如果你是麦太太，会有什么样的感受？

教师：麦太太觉得，很有必要制定一条新的班规，孩子们，麦太太制定了什么新班规？（不要告状，除非是大事）

（4）出示图片五，了解词语"大事"。

教师：哪些事情是大事呢？

①幼儿分组讨论并记录（计时 3 分钟）。

教师：我们五个小朋友为一组，把你们认为的大事用图画的方式记录在纸上，等会儿每组请个小代表和我们一起分享。

②分享交流。

本环节是活动的主体部分，通过班规"不要告状，除非是大事"的出现，教师利用计时、幼儿协商选出小代表的方法，培养幼儿的时间观念和分工合作的意识。这一环节，幼儿很好地记录出他们认为的大事并选出分享人，为幼儿知道小事要自己解决奠定了基础。

（5）出示图片六。

教师：麦太太说，出血、受伤、破坏公共财产是大事，需要告诉老师或爸爸妈妈。

（6）出示图片七，了解词语"小事"。

教师：可是有大事就有小事，除了这些大事，其他的都是一些小事。那遇到小事时，你有什么方法可以代替告状呢？

①幼儿绘画记录（计时3分钟）。

教师：现在请你们把代替告状的方法记录在纸上，等会儿和我们分享，同样给你们三分钟时间。

②幼儿分享交流。

③教师总结代替告状的方法（出示记录纸）。

教师：刚才你们在想办法的同时，老师也想了很多办法，有些方法和你们一样。

（冷静、沟通、说出自己的感受、拿别的玩具代替、远离）

（7）出示图片八、图片九。

教师：我们一起想出了这么多代替告状的好办法，那我们以后遇到小事，还会去告状吗？

教师：我们来看看麦太太他们班的孩子，有没有学会这些代替告状的好方法。这天下午，麦太太他们班的小凯又跑到麦太太的面前告状，说"珍妮一直在玩秋千，不让我玩"，你们知道怎么解决吗？

幼儿说一说自己的想法。

教师：到底发生了什么事？我们一起完整地看一看这个故事。

3. 结束部分。

教师：故事说完了，你们觉得麦太太班的新班规怎么样呢？如果你们现在还做不到的话没有关系，我们可以像麦太太班的孩子一样，从现在开始练习。

活动2：我的那些小情绪（语言领域）

活动目标：

1. 通过观察画面，理解颜色与情绪之间的联系。

2. 在谈话活动中能用词汇、短句清晰地表达自己的情绪。

3. 知道每个人都有不同的情绪，能说出调节情绪的好办法。

活动准备：

物质准备：绘本故事PPT。

经验准备：了解如何表达各种情绪。

活动过程：

1. 开始部分。

出示绘本，让幼儿观察、猜测故事主人公，引出故事名字。

通过设疑—观察—猜测，引导幼儿仔细观察理解画面内容，用较完整的话大胆表达自己的想法。

（1）教师：这是什么？你们看这只小怪兽和封面上的有什么不一样？（引

导幼儿观察发现并说出：颜色不一样）

（2）小姑娘和小怪兽是什么关系？她要带小怪兽去做什么？

（3）幼儿看图猜测各种不同颜色的圆圆的东西是什么。

小结：原来，它们都是小怪兽的情绪——有快乐、伤心、生气，全都混在一起，所以会觉得很乱。

2. 基本部分：观察画面，表达情绪。

（1）分别出示不同颜色的画面，通过观察，运用已有经验进行表达与表现，理解颜色与情绪之间的联系，能用词汇、短句清晰地表达自己的情绪。

教师：你看到了什么？看到黄色你有什么感觉？（黄色就是快乐的颜色）

你快乐的时候会做什么？（提示幼儿说完整的话）

教师：（蓝色）伤心的时候你会做什么？有什么好办法让自己不伤心呢？（想想高兴的事、听音乐、找朋友诉说等）

教师：下一页会是什么颜色呢？（设疑激发幼儿兴趣）（红色）生气的时候你会做什么？有什么办法能让自己不生气呢？（找个角落大声喊叫、转移注意力、哭一哭等）

教师：情绪没有好坏对错之分，我们要学会接纳自己和别人不同的情绪。不同的情绪会产生不同的后果，所以我们要学会调节自己的情绪，也要帮助同伴调节他的情绪。

教师：（黑色）害怕的时候你会做什么？有什么办法让自己不害怕呢？（和家人待在一起、自我暗示等）

教师：（绿色）没有风的时候，树在那里是不动的，当微风吹来的时候，它轻轻地摇摆。绿色代表平静、很舒服，我们一起来深呼吸，慢慢吐气，放松下来感受平静。

（2）在游戏中体验情绪的不同变化，并用完整的话表达。

教师：看，这么多的情绪都被我们整理好了，接下来我们来玩"我说，你变"的游戏。

两遍游戏后，以平静结尾，让幼儿安静下来。

3. 结束部分：联系实际，用自己的方式表达爱。

教师：哇！这个小怪兽怎么看起来不一样了呢？（粉红色）那粉色又代表什么呢？（爱）我们应该怎样表达爱呢？（拥抱、握手、说甜甜的话等）现在用你的方式向你的好朋友以及老师表达你的爱，记着说一句好听的话哦！

活动四：怎么当值日生

（一）生活活动

目标： 1. 能积极发现班级活动中的问题，在讨论和制订规则的过程中完善班级活动。

　　　　2. 感受独立做事、为班级服务的快乐。

探究点： 通过共同讨论解决班级"没人做值日"的问题。

过程： 升入中班后，班级设置了值日生的生活自理环节，虽然教师在初期设置了值日分组，知会了班级家长，但却总是出现早饭前没人搬椅子，水壶、餐巾忘了发等情况。这样的问题成为班级里的大事。怎么解决没人做、不爱做值日的问题？当教师把问题抛给孩子们时，他们的想法丰富有趣："没人提醒我，我就忘了""我们好几个人是值日生，我以为他们做了""我不知道值日生能做什么"。怎么解决呢？孩子们说可以像在课外班时贴上自己的标识。于是教师收集幼儿关于"值日生要做什么"的表征作品，将其变成了值日挂牌，每天，小小值日生们都早早来园，挂上值日牌，仪式感满满地开始了一天的值日。孩子们的值日热情有了，但却经常出现热门职位抢手的问题，比如端菜是孩子们都想参与的活动，让谁做呢？在讨论过后，另一个环创——值日大转盘应运而生。孩子们利用"转盘转转转"的方法决定各自的值日内容，既公平解决了孩子们的问题，又增强了班级值日的趣味性。

分析反思： 在劳动系列活动的开展中，往往有一些共性问题具备探究、

"做中学"、多种方式解决问题的价值，能激发幼儿发挥内驱力去解决自己遇到的问题。教师要拓展问题视角，关注劳动活动中的"可变"因素，让劳动成为幼儿自己的事情。同时，值日生板块的设计增加了墙饰与幼儿的互动，巧妙地解决了中班幼儿现阶段的社会交往问题。

（二）区域活动

美工区

目标：　1. 利用刷色、绘画、粘贴等方式制作、装饰值日转盘。

　　　　　2. 尝试利用扭扭棒、羊角钉、吸管等材料让值日转盘转起来。

探究点：　探索连接工具，尝试让值日转盘转起来。

过程：　在教师和幼儿确定了要设计、制作值日大转盘，帮助小朋友们选择值日角色后，美工区就开展了制作转盘的活动。小朋友们讨论、绘画值日分工，装饰教师裁好的圆形转盘。同时尝试利用扭扭棒、羊角钉等班级美工区材料让转盘转起来。

分析反思：　幼儿前期发现了班级值日时的小问题，在每个区内尝试自己创设环境，解决班级问题，体现了幼儿的自主性。让转盘转起来的探究活动吸引幼儿不断探索如何连接指针与转盘，使指针既能转动又不脱落。

（三）集体活动

活动名称：小小值日生（社会领域）

探究点：　增强集体荣誉感，了解哪些是自己力所能及的事情。

活动目标：

1. 了解值日生的任务及要求，学做值日生。

2. 乐意为班级服务，体验大家一起做值日的乐趣。

活动准备：

物质准备：散乱的区角、自制值日生工作牌、一些劳动工具。

活动过程：

1. 开始部分：谈话导入，知道值日生很重要。

（1）引导幼儿观察区角。

教师：我们活动室的区角怎么了，为什么会发生这样的事情？

师幼小结：大家玩完区角游戏后，因为没有值日生收拾整理，所以我们的区角变得很脏、很乱。

（2）引导幼儿讨论：如果没有值日生，我们的活动室可能会变成什么样？

师幼小结：值日生能帮助老师打扫班级卫生和整理各种玩具，有了值日生的帮助，我们的活动区角才能整洁。

2. 基本部分：了解值日生的工作内容。

（1）教师：你们知道值日生每天都做什么工作吗？奇奇和欢欢也来一起做值日了，我们一起听听他们都做了哪些事情。

请幼儿打开画册，引导幼儿根据画面说一说后，教师朗诵儿歌，引导幼儿欣赏。

（2）引导幼儿讨论：除了奇奇和欢欢做的这些工作，值日生还可以帮老师做哪些劳动呢？

请幼儿分组说一说，总结幼儿的谈话。

师幼小结：帮老师擦玩具、帮小朋友叠衣服等。

3. 结束部分：我做值日生。

（1）擦桌子。

教师：谁会擦桌子？来试一试。

请一名幼儿示范，教师指导正确擦桌子的方法，引导其他幼儿一起学。

（2）整理玩具。

教师：谁能把这些玩具摆放到玩具橱里？

幼儿试着摆，教师指导幼儿关注注意事项。

（3）给花浇水。

教师：谁知道该怎么给花浇水？

请幼儿示范，教师指导，有的花喜欢多喝水，有的花喜欢少喝水。

（4）值日生很光荣。

①劳动结束后，教师引导幼儿休息，并让幼儿说说自己做了哪些工作，做得好不好。

②引导幼儿说说做值日的心情。

主题活动反思

本次主题内容来源于幼儿生活、成长过程中比较熟悉的事件——升中班，由此展开的持续探究和学习更容易激发幼儿的好奇心和求知欲，从而生成更多形式的学习活动，既满足不同兴趣和能力基础的幼儿享受个体探究、小组学习，又可以就共同关注和好奇的话题进行不同领域的集体学习，以促进整体发展。

在升入中班初期，班级注重通过"升班主题"去建立各种关系——良好的师幼关系、和谐的同伴关系、能互动的环境关系，引发幼儿不断从身边的寻常小事上关注自己的成长与进步，体会成长的快乐。同时班级教师重视在主题活动开展中与幼儿的情感互动，与幼儿一起建构活动。在师幼的互动中，我们常常将"爱"与"尊重"挂到嘴边,"看艾赫真有爱,帮助我们扶好了门""果果是会尊重别人的小朋友,在看到前一位小朋友和老师说话时,会在旁边等一等"。渐渐地,我们发现孩子经常抱抱老师,说一句"老师,抱抱""老师,我爱你!",小朋友们之间的交往也更加文明、有礼了。

同时,主题开展也注重问题意识与生活视角,从幼儿生活中的问题出发,通过问题讨论、经验支持、环境创设等多种方式支持幼儿自主解决问题。

(教师:刘运超、温新华)

主题四 我真的很不错

适宜年龄

4～5 岁

资源利用

本次主题活动的开展充分调动了幼儿的兴趣,以幼儿为中心展开一系列活动。教师通过对幼儿一日生活进行观察、发现、支持,和孩子们做他们想做的事,支持孩子们的想法。在主题探究活动中,孩子们了解自己,发现自己和他人的相同与不同等。

主题由来

升入中班后,经常听到孩子们这样的声音:"老师,我想要""老师,我认为""我可以……""看我的"。从心理发展特点上来看,中班幼儿的自我中心特征突出,但意志力明显增强,行为有了一定的目的性与组织性。这时正是幼儿自我意识形成与规则发展的最初阶段,通过主题活动鼓励幼儿认识自己的优点与缺点,了解与接纳真实的自己,增强自信。

主题总目标

1. 能围绕主题活动的话题进行讨论并大胆表达自己的想法。

2. 敢于尝试有一定难度的活动和任务。

3. 了解自己的优点与缺点,并尝试分析这些特点形成的原因,客观地认识自己,接纳自己与他人的不同。

4. 探究中能与他人合作与交流。

主题网络图

```
              我眼中的自己              特别的我
              ┌─────────              ┌─────────
                                          ├── 外貌不同
              ├── 我的优点               ├── 我们能做的事情不同
                                          ├── 我们的兴趣不同
              ├── 我的发现  努力方向
┌──────────┐
│ 我真的很不错 │─────────────────────────────────────
└──────────┘
              ├── 小朋友、老师眼中         ├── 我想要成为什么样的人
              ├── 爸爸妈妈眼中            ├── 绘本引导
              ├── 优点树                 ├── 说出自己的缺点接纳自己的缺点
              ─────────                ─────────
              别人眼中的自己              我可以
```

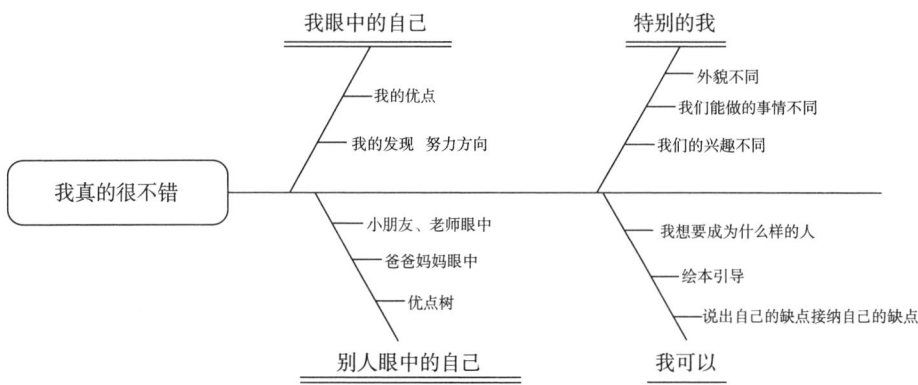

活动一： 我眼中的自己

（一）生活活动

目标：　1. 能够积极参与分享活动。

　　　　2. 在活动中幼儿能够用自己喜欢的方式进行记录。

探究点：　用较完整的语言表达自己的发现。

过程：　升入中班后，孩子们的语言能力快速发展，交往能力也越来越强。在交往中，孩子们的互动会以自我为中心，花花在户外双手拍球的时候说："这个我还没有学会，我不行。"针对孩子们在一日生活中对自己的判断，班级开展谈话活动，让幼儿发现自己的优点和需要努力的地方。在活动过后，孩子们以绘画的形式记录下来，设计一张属于自己的明信片。

分析反思：　在制作明信片的过程中，幼儿不仅初步认识了明信片，而且通过明信片中的信息对自己有更清晰的了解，例如我擅长的……，我喜欢的……，等等。作为教师，我们应为孩子们营造一个宽松的氛围，使孩子们可以通过多种途径了解自己。

（二）集体活动

活动名称：有趣的关节（科学领域）

活动目标：

1. 尝试发现身体各部位的关节，知道它们的名称和各自的作用。

2. 在活动中学会初步的记录方法。

活动准备：

物质准备：皮球、筐、关节活动小人、人体图一张、纸夹板、纸夹长臂、线绳、水彩笔若干。

经验准备：看过关于身体的书。

活动过程：

1. 开始部分。

出示皮球。

教师：皮球可以怎样玩？（拍球、滚球、踢球、投篮等）玩球时看看你身体的哪个部位动起来了？

2. 基本部分。

（1）幼儿分散尝试游戏。

教师：你刚才玩了什么？身体的哪个部位动起来了？

幼儿1：我发现我的手动起来了。

幼儿2：我的腿也在动。

教师：刚才玩的时候，小朋友的手、脚、腰、肩等部位动了起来，为什么我们身体的各个部位会这样灵活地运动呢？（是我们的关节在动）

（2）引导幼儿发现并认识关节。

教师：小朋友试着找一找，你身体还有哪个部位有关节？

在人体图上做标记，如腕关节、肘关节等。

教师：原来，我们身体许多部位都有关节，它们的部位不同，名称也不同。

3. 结束部分。

教师：接下来小朋友可以两两一组，进行同伴之间的找关节游戏吧！

分析反思：　本次集体活动来源于幼儿的区域游戏，孩子们在美工区的游戏中想要制作动起来的小人。教师发现了孩子们的兴趣，在观察中也发现了孩子们的探究点，并通过集体活动的方式支持幼儿，使孩子们在游戏中可以有效利用经验，让探究活动更加深入。

（三）家园共育

目标：　1. 通过介绍活动，与家长形成合力，共同推动主题活动的开展。

　　　　2. 通过主题活动，帮助家长理解幼儿的学习方式与特点。

过程：　通过微信向家长介绍幼儿在活动中的兴趣点及幼儿的学习方式与特点。家长利用休息时间在家中和孩子们开展同样的游戏活动，制作家庭明信片。

分析反思：　家长对活动非常支持，看到孩子们制作的明信片的内容，非常惊喜。家长及时与教师沟通，并且记录幼儿的惊喜与转变。

活动二： 别人眼中的自己

（一）生活活动

目标： 1. 愿意参与集体讨论活动。

2. 能及时表达自己的需要和想法。

探究点： 观察发现自己在他人眼中的样子。

过程： 在进行自我认可与初步自省的过程中，孩子们也开始对他人有了评价，并且讨论别人眼中的自己是什么样子的。还自由结对，用绘画的形式展示我眼中的好朋友形象。例如，孩子们对小朋友在各个方面的表现进行评价。在户外游戏中，萱萱说："我眼中的花花是一个跑得特别快的小朋友。""瑞瑞是一个跳得特别高的小朋友。"

分析反思： 孩子们慢慢地通过他人的评价了解自己，在探究的过程中，孩子们的发现范围越来越广，从两个好朋友之间到小组之间，再到全班小朋友。在了解中还提高了交往能力，孩子们开始想要走出班级，到其他班级的小朋友中了解自己。

（二）区域活动

表演区

目标： 1. 能够大胆表现自己，积极参与表演活动。

2. 能够分角色进行表演，初步能够根据角色的性格进行表演。

探究点： 能够通过自己的表情动作表达不一样的情感。

过程： 今天孩子们来到了表演区，准备表演故事《金色的房子》。孩子们非常喜欢故事中的小姑娘，轮流表演小姑娘的角色。在表演中，孩子们还能够表达出小姑娘的情绪特点，例如跺脚、叉腰、语调的变化。

分析反思： 幼儿在游戏中发现角色的情绪转变，能够用自己的方法进行大胆的表演。下一步教师可以将孩子们的表演录制下来，在过渡环节播放，激发幼儿互相学习，也可以直观看到自己的表现，从而增强自信心。

（三）集体活动

活动名称：我的好朋友（艺术领域）

探究点： 1. 幼儿在操作中选择适合的材料进行创作。

2. 通过仔细观察，发现好朋友的特点。

活动目标：

1. 在活动中体验成功的喜悦，增进同伴之间的情感交流。

2. 通过自己的观察，表现好朋友的特征。

3. 能够自主选择适合的材料进行制作。

活动准备：

物质准备：开放班级各个区域的材料。

经验准备：有过制作小人的经验。

活动过程：

1. 开始部分。

游戏引入：猜猜他是谁。

教师：这位小朋友有一双大眼睛、小鼻子、小嘴巴，嘴唇上还有一颗黑色的痣。

2. 基本部分。

（1）说说我的好朋友。

教师：孩子们，你们都有好朋友吗？现在请你来说一说你的好朋友，我们来猜一猜。谁想来试试呢？

（2）我来创作好朋友。

教师：那我们今天就来创作一个自己的好朋友，你想怎样做就怎样做。

幼儿1：我想画一个我的好朋友，她喜欢穿裙子，我给她画一个最漂亮的大裙子。

幼儿2：我喜欢捏泥，我来捏一个我的好朋友，做一个立体的小人。

3. 结束部分。

现在我们来展台看看都有哪些好朋友，快来一起猜一猜吧！

分析反思：　孩子们在操作中积极地寻找材料，在分享中愿意把自己的发现跟同伴去交流。

（四）家园共育

目标：　1. 家长参与主题活动，支持班级活动。

　　　　2. 通过家园活动，家长更加了解幼儿，增进亲子感情。

过程：　孩子们在班级中自主制作"爱心小卡片"，回家后邀请家长填写爸爸妈妈眼中的自己，班级教师在群内发送短消息，希望家长朋友们支持配合。之后孩子们将小卡片带回班，教师进行集体分享，幼儿将自己的小卡片张贴在"大树"上。

分析反思：　在活动中，孩子们听到爸爸妈妈对自己的评价，有的非常开心，有的感动地流下了泪水。我们在活动中感受到了孩子们的成长，下一步可以和孩子们一起开展聊天活动，讨论我想怎样做等。

活动三： 特别的我

（一）生活活动

目标： 1. 愿意交流分享自己的发现。

2. 能及时表达自己的需要和想法。

探究点： 能够从多角度发现自己与他人的不同。

过程： 经过小朋友对自己的认识，还有去了解别人眼中的自己，孩子们慢慢发现自己和别人是不同的，每个小朋友都有自己的"特别之处"。孩子们开始进行一系列探索，发现我们身体的不同、能做的事情不一样、兴趣不一样等。

分析反思： 孩子们从各方面认识自己，知道自己是区别于任何人的独特个体，树立了自信心，学会了自我肯定。

（二）区域活动

科学区

目标： 1. 能够自主选择材料进行测量。

2. 初步掌握测量方法。

探究点： 能够选择合适的材料、方法进行测量。

过程： 丹文今天选择了科学区，她的计划是用美工区的彩笔测量自己的身高。她先来到美工区，在柜子里拿了很多废旧的彩笔，然后将彩笔头尾连接。在接到第五根的时候，手里拿着的彩笔开始向一边倾斜，当丹文在想插上去的时候，笔全部散落在了桌子上。丹文连忙捡起了笔，然后又开始尝试。这次丹文每次连接的时候都使劲地按，在连接了大概有八根那么长的时候，丹文开始将笔向地面挪动，尝试和身高比对，她一只手拿着最上面的一根，另一只手拿着下面的，但是还没有着地，笔就从中间断开了。她站在那里看着笔，叫我："樊老师，我的笔总是断，怎么办？"我说："你连接的笔总是断，那你需要我怎样帮助你呢？"丹文拿起两根笔说："就是中间这里一点也不结实。"我看着她说："那中间不结实可以怎么办呢？"丹文对我说："樊老师，能给我一点胶钉吗？我把中间粘上。"我说："可以呀。"丹文拿到胶钉，撕下来一小块放在了笔的盖子上，然后使劲地按在了另外一支笔的后面，这样反复操作，丹文成功地连接了十四根笔。丹文把它小心翼翼地挪到了地上，在自己的身边进行测量，她一只手拿着上面，另一只手拿着中间部分，她想用下面的手去比对自己和笔的高度，但是手刚刚松开下面就弯曲了。于是她将笔放在科学区的空地处摆整齐，然后她躺在地上，侧着身子开始测量。

分析反思： 可以看出丹文对测量非常感兴趣，而且符合中班幼儿的年龄特点，进行非标准化的自然测量活动与尝试。在游戏中，丹文在制订计划后能一直坚持完成自己的计划，在测量身高时动手动脑探究问题，并且能自主选择测量工具彩笔，遇到问题也能够多次尝试，主动寻求教师的帮助。在最后的测量中，丹文有初步的空间位置变化的感知，因为彩笔立着没有办法进行准确测量，所以丹文对彩笔进行了空间位置的转变，将连接好的笔放在地上，自己也躺下测量，最后完成了对自己身高的测量。

美工区

目标： 1. 愿意参与到美工创造游戏中。
　　　 2. 能够想办法进行自画像，绘画出自己的特点。

探究点： 能够自主选择材料进行游戏。

过程： 今天开心来到了美工区，她给自己定的计划是画一个自己。她跟老师说："隗老师，能把墙上的画拿给我吗？"隗老师将美工区的欣赏画拿下来给了开心，开心微笑着接过，放在白纸的旁边，低下头迅速地在画纸上画了一个大圆，在圆里的上方画了两条弯弯曲曲的线……她抬起头笑了一下，然后在圆的下方三分之一的位置画了一个小点，在圆的最下方画了一条直线，在圆的最上方又添上了曲线作为头发。开心说："樊老师，你看这是我画的自己。"我俯身看她的画说："老师看你画得特别认真，哇！弯弯的嘴巴，还有曲线的头发。"我指着旁边的欣赏画说："你这个是照着这个画的吗？"开心说："我这个头发是照着这个画的，其他的不是。我画的是我自己。"她拿起笔说："樊老师我没画耳朵。"我说："是啊，你真的很仔细，老师都没有发现，耳朵很重要，不然听不见美妙的声音了。"开心抬头对我说："樊老师，我不会画耳朵。"我还没说话，开心说："老师，我能去照镜子吗？"我问："为什么要照镜子呢？"开心说："我妈妈带小花耳环的时候都是照镜子的，我去照一照耳朵长什么样子。"我摸摸她的耳朵说："开心真是一个会动脑筋想办法的小朋友，快去照一照吧。"开心去盥洗室照镜子，她走出来对我说："老师我不是长这个样子的。"她取了一张新的纸放在桌子上画了起来，不一会儿她一边收笔一边对我说："樊老师，你看这才是我。"她用手指着第二张说："这个和我刚才照镜子的样子一样，"她用手在脸上比画着，"这张丑丑的不是我，美美的才是我。"我俩开心地笑了起来。

分析反思：　在今天的游戏中，我始终以同伴的角色参与到开心的绘画中，我也在不断地调控自己的状态。当看到开心的画还缺少五官时，我并没有急切地去告诉或指导她添加，而是等一等，让开心自己去发现。当开心自己发现了问题并解决问题后，她拿着自己的两张自画像进行对比的过程，也将成为开心成功获得绘画经验的过程。

（三）集体活动

活动名称：我的名字（语言领域）

活动目标：

1. 初步了解姓名的含义，探索姓的由来。

2. 能在同伴面前大胆介绍自己。

活动准备：

物质准备：全班幼儿的姓名图。

经验准备：有大胆展示自己的经历。

活动过程：

1. 导入活动。

出示图片，感知姓名的有用。

教师：孩子们看，图片上有什么？有你的姓名吗？

2. 基本活动。

（1）邀请好朋友做游戏，体验姓名的意义。

教师：今天我们的游戏需要小朋友自己邀请同伴，第一次邀请可以说出朋友的姓名，第二次邀请只能说出姓名的一个字。谁想来试试？

（2）了解姓的由来，发现姓的传承。

3. 结束部分。

教师：今天回家后，小朋友可以调查一下自己姓名的由来，我们明天一起分享。

分析反思：　在活动中，幼儿感受到自己姓名的重要性，而且在游戏中也体验到了自己姓名的独特之处，教师在下次活动中可以带领幼儿继续探索姓名的来历。

主题活动反思

通过本次主题活动，孩子们从了解自己的外貌入手，描绘自己的样子，了解自己的身体之后，通过对自己优缺点的认识，了解与接纳真实的自己。最后，运用想象力与创造力，对自己进行再描述与再认识。在活动开展过程中，教师鼓励幼儿积极探索，通过认识自己变得更加自信、自主。

（教师：樊晨曦）

主题五　我们的图书节

适宜年龄

5～6岁

资源利用

本次主题活动利用了幼儿身边的节日"全民学习周"和幼儿在每日的新闻播报活动对书产生的兴趣，孩子们会一起分享书中有趣的故事。幼儿家中也有很多藏书，在家园活动中，家长为幼儿提供更丰富的图书进行分享。

主题由来

一年一度的"全民学习周"即将到来，幼儿每日新闻播报中也开始介绍图书，孩子们对图书产生了兴趣。《指南》中也提出，要专注地阅读图书，喜欢与他人一起谈论图书有关的内容，对图书和生活情境中的文字符号感兴趣。所以，班级开展本次主题活动。

主题总目标

1. 专注阅读，喜欢与他人一起谈论图书和故事有关的内容，并对图书感兴趣。
2. 能够有目的地制订计划，并在此过程中解决问题，梳理经验。
3. 在图书市场活动中，按计划布置现场，有成功感。
4. 有计划地与同伴、弟弟妹妹进行分享。
5. 能够用自己的方法开展买卖活动。

主题网络图

```
                  图书节畅想              图书节计划
                  ─────────              ─────────
                    ╲                      ╲
                     ╲── 幼儿讨论           ╲── 集体计划
                      ╲                      ╲
                       ╲── 幼儿交流           ╲── 区域计划
   ┌──────────┐          ╲                      ╲
   │ 我们的图书节 │──────────────────────────────────────
   └──────────┘          ╱                      ╱
                       ╱── 图书市场买卖         ╱── 对账梳理
                      ╱                      ╱
                     ╱── 分享图书            ╱── 买卖方法
                    ╱                      ╱
                  ─────────              ─────────
                  图书节进行时             我的发现
```

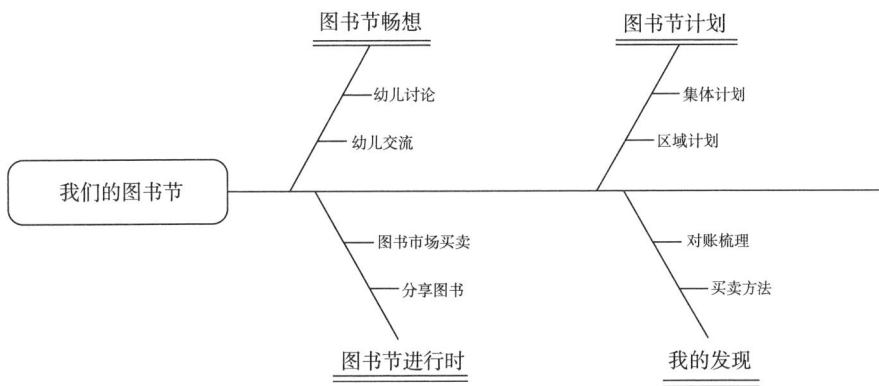

活动一：图书节畅想

(一)生活活动

目标： 1. 对图书有自己的看法。

　　　 2. 能及时表达自己的观察与发现。

探究点： 能及时表达自己的观察与发现。

过程： 孩子们在讨论中确定了图书节，在过渡环节中，教师与幼儿一起讨论图书节的过程，幼儿根据主题大胆地畅想，并通过绘画的形式表现。教师对幼儿的畅想进行了梳理，有目的地开展活动。

分析反思： 关于怎样开展图书节，幼儿的想法很新颖、特别，有的想要装饰自己的班级，有的想要制作图书节的牌子。

(二)区域活动

图书区

目标： 1. 能利用晨间活动或区域活动参与阅读活动。

　　　 2. 利用不同的方式记录阅读的感受并愿意与同伴分享。

探究点： 尝试用不同的记录方式记录自己的阅读感受。

过程： 早晨来园后，幼儿做完自己的事情就会来到图书区选一本自己喜欢的图书阅读，有时候看到自己喜欢的画面还会和旁边的小朋友一起分享，一起讨论书中有意思的画面。晨间没看完的图书，幼儿在区域活动的时候也会继续去看，然后记录在阅读记录纸上。

分析反思： 幼儿能够用自己的方式记录阅读的内容，有的是和别人分享自己喜欢的画面，有的是把喜欢的内容记录在纸上与别人分享。每个孩子的想法都是不同的，要给孩子充分的时间和空间。

（三）集体活动

活动名称：图书节的畅想（语言领域）

活动目标：

1. 通过活动，幼儿能清晰表达自己对于过节的想法。

2. 喜欢参与集体活动，并愿意交流自己的想法。

活动准备：

物质准备：黑色水彩笔、白纸。

经验准备：有过讨论交流的经验。

活动过程：

1. 开始部分。

利用日常谈话，引发活动。

教师：老师想听一听你们关于图书节的想法，你们想要怎样开展我们的图书节啊？

2. 基本部分。

（1）幼儿讨论交流对图书节的畅想。

教师：开跳蚤市场，我们需要准备什么？

教师：那我们分一分组，一些人画宣传海报，一些人制作门脸，一些人准备吹气球等。

（2）幼儿制订图书节的计划。

教师：想好活动计划的小朋友可以回座位完成自己的计划。

（3）幼儿分享自己的计划。

3. 结束部分。

分析反思： 幼儿关于开展图书节的活动计划有着丰富的想象力，在讨论交流后，幼儿想出自己在图书节要做什么，然后分组准备。幼儿热情很高、积极主动。教师全程跟随幼儿的想法，尊重幼儿，创设宽松的环境。

活 动 二： 图 书 节 计 划

（一）生活活动

目标： 1. 愿意按照自己的想法制订计划。

2. 能积极表达自己的想法。

探究点： 能把自己的想法表达出来。

过程： 关于图书节，幼儿不断有新的想法，在过渡环节也会和同伴商量要怎样过自己的图书节，有的说我想开一个爱心小店，有的说我想把我最喜欢看的书分享给小朋友。

分析反思： 孩子们对图书节的活动很感兴趣，不断讨论着关于图书节的活动内容，并且能跟同伴商量计划。

（二）区域活动

美工区

目标： 1. 能够用自己喜欢的绘画方式装饰图书节的背景。

2. 能够充分发挥想象力，结合图书节的特点与同伴合作制作。

探究点： 通过不同的材料和绘画方式装饰图书节的背景。

孩子们有了自己的想法和计划，便开始在美工区准备材料装饰背景。有的小朋友用毛球装饰四周，有的用橡皮泥制作小人装饰在背景上，还有的用水彩笔绘画出有趣的小人、大树、图书等装饰。在创作过程中，孩子们相互商量，彼此合作，共同为图书节活动做贡献。

分析反思： 幼儿根据自己对图书节的畅想，跟随教师梳理要做的事情，并制订集体计划，分组实施计划，合理分工，分为宣传组、气氛组、海报组、市场图书组。幼儿在计划过程中也产生了一些问题：怎么计划？计划里都有什么？通过讨论，在第一个集体计划中进行梳理，同时计划每一个小组需要的材料并进行分享。

（三）集体活动

活动名称：整理图书（社会领域）

探究点： 整理图书的方法技巧。

活动目标：

1. 掌握整理图书的方法和技巧。

2. 在实际操作中提高整理物品的能力。

3. 养成爱惜图书、爱看书的好习惯。

活动准备：

物质准备：幼儿自带各种各样、大小不一、厚薄不同的图书、图书架 6
个、图书摆放整齐的图书架样例。

经验准备：有整理书包的经验。

活动过程：

1. 开始部分。

教师：小朋友们带来了很多书，都放在桌子上，有的小朋友说太乱了，你
们想想，怎样放会更整齐呢？

2. 基本部分。

（1）幼儿讨论。请个别幼儿说一说自己想到的整理图书的方法。

（2）幼儿操作，教师指导，发现幼儿的问题，鼓励其解决问题。

请一名幼儿利用图书架演示整理图书，说一说为什么要这样整理图书。

（3）把幼儿分成六组，运用自己想到的方法和技巧，把自己小组的图书整
理好并摆放在书架上。

3. 结束部分。

教师：刚刚小朋友们想了很多的办法，把书架上的书整理得非常整齐。请
小朋友们回家继续整理自己家的书柜和自己房间的物品吧。

分析反思：幼儿在讨论的过程中分享、积累整理书架的经验，然后将经
验付诸实践，亲自去整理书架，掌握了整理书架的方法和技巧。

（四）家园共育

目标：1. 通过主题活动，教师与家长形成合力，共同推动主题活动的
开展。

2. 在活动中养成整理的好习惯。

过程：回到家后，孩子们利用在幼儿园学到的整理图书的方法，把自己
的图书从书架上拿下来，有的按照书的大小重新分类整理，有的在图书上做了
标记分类整理。孩子们还把自己的整理成果拍成照片分享在班级群里。

分析反思：在这个过程中，幼儿增进了和家长之间的关系，经常帮助家
里整理物品。

活动三：图书节进行时

（一）生活活动

目标：1. 愿意交流分享自己带来的书和物品。

2. 感受在准备活动的过程中，内心的喜悦。

探究点：　能够与同伴分享自己的心情与情感。

过程：　幼儿早早地来到幼儿园，相互分享自己带过来的图书或自己在家制作的店牌，相互讨论自己的小店叫什么名字。

分析反思：　幼儿对于即将开始的图书节都非常期待，相互表达着自己的想法。

（二）区域活动

美工区

目标：　1. 按照自己的计划开展活动。

　　　　2. 利用气球、海报以及幼儿从家带来的材料营造气氛。

探究点：　根据计划，利用绘画的形式表现。

过程：　幼儿按照计划进入区域中。海报组：根据海报的结构合作、设计海报内容，幼儿利用绘画的形式表现了时间、地点、内容以及海报的主题。门脸组：幼儿利用大纸箱进行了拼搭、粘贴、固定与装饰，过程中能够解决固定不牢固以及组内成员内容不一致的问题。在布置现场的时候，孩子们利用气球、海报以及从家带来的材料营造了气氛。

分析反思：　孩子们积极地参与到活动中，分组实施计划，活动中遇到困难积极想办法，团结合作，符合大班幼儿的年龄特点。

（三）集体活动

活动名称：有趣的符号（语言领域）

探究点：　尝试用简单的符号记录一句话或是一件事。

活动目标：

1. 知道不同的符号可以表示不同的文字含义。

2. 尝试用简单的符号记录一句话或是一件事。

3. 体验在活动中用符号记录的乐趣。

活动准备：

物质准备：有关符号的图片PPT、记号笔、纸。

经验准备：有在图书区记录的经验。

活动过程：

1. 导入部分：出示图片，以情景引入活动。

教师：老师这里有一张图片，可是不知道是什么意思，你们可以帮我看一下吗？

2. 基本部分。

（1）出示图片，激发幼儿的兴趣。

教师：如果把这个符号放在这个句子里，又可以表示什么意思呢？

教师：我们的符号真有趣，像嘴巴的符号标志可以表示说话，也可以表示吃东西，或是在和别人聊天，真有趣。

（2）幼儿尝试用符号记录一句话。

教师：老师这里有一句话需要记录下来，请你们试着选择自己喜欢的方式记录。

幼儿自主记录，教师巡回指导。

（3）幼儿分享自己的记录。

教师：原来同样的一句话，小朋友们可以用不同的方式记录下来，虽然用的符号不一样，但是小朋友想要表达的意思是一样的。

（4）尝试用符号记录一件事。

教师：图书节就要开始了，你可以用符号记录其中你认为有意思的一件事，然后分享给大家。

幼儿自主记录，教师巡回指导。

（5）幼儿分享自己的记录。

3. 结束部分。

教师：小朋友们现在可以用这样的方式记录幼儿园的生活。

分析反思： 活动中，孩子们能积极回应老师的问题，第二个环节中，说一句话让幼儿用不同的符号记录，孩子的记录形式基本一致。可以让个别孩子直接在白板上画，也可以由幼儿自己来说。用符号记录的方式可以丰富幼儿记录的经验，丰富符号的用途。

活 动 四： 我 的 发 现

（一）生活活动

目标： 1. 能将自己的发现分享给周围的人。

2. 体会图书节活动买卖的乐趣。

探究点： 发现买卖交流的技巧。

过程： 在图书节活动后，孩子们回到班级第一时间开始阅读，在阅读中分享自己喜欢的故事以及故事中的线索，还进行了"对账"。幼儿对于阅读自己购买的图书产生了浓厚的兴趣。针对幼儿购买的图书，教师也进行了梳理，并且对这些图书进行了评选，选出最受欢迎的图书集体精读。

分析反思： 孩子们从这次图书买卖活动中学习"对账"的方法，对于自己购买的图书产生了浓厚的兴趣，并且经过评选，选出了最受欢迎的图书。孩子们还为故事表演制作服装。跟随孩子们的兴趣，活动逐渐深入。

（二）区域活动

美工区

目标：　1. 能按照自己的计划连接材料。

　　　　2. 遇到问题能够积极想办法解决。

探究点：　能用恰当的方式和材料进行连接。

过程：　贝拉去拿针和线，王毅去拿胶条，王思茗把衣服的袖子和衣服连接好，用小手按住，对王毅说："王毅你来把这里粘一下。"王毅慢悠悠地从胶条器上扯下一节胶条粘在思铭手按住的地方，手离开的时候碰了一下衣服，刚粘好的地方又分开了，王毅看着衣服说："哎呀，刚粘上去的就掉了，还需要多粘一些胶条，应该就不会掉了吧。"思铭说："你像刚才那样竖着粘完后再横着粘一粘。"王毅低头扯着胶条说："好的。"她们又在上面粘了好多条。当她们拿起来换地方的时候，刚才粘的又掉了。她们两个看着衣服叹了口气说："又掉了，怎么回事呢？怎么粘不住啊？"贝拉这时候探过头看了看说："你们可以把手伸进去，"边说边把手伸进去，"像这样，看好怎么连接，粘对地方就不会掉。王毅你把手伸进去，我帮你们扶着衣服连接的地方，思思你拿胶条来粘，一会儿粘好了我来试一试，看看能不能穿进去。"王毅在一旁笑着说："肯定能穿进去。"

　　分析反思：　在准备材料的过程中，有的材料比较多、散，幼儿取的时候拿很多，导致桌子上比较乱，还有碰到地上的，应该提前跟幼儿讲解取放规则，后期可以投放一个垃圾盒和材料盒。在动手缝的过程中，由于前期经验不是很充足，操作有些不顺畅，找不到缝的地方。有的组老师支持不够，幼儿用胶条粘的时候要引导幼儿使用恰当的工具材料。幼儿不知道做什么的时候，教师应该用语言提示，如"你的计划完成了吗？"来支持幼儿完成操作。

（三）集体活动

活动名称：小小设计师（综合领域）

活动目标：

1. 能尝试用多种材料和方法连接西游记人物的服装。

2. 能够按照制作服装的计划，与同伴分工合作，解决遇到的问题。

3. 在动手制作表演服装的过程中体会劳动的乐趣。

活动准备：

物质准备：幼儿收集的布质材料、毛纺布、塑料布、打孔器、粘贴工具、笔、剪刀、针线、订书器、幼儿计划。

经验准备：幼儿有小组合作的经验，对服装设计有自己的计划。

活动过程：

1. 导入部分：情景引入，引导幼儿回顾活动。

教师：孩子们，你们之前已经为表演区制作了一部分《三打白骨精》的服装，今天你们的计划是要小组进行连接。

2. 基本部分：幼儿根据计划大胆地进行连接与制作。

（1）出示与幼儿一起制订的计划，请个别幼儿说计划。

教师：咱们看一看你们的小组计划，谁想来分享你们组的计划？

教师：接下来，请你们按照计划去完成，一会儿请你们分享连接的好方法。

（2）幼儿操作，教师指导，发现幼儿的问题，鼓励其解决问题。

教师：你们的计划完成了吗？你们有什么发现？或者遇到什么问题了？

3. 结束部分：分享连接的好方法。

教师：制作过程中，你们都很专注，并能团结合作，共同想办法完成计划。通过自己的劳动为表演区制作了服装，为班级做了很大的贡献。相信小朋友穿着你们制作的服装来表演一定特别开心。

分析反思：　在活动中，大部分幼儿比较专注，按照计划认真做事。在准备材料的过程中，幼儿取材料时比较拥挤，不会一根一根地从针板上取针，一下子都拿走了。后期可以一根针一个针板，或是在每桌上放一个材料盒和垃圾盒。幼儿能够通过动手动脑获得好的方法，这样在劳动过程中的思考与操作体验以及教师不断地观察、提炼对于劳动结果来说尤为重要，也激发了幼儿爱劳动、会劳动的情感和能力提升。

主题活动反思

本主题结合学习周，开展时长三周左右。幼儿从畅想到计划再到实施，最后梳理经验的过程，表现了学习的完整性。阅读的载体促进了幼儿深度发展，激发了幼儿对阅读的兴趣。通过本次主题活动，幼儿在自我实现路径中获得认知与情感方面的发展，实现完整儿童的发展。

在主题开展过程中，幼儿的兴趣是全面的，但是老师在支持的过程中，个别区域没有充分发挥作用，主题纵向深度可以重点挖掘。

（教师：高立、王萌）

主题六　我们一起迎新年

适宜年龄

5～6 岁

主题由来

在认识日历的过程中，孩子们发现很快就要过新年了。在孩子们的眼中，"过新年"是一件非常开心的事情。每年的 1 月 1 日，都会迎来小朋友非常喜欢的元旦，幼儿园里每个班都会布置得喜气洋洋。

小朋友又长大了一岁，孩子们说："这是我们在幼儿园最后一个新年了，我们要怎样过这个新年呢？"兴趣激发了孩子们的活动内容，他们自己主动策划、准备新年的节目、布置新年的教室，动手制作、共同商讨、排练演出节目，在过程中充分感受新年的快乐气氛，获得成功体验。

主题总目标

1. 通过收集有关新年的故事、图片、礼物，产生对庆新年活动及新的一年的美好向往。

2. 大胆策划、选择自己喜欢的联欢活动形式的内容，并且尝试解决问题，实现计划。

3. 充分展示才艺，学会与同伴合作表演，抒发自己快乐的心情。

4. 设计并动手布置教室，感受新年的气氛，发展审美感受力和表现力。

5. 通过赞扬及在各项活动中充分展示自己的才能，获得成功、快乐的体验。

主题网络图

```
        我们的发现        我们的新年计划        我们的愿望与感受
        ─日历的发现       ─制订个人计划、小组计划    ─感恩父母、老师、
        ─书中的发现       ─联欢彩排、场地布置、       为我们服务的人
        ─生活中的发现      评选主持人、节目选定     ─许下新年愿望
我们一起迎新年           ─区域计划、制作道具
        ─调动已有经验      ─精彩瞬间          ─办年货的办法
        ─我们想要怎样过年                      ─办年货、准备市场
        新年大讨论        我们的联欢会        福虎年货市场
```

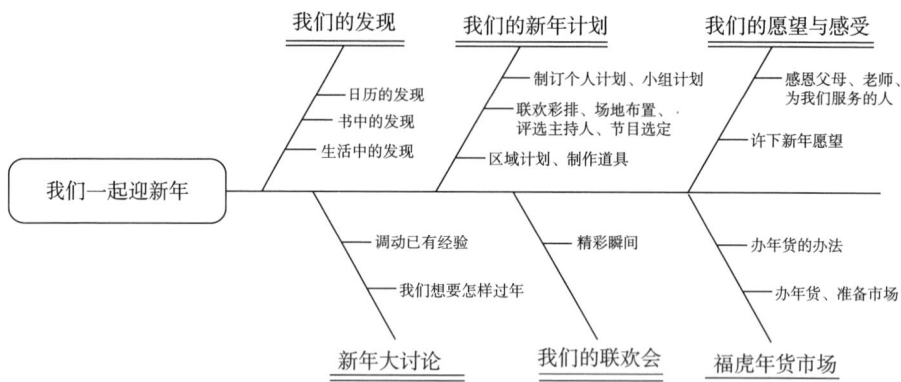

活动一：我们的发现

（一）生活活动

目标：　1. 有好奇心，对新年的活动有充足的兴趣。

　　　　2. 能及时表达自己的需要和想法。

探究点：　用完整的语言表达自己对新年的认识。

过程：　早晨来园，孩子们一起整理衣服，琳琳说："我妈妈昨天晚上12点钟才到家。"旭旭听见说："我爸爸也加班了，我都已经睡觉了。"旁边的小朋友也都参与到了话题中。馨宝说："我问了妈妈，妈妈说因为快到年底了，需要总结一下这一年的工作。"旁边的小朋友听后特别激动，拍着手说："是不是要过年了？我最喜欢过新年了。"

分析反思：　小朋友们激烈地讨论着自己在新年喜欢的事情、美食等。追随孩子们的兴趣，我们在班级的游戏活动、生活活动、集体活动、过渡环节开启了对迎新年的研究探索。

（二）集体活动

活动名称：新年我知道（综合领域）

活动目标：

1. 感受过新年的热闹、喜庆的气氛。

2. 乐意参与讨论活动，能大胆地表述自己的观点。

活动准备：

物质准备：大黑板、记录笔、孩子的发现记录表。

1. 开始部分。

情景引入，激发幼儿回顾新年的活动和感受，幼儿自主回答。

2. 基本部分。

（1）小组讨论新年的发现。

教师：快要过新年了，小朋友们在过渡环节都有自己的发现，我们也进行了记录，下面我们就来小组分享一下吧！

（2）展示发现，张贴记录。

3. 结束部分。

请幼儿说一说自己记录的内容。

分析反思： 在活动中，幼儿能够在小组分享中交流自己的发现，这样能够使幼儿了解到更多的新年信息，形成新的经验，促进同伴间的学习。

活动二： 新年大讨论

（一）生活活动

目标： 1. 能够制订自己的新年计划。

2. 能及时表达自己的需要和想法。

探究点： 能够使用自己熟悉的符号记录新年计划，并且用完整的话表达。

过程： 伴随着幼儿对新年的兴趣，我们一起回忆以前都是怎样过新年的。在过程中，孩子们紧紧围绕着"新年的话题"热烈地讨论。例如，孩子们说："新年我们打扫、装饰了班级，新年我们玩了好玩的游戏，新年我们表演了好看的节目"，等等。在讨论后，开始畅想即将到来的新年。

分析反思： 每个人对于新年都有自己的想法，教师抓住契机，根据大班幼儿的年龄特点培养幼儿的任务意识，对今年的新年计划进行深入的探究，大家一起来准备。孩子们用自己熟悉的符号记录"我的新年计划"。在分享后孩子们发现，小朋友的计划很丰富，但是想要一起在大四班过新年，就需要大家一起计划，于是新年的小组计划就这样产生了。

（二）区域活动

美工区

目标： 能够在制作灯笼的过程中了解灯笼的不同形状，发现灯笼骨架的不同连接方法。

探究点： 在制作灯笼的过程中，探究发现灯笼骨架不同的连接方法。

过程： 在商量如何让班级更具有新年气氛时，小朋友们说可以挂灯笼、贴窗花。就这样，美工区承担起制作灯笼的任务。小朋友们观看了许多制作灯笼的视频，丰富了经验。接下来，他们开始寻找制作灯笼的材料，有的小朋友们拿橡皮筋，有的小朋友取来了筷子当作骨架，还有的小朋友取来了各种颜色的纸。

分析反思：　在整个制作过程中，可以看出小朋友们的兴趣很浓厚，并且能够按照自己的计划设计灯笼。在制作骨架的过程中，小朋友们一开始选择用皮筋来连接骨架，但是随着灯笼需要的面数越来越多，小朋友们发现皮筋不太好拴，于是他们又开始寻找其他连接骨架的材料，最后发现了扭扭棒，扭扭棒既能够连接固定，又容易上手。就这样，孩子们在探究的过程中动脑思考，完成了灯笼的制作。

活动三：我们的新年计划

（一）生活活动

目标：　1. 能够根据计划自主寻找材料装饰班级，营造春节气氛。

　　　　2. 能用完整的话及时表达自己的需要和想法。

探究点：　能够使用自己熟悉的符号来记录新年计划，并且用完整的话表达。

过程：　孩子们将新年计划分为了两部分，一是新年联欢，二是游戏活动。教师支持幼儿，和他们一起收集材料。孩子们有了材料，便开始自主探索操作。通过与材料的互动，孩子们增加了新的认知体验，如灯笼可以有各种形状的、让灯笼立起来的方法、用不同的材料制作灯笼、灯笼的连接方法等。对于如何让灯笼亮起来，孩子们在科学区找到了发电玩具、连接电路，让小灯泡亮起来，然后将小灯泡安装在灯笼内。剪窗花装饰班级，作为中国传统手工艺，孩子们在制作的过程中感受到了艺术的美，在体验的过程中发挥独特的创意。

分析反思：　主题开展带动了班级各个区域的游戏活动。以前，班级中会出现重复简单的游戏，幼儿很快就会厌烦，所以将游戏还给孩子，让幼儿成为自己游戏的设计者，幼儿的意图就更加明确了，积极性倍增。

（二）生活活动

目标：　1. 通过多种方式确定联欢会的内容。

　　　　2. 在活动中能够充分表达自己的想法。

探究点：　在商讨过程中解决联欢会中的问题。

过程：　新年快到了，我们在商讨新年的庆祝方式时，允仪说道："我们可以开新年联欢会，就像每年过年电视播放的春节晚会一样。"就这样，我们决定开展新年联欢会。那新年联欢会应该有什么呢？小朋友们开始自发地商量，有些小朋友说应该有主持人，有些小朋友说应该有节目，于是小朋友们开始自己当导演，通过各种方式选出主持人以及需要表演的节目。

分析反思： 我们的联欢会以多次、系列活动的形式开展。过程中，孩子们自选主持人、自己按照节目进行排练、互相提建议。在排练的时候，发现了各种问题，孩子们都能够一一梳理并最终解决，提高了解决问题的能力，最终成功进行了展演。

（三）区域活动

表演区

目标： 能够根据内容自主编排节目。

在制作道具的过程中产生探究的兴趣。

探究点： 在制作道具的过程中，获得关于测量的经验、连接的经验、不同材料之间匹配关系的经验。

过程： 小朋友们在商量联欢会的节目时想到了故事表演，经过投票，小朋友们将表演的节目锁定为《西游记》中"猪八戒吃西瓜"的情节。于是，他们开始着手准备，安馨艺说："我们需要准备道具。"韩荣："我们还需要准备服装。"就这样，他们在美工区开始准备排练用的道具。

分析反思： 表演区自主排练节目《猪八戒吃西瓜》，孩子们自己制作道具，探究不同道具的制作方法，如师徒的衣服、金箍棒、耙子的制作与连接。孩子们能够正确使用不同的纸张进行制作，获得了关于测量的经验、连接的经验、不同材料之间匹配关系的经验。

（四）户外活动

目标： 通过调查了解传统游戏。

在活动中能够表达自己的想法，并主动参与。

探究点： 如何快速选出班级最受欢迎的游戏。

过程： 小朋友们认为，要过新年了，应该玩点不一样的游戏。在户外，孩子们发现了墙面上展示的"中国传统游戏"宣传画，兴趣高涨，要结合墙面展示玩一玩传统游戏。

在游戏前，孩子们讨论要先了解游戏的玩法，他们请班级照相馆的照相师将墙面游戏内容拍照带回班级，并请老师将照片投影好。我追随孩子的兴趣，一起学习游戏玩法。在学习的过程中，轩轩说："我还知道这些墙面上没有的游戏呢。"这句话引发了孩子们热烈的讨论。我说："原来小朋友知道这么丰富的传统游戏，我们怎样收集上来呢?"于是我们开启了对传统游戏的调查活动。我和孩子们一起设计了简单的调查表。孩子们将调查表带回家调查，第二天进行分享。最后班级一共统计出 8 种游戏。困难又来了，加乐说："这么多游戏，我们怎样玩呢？"很快，结合班级联欢会选节目的经验，孩子们投票选取了 3 种游戏活动。活动后，孩子们便开始搜集游戏材料。

分析反思：　在整个活动中，孩子们自发自主地参与到了整个游戏的设定、选择、制订规则的过程中。孩子们对活动的兴趣浓厚，他们通过调查了解到传统游戏的内容，并且通过投票的方式选择出最受欢迎的游戏，解决问题的能力得到了很大提高。

活动四：福虎年货市场

（一）生活活动

目标：　1. 了解如何置办年货。

　　　　2. 感受过节的气氛。

探究点：　了解如何置办年货。

过程：　一月份的到来，让孩子们越来越有过新年的感受了，在家里，孩子们感受着浓郁的新年气氛，来到幼儿园，孩子们在过渡环节聊着自己的感受。有的小朋友说："我们家买了好多东西，我太想赶快过新年了。"有的小朋友说："我昨天就和妈妈去办年货了。"孩子们讨论得越来越热烈。在活动区，孩子们自发地在美工区制作美食，在图书区翻阅新年的图书，还在书中发现了关于办年货的游戏。孩子们的兴趣越来越浓厚，开始琢磨着在大四班办年货。在区域分享时间，孩子们说出了自己的想法，开始了属于自己的年货大集，还起了一个名字叫"福虎年货"市场。

分析反思：　在活动中，孩子们提前感受到浓郁的节日氛围。在置办年货的过程中，将数学知识运用到日常生活中，获得买卖物品的成就感，真正在生活中得到锻炼和成长。

（二）集体活动

活动名称：办年货（科学领域）

活动目标：

1. 在办年货的游戏过程中，学习 5 以内的加减运算。

2. 能够自主发现问题，并通过梳理、运算的方式解决问题。

3. 感受办年货的热闹气氛，对春节充满向往。

活动准备：

物质准备：代币每人 5 元、物品标价 1～4 元、记录单、投影。

经验准备：知道新年办年货的习俗，有代币交往经验。

活动过程：

1. 开始部分：谈话引发幼儿对办年货的兴趣。

教师：孩子们，要过年了，家里面要买好多东西，你们都和爸爸妈妈一起去买过过年的东西了吗？你们都买了什么年货呀？

2. 基本部分。

（1）了解年货大集的商品，讨论5元红包办年货的想法。

（2）自主逛年货大集。

教师：经过努力，我们班的福虎年货大集准备好了，我们一会儿去逛一逛，看看都有什么年货。

（3）幼儿自主表达办年货的想法。

教师：刚刚我们逛了大集，你们有什么感受？咱们每个人都有5元红包，你想怎样花呢？

教师：一会儿取上我们的红包，你可以有计划地都花完，也可以留着点，想怎么花就怎么花。

（4）幼儿用5元红包自主置办年货，发现问题并想办法解决问题。

教师：一会儿你们先去办年货，然后拿着买完的年货回到座位上，梳理在记录单上，先写上名字，然后清楚地记录你买的什么东西、每一样东西的价格，最后算一算一共花了多少元，还有剩余的可以写在这里，看看花得对不对，有问题可以重新调整一下，调整完了，去自助交费盒交费。

教师关注幼儿买年货的过程、填写记录单的情况、买卖秩序等。

（5）幼儿在记录单上梳理5元红包的使用情况，解决发现的问题并完成付款。

发现问题：钱和年货的价格是否对应。

（6）小结提升。

教师：谁能说清楚你刚才是怎样用5元红包办年货的？有什么发现或者调整？你买这个年货是干什么用的？分享一下你的记录单。

总结提升：今天咱们用5元钱买了年货，咱们有的小朋友在买年货的时候有计划性，有的小朋友知道买家里缺少的东西，有的小朋友知道节省，需要的买，不需要的不买。有的小朋友在买的时候还发现了问题，我们用加一加、减一减的方法解决了问题。最后在梳理的时候，有的小朋友表达得很清楚，还帮助小伙伴解决了问题。

3. 结束部分。

教师：马上就到春节了，你们会收到什么呀？那我们怎样花压岁钱呢？等我们过完新年回来，再来分享一下你们的压岁钱是怎么用的吧。

主题活动反思

幼儿在主题活动中展示自己、感受合作，在个人计划的基础上形成了小组计划。如新年联欢会，几乎所有的环节都是由幼儿自己去设计和组织的，每位幼儿的想法都得到了尊重，而活动本身也能让他们更有集体意识和凝聚力，体验更多集体活动的乐趣。

幼儿对班级的装饰兴趣点极高，想法多种多样。从我们成人的角度看，窗花就是剪纸活动，但是孩子们在游戏过程中却探究出了三种不同的方法，他们在美工区寻找到棉签、小棒、好塑形的超轻泥和小木棍等，创造性地运用这些材料去拼摆、粘贴、揉搓，改变材料本身的预设功能，从而引发了在游戏中的深度学习。新年活动不单是让幼儿感受新年的氛围，更是让幼儿在原有经验的基础上进一步提升，孩子们愿意为了一个共同的目标坚持、努力地做好各种准备，愿意在集体面前大方地展示自己，在感受节日氛围的同时，为自己中国娃的身份感到自豪。

（教师：樊晨曦、于波）

第五章
自主探究式主题课程经验分享

第一节　课程研究促进课程管理体系完善

一、构建课程管理体系，提升课程管理能力

（一）对课程管理体系的认识

美国学者斯塔克认为，课程管理是为确保成功地进行课程的编制、协调、实施、支持、评价和改进而履行的责任和行使的权力。陈鹤琴的课程思想，涵盖课程的目标、内容、结构、实施、编制、评价、实验等方面。我国学者王伟廉认为，广义的课程管理包括课程实施系统、生产系统；狭义的课程管理主要针对课程生成系统、编制过程进行管理。可见，课程管理的探究范围不仅包括对课程编制、课程实施和课程评价的管理，还包括对课程的协调支持系统的管理、对课程改进过程的管理等。

在中国知网数据库中以"课程管理体系"为主题检索到 347 条结果，其中学术期刊 259 篇，学位论文 19 篇，学前教育课程管理体系 1 篇。国内学者对于学前教育课程管理体系的研究尚处于探索阶段。

基于对课程管理、学前教育课程管理体系的研究思考与实践，全人教育理念下自主探究式主题课程实施"四级"管理，构建了"四级"课程管理体系，即在四级课程小组的配置下，由课程决策规划系统、课程资源开发研发系统、课程实施系统、条件保障系统、评价反馈系统、监测激励系统等六大管理系统构成的课程管理体系。

（二）构建课程管理体系

本书的课程是构建了全人教育理念下自主探究式主题课程"四级"课程管理体系。一级，园长为组长，副园长、保教主任、市级骨干为核心，主责课程决策规划系统、条件保障系统、评价反馈系统、检测激励系统运行。二级，副园长、市级骨干为组长，区级骨干为核心，主责课程资源开发系统、课程实施系统、条件保障系统、评价反馈系统运行。三级，区级骨干、特长教师为组长，成熟期教师为核心，主责课程资源开发系统、课程实施系统、评价反馈系统运行。四级，班长和园级骨干为组长，新职员教师为核心，主责课程实施系统、评价反馈系统运行。

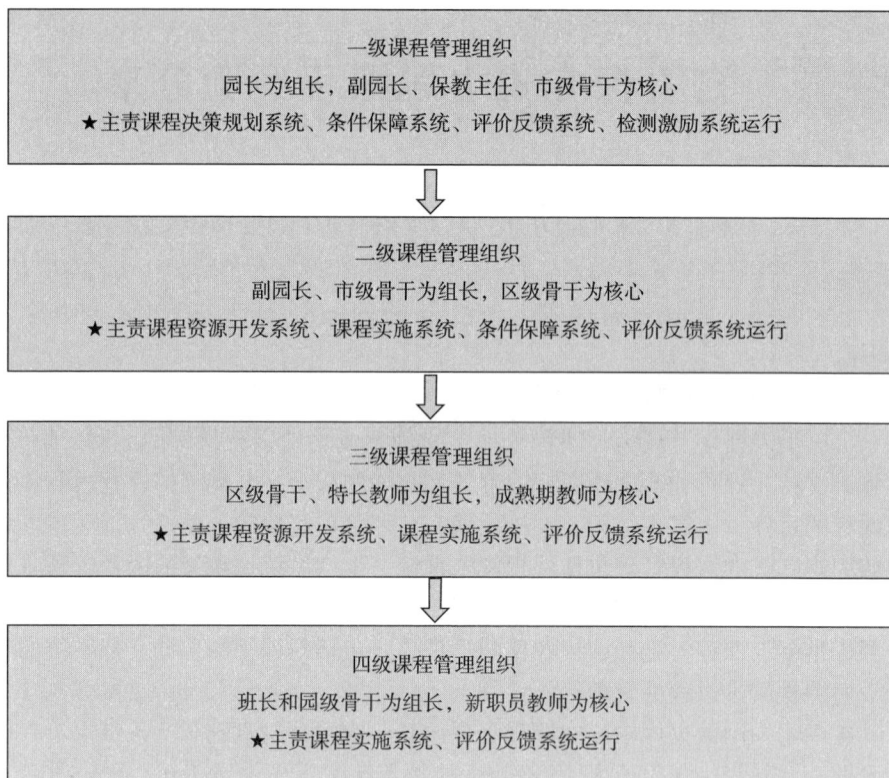

一级课程管理组织
园长为组长，副园长、保教主任、市级骨干为核心
★主责课程决策规划系统、条件保障系统、评价反馈系统、检测激励系统运行

二级课程管理组织
副园长、市级骨干为组长，区级骨干为核心
★主责课程资源开发系统、课程实施系统、条件保障系统、评价反馈系统运行

三级课程管理组织
区级骨干、特长教师为组长，成熟期教师为核心
★主责课程资源开发系统、课程实施系统、评价反馈系统运行

四级课程管理组织
班长和园级骨干为组长，新职员教师为核心
★主责课程实施系统、评价反馈系统运行

全人教育理念下自主探究式主题课程"四级"课程管理体系

1. 课程决策规划系统。 主要指一级课程管理组织中，组长带领核心成员，基于对幼儿园办园理念、教育目标、教育实践等实际情况的充分研究分析，通过查找理论与实践对接，聘请专家高位指导，从宏观层面对课程"是什么""干什么""怎么干"进行正确决策和总体规划，对课程的背景、依据、目标、含义、内容、结构、评价、管理等进行方向性的引领和把握。

2. 课程资源开发系统。 主要指二级、三级课程管理组织中，组长带领核心成员，基于儿童视角，充分挖掘和利用幼儿园周边自然资源、社会资源、文学资源等，开展自主探究式主题课程实践。自然资源包含动物、植物等有生命资源，水、阳光、空气、土壤等无生命资源，社会资源包含师幼、社区、家长、民族、传统文化等资源，文学资源包含绘本、故事、儿歌、诗歌等资源。

3. 课程实施系统。 主要指二级、三级、四级课程管理组织中，组长带领核心成员计划、实施、评价、改进课程，在观察儿童、读懂儿童的基础上，追随儿童兴趣生成课程，投放适宜材料，给予儿童语言支持，创设串联幼儿经验、激发探究兴趣的环境，帮助幼儿在宽松、温暖、和谐的班级氛围下，自主探究、发现问题、解决问题、形成经验，逐步实现全面发展。

4. 条件保障系统。主要指一级、二级课程管理组织中，组长带领核心成员从政治保障、政策保障、经费保障、资源保障、制度保障、文化保障等六方面为课程建设与发展保驾护航。

政治保障：幼儿园坚持党的全面领导，坚持中国特色社会主义办园方向，充分发挥"雏鹰·行"党支部战斗堡垒作用，在课程建设中调动广大党员、干部、团员、骨干教师及全体教职工的积极性，形成高度一致的思想共识，为课程建设保驾护航。

政策保障：在北京市早期教育研究所牵头、区内学前教研室主抓课程领导力项目特色达标的利好形势下，更大程度地争取市区两级领导对基层幼儿园课程建设的关心关注与指导，给师幼如火如荼开展的"以自主探究课程，培养全面发展儿童"的深入实践，给予及时充分的指导和鼓励。

经费保障：幼儿园对课程开发和实施给予充足的经费保障，为教师培训、外出学习等提供保障。调动多方力量，为课程全面推进提供经费、设备、图书资料、线上线下教学资源等，确保课程建设顺利进行。

资源保障：利用地域优势，充分挖掘专家、教师、幼儿、家长、社区、社会（公园、购物中心、图书馆、运动场馆、艺术中心、儿童中心、医院、地铁）等多方面资源，多层次、全方面地开发课程，为课程实施搭建平台。

制度保障：实施"五位一体"课程育人闭环管理制度，即学期初再商榷课程实施计划→邀请专家高位引领→每日研训解决真问题→每月诊断评价育人情况→每学期末梳理成果，复盘辨析再出发。

每学期初根据园所园本课程整体发展规划和实际情况再次敲定园本课程落实计划，有目的、有步骤地开展活动。根据课程工作需要，有针对性地举办专题讲座，邀请专家来园指导工作，并组织教师外出学习参观，提高教师的理论水平和课程实践能力。每日召开不同形式不同范围的课程会，发现教师在支持幼儿游戏中遇到的真问题，把问题分层分类筛选，将共性的疑难问题以研训的形式推进解决。每月四级管理组织都对课程实施情况进行客观性评价，通过幼儿发展性评价，对教师组织实施课程逐层诊断分析，制订出下一步支持幼儿发展的方案，确保课程育人目标落位每名幼儿的全面发展。每学期末，二级管理组织带领全园教师复盘反思，梳理出课程实施成果经验，辨析出课程实施与立德树人培养德智体美劳全面发展儿童的根与魂，找准关键问题，制订下学期切实可行的发展方向与计划。

文化保障：梳理形成"自主 发现 探究"全园上下思想统一的课程文化，

全面引领教职工在履职尽责的过程中，共同形成以儿童为中心，以幼儿全面成长为宗旨的一致的教育教学行为。

5. 评价反馈系统。指一级至四级课程管理组织中，组长带领组内核心成员，以自评、他评、互评、领导评、专家评、家长评为常态化评价方式，注重从课程规划年度评估、课程目标达成度评价、幼儿发展性评价、教师专业性发展评价四个维度，对课程实施进行全面到位的评价，并逐级反馈评价中凸显出的问题，分层分类分级逐一解决，在问题的深度解决中螺旋式提升课程质量。

6. 检测激励系统。指一级课程管理组织中，组长带领核心成员对课程规划、计划落位情况进行动态检测，在区领导视导、片区参观、家长观摩、校际交流学习等多样化动态化的检测中共建共享，提升课程建设质量。将课程实施与课程目标、《幼儿园质量评估指南》对接的紧密程度作为长效检测的项目，坚持不懈地落实课程实施与课程目标、各项指标严密结合，并以"课程实践之星"评选奖励等方式，激励更多的教师参与到课程开发、实施、评级等全方位的建设中来。

（三）提升课程管理能力

以课程领导力项目特色达标等为契机，锤炼保教保健干部课程领导力提升。

课程计划力增强。每学期末，班级教师在商言商，将下学期班级要开展的自主探究课程以主题计划的方式提前预设，开园后依据幼儿的兴趣、经验、需求微调，形成儿童视角的主题加以实施。

课程资源开发研发能力提升。老师们挖掘园内自然资源，尤其是动植物资源的意识增强了很多。利用传统文化资源、绘本资源研发主题课程，并延伸至楼道、楼梯间，落实党的二十大精神，实现幼儿园每个角落均能"幼有优育"的能力明显提升。

课程实施的能力加强。观察儿童、追随儿童兴趣点形成自主探究式主题课程。教师支持幼儿在一日生活的各个环节中自主探究、自我发现、自然形成独立或合作解决问题的经验、习惯，逐步获得全面发展，非常契合新时代学前教育评价改革的要求。《深化新时代教育评价改革总体方案》指出，幼儿园教师评价突出保教实践，把以游戏为基本活动促进儿童主动学习和全面发展的能力作为关键指标，纳入幼儿教师职后培训的重要内容。自主探究式主题课程的实施体现了改革方案的核心要求，促进教师逐日提升课程育人能力。

二、规范教研管理体系，提升教师专业能力

《中共中央 国务院关于学前教育深化改革规范发展的若干意见》指出，要

完善学前教育教研体系，加强园本教研。以问题为导向开展研究，幼儿园聚焦课程实践中的真问题，形成系列微专题开展研究。从建立机构、运行机制、成立组织、制订计划、确定方法、深入研究、开展培训七个方面着手，探索形成教研管理体系。

（一）建立教研管理机构

成立以园长为组长，副园长、保教主任、市级骨干为核心的一级教研组织，抓核心问题、带专业研究方向。成立以副园长、市级骨干为组长的二级教研组织，基于教师真问题研究解决策略。成立以区级骨干、特长教师为组长的三级教研组织，着眼教师实践困难，转变教师教育行为。成立以班长、园级骨干为核心的四级教研组织，抓常规组织能力，铺垫个人专业研究方向。每天一交流，每周一小结，每月一提点，每学期一分享，实现教研全覆盖，积淀教研工作规范化。

（二）运行教研管理机制

运行"一级组织隔月研，二级组织每月研，三级组织每周研，四级组织每日研"的管理机制。研究主题体现主体化、类别化、专题化。研究层级体现率先研、跟进研、启蒙研。研究方向体现理念研、实践研、成果研。

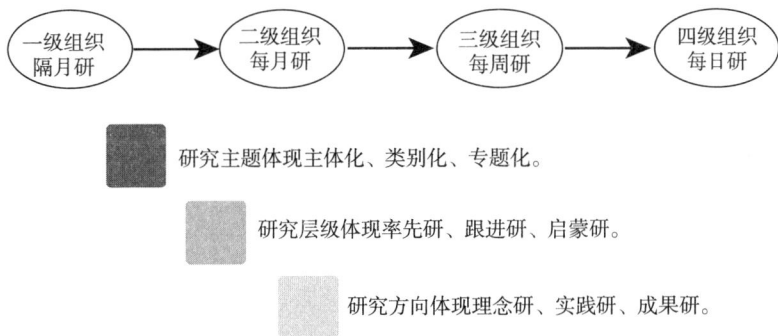

研究主题体现主体化、类别化、专题化。

研究层级体现率先研、跟进研、启蒙研。

研究方向体现理念研、实践研、成果研。

（三）成立研训组织

在固定开展全园教研、年级组教研的基础上，成立案例研修小组，每组均由市/区骨干、成熟期、职初期新任教师组成，每周进行观察记录分享、行为分析、策略研讨，促进教师梯队逐日提升专业能力。

（四）制订教研计划

确立前置性园本教研机制。总结上学期教研效果→发放调研问卷→自下而上形成新学期园本教研计划→确定研究专题→新学期初再研讨教研计划→再消化理解教研专题→再落实新学期教研计划和教研专题，如此反复的教研计划和教研专题的确定，实现了广泛参与全覆盖。

（五）确定教研方法

形成问卷调研法、白描分析法、思维导图法、影像分析法、观摩研讨法、撰写案例法、表格比较法、论坛分享法等教研"八法"。确立教研专题，采取问卷调研法。基于大班幼儿幼小衔接的需要，采取思维导图法记录自己的成长，教师读幼儿的导图，用教师视角的思维导图分析呈现幼儿的发展特点。

（六）开展专题教研

真问题形成微专题。问题是研究的起点，课程研究的重点问题，如自主探究式主题课程来源不能够关注幼儿身边的生活，重计划轻生成，即忽视周边资源；体现幼儿自主游戏课程的区域交往游戏，时常因幼儿兴趣不浓而冷清，即幼儿感知经验不足等；课程实施中，教师备教案多、备幼儿实际发展不够，即课程实施过程中对幼儿的年龄特点、发展规律掌握不够。实践中，每学期制订支持教师读懂幼儿的园本研究微专题，如"基于儿童视角的案例分析与支持""我发现的幼儿自主探究行为"等，这些微专题直指教师在落实课程理念中的教育理念提升，支持教师自我专业能力主动提升。

微专题研究采用"四维度三途径"结构，交叉进行、循环推进。如市区骨干率先研，研究课程建构的完整与完善；新任教师启蒙研，研究自主有序的生活环节的组织方法等。

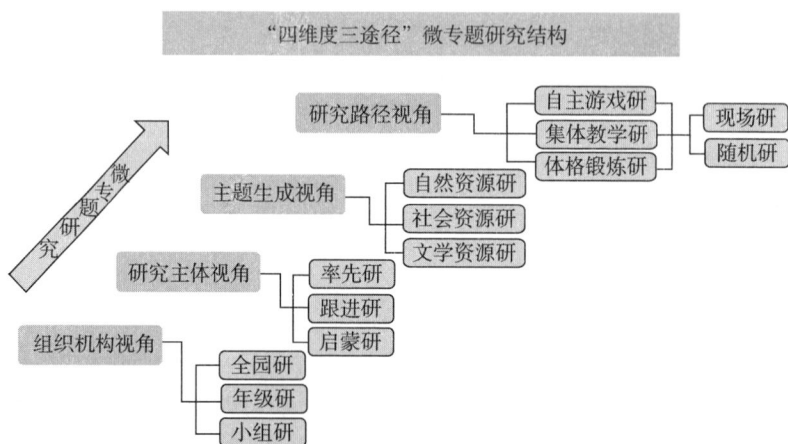

"四维度三途径"微专题研究结构

1. 现场研究。孩子发展看现场。利用现场观察，通过案例或表格记录等方式，整理解读幼儿园课程"认知、情感、自我实现"的核心目标，研究教师"读懂、分析、归纳"支持策略。保教干部每周进行现场研究，积累成效，解决困惑，再生成新的研究点，园长深入现场，持续点拨指导。

2. 随机研究。随机研究是指幼儿在生活、游戏、教学过程中，随当时情景生成的具有研究价值的专题内容，起到"以点促面"的教研效果。随机研究抓住提炼有研究价值的问题，即时引领教师研究解决。

3. 跟踪研究。跟踪研究是幼儿运用涂鸦、点数、图形、符号等方式，以连环画、手工制作、屏风、思维导图等形式持续呈现自己的魔法时刻，教师连续跟踪记录、分析、支持幼儿的发展。

现场研究、随机研究、跟踪研究成为课程领导力探索的常态，重点围绕"幼儿园课程核心经验在教育实践中落位"开展针对性研究。现场研究、随机研究、跟踪研究成为提高教师课程领导力最有效、最有力的途径。以教研的形式推动解决自主探究课程实践研究中的困惑，形成基于园所实际的"三研究"特点。

第一，教研网格化。横向格：指理论研修。纵向格：指实践研修。自主探究案例研，通过核心组、骨干组、师带徒等 8 个小组结合实际深入研讨，提升专业力。

第二，教研层级化。职初期教师启蒙研修，围绕有序组织半日活动等开展。成长期教师跟进研修，通过日常录像分析等开展研讨。骨干期教师率先示范研修，研究自主探究课程，在质疑与反思中研磨提升，示范辐射园内其他教师成长。

第三，教研类别化。领域研修围绕五大领域、教育资源开发等开展。班组研修，同年级同向开展。课题研修，融入日常教研，解决课程实践中的问题。

（七）开展自主培训

基于队伍年轻、读懂幼儿难的实际，开展"三自主"培训。每学期每位教师自主阅读一本专业图书，并做交流分享。每位市区骨干教师，每学期自主组织一次专题培训，有任务、有落位、有效果。每位教师自主聆听专家讲座等，记录、分析并谈收获。

1. 自主阅读，借助书籍夯实理论。聚焦真问题，结合年轻教师爱读书的优势，每个假期为不同教师准备"订单＋菜单"图书，从新教师如何科学组织一日生活到骨干教师如何根据幼儿兴趣生发课程，教师自选《发现儿童的力量》《倾听幼儿——马赛克方法》等图书，为专业成长做好铺垫。基于教师需求，在学期中开展自主学习，如围绕园本课程"全人教育理念下自主探究式主题课程、主题内容＋区域活动"等，阅读《学前课程与幸福童年》《幼儿园自主游戏观察与记录》等图书，厚植理论，与实践对接。

2. 自主培训，市区骨干针对性地组织开展培训，实现理念再提升。针对资源挖掘、课程生成、主题开展等进行专题培训，理念支持教研效果，帮助教师深入理解全人教育理念、自主探究课程的内涵。

3. 自主聆听，借助专家力量，充实教育理念和教育经验，从真问题出发，聆听专家讲座。老师们在专家引领下明确教育方向、厘清教育思路、获得专业成长。

探索适合教师成长所需、园所实际发展所需的培训，采取"三培训"方式，使问题研究精细化。

第一，线上＋线下结合式培训。线上听专家培训内容，充实教育经验。线下思辨，开展分层分组分主题的研讨、交流、反思，转化为实际行动。

第二，菜单＋订单结合式培训。每学期末，依据教师问卷反馈，制定菜单＋订单式培训计划。围绕园本课程制订"主题内容＋区域活动"订单式培训计划。教师在假期中阅读图书、制作秀米，在学期初分享，学期中每个月精选优秀的读书笔记进行交流分享。

第三，论坛＋成果结合式培训。每学期末总结梳理自主探究式主题课程的实践经验并交流、分享、筛选，如课程探究点、教育观转变等，共享智慧。

全体教师大论坛。与研训对接，教师分享自主探究式主题课程下幼儿自主性培养策略等内容，在讨论见解、碰撞思想的过程中体现理念转变、儿童发展和教师成长，提升教师对读懂儿童行为、适时给予指导的再认识。

研究成果分论坛。不断甄别、修改、完善形成的自主探究式主题课程、主题案例集等成果。教师自主精选后，按成果类别开展专题分论坛，从读孩子行为、找探究点等专题进行，在反复研磨中提高专业研究成果，增强自信，形成积极向上的研究氛围。

三、白描观察，教师体验职业幸福

（一）明确概念与内涵

白描，是文学创作的表现手法之一，突出体现为用朴素简练的文字描摹形象。观察，观即看、听，察即分析、思考。观察是有目的、有计划的活动，是积极思维活动的视知觉高级形式。

白描式观察，是基于儿童真实行为的一种研究方法，是研究的起点。其目的就是读懂幼儿，理解幼儿，树立正确的儿童观。

追随儿童发展的白描式观察，基于本园教师年轻、教育经历少、读懂幼儿难的现实问题，发挥咬定青山不放松的精神，笃定追随儿童发展的白描式观察是促进教师专业成长的重要路径，即指导教师每天观察3个孩子，每个孩子观察3分钟，每日每班3位老师白描幼儿行为，简称"3个3"案例研修。

（二）获得成长与进步

教师是实施课程的关键因素，承担着课程育人的教育效果。面对 3～6 岁幼儿怎样树立正确的儿童观、教育观、课程观的问题，需要教师掌握幼儿成长规律、教育规律、课程育人规律，掌握党的教育目标和要求，把握幼儿年龄特点和最近发展区，有效促进幼儿发展。"扣好人生的第一粒扣子"，落实好立德树人根本任务，教师的专业能力至关重要，白描式观察有效提升了教师的专业能力。

教师只有读懂幼儿，理解幼儿，才能促进幼儿在原有基础上进一步发展。因此，依靠课程领导力建设，通过每日观察幼儿、白描幼儿，解决教师专业成长中"以教师为中心""以目标为中心""以教材为中心""支持幼儿深度探究不够"等瓶颈问题，将教师的教育理念逐步转变为"以儿童为中心""以儿童为主体""以儿童视角投放材料、创设环境、支持语言、开展游戏"，这是全人教育理念下自主探究式主题课程研究实践中形成的课程建设特色，亦是带动青年教师专业成长的有效载体。

在观察的 3 分钟时间里记录孩子的真实行为，在每天与 3 位教师的白描中分享不同教师视角下不同孩子的个性特质，在每个月整理全部观察过的幼儿的行为中比较、分析、判断幼儿发展的特点、方向、兴趣，从而帮助自己了解每名幼儿，走进每名幼儿的心，支持每名幼儿每天在最近发展区的支持下收获满满的爱，获得充分发展。让每名家长都能高度认可教师的工作，促进幼儿园连续成为人民满意的优质园。

用研究思维解决教育实际、课程实践中的问题，进行白描式观察与分析。持续不断的研究使教师养成了笃行研究的习惯，成为破解困惑有方法、工作热情足、实践过程找规律的先锋教师。在师德先锋、师德标兵、十佳教师的带动下，教师们克服家庭困难、战胜疫情，攻克教科研难题，得到家园社赞誉，逐步涵养了教师爱幼儿、爱园所、爱教育的情怀。

教师运用课程动态性、随机性的思想明显提升，能够基于白描式观察分析，敏锐捕捉幼儿随时产生的兴趣生成主题课程，并在园本研究和实践中执行并落位。教师以幼儿为本读懂幼儿行为、实施有效支持的能力明显增强。教师实施课程并与课程目标紧密对接，体现为促进幼儿德智体美劳全面发展，支持幼儿成长为具有小雏鹰内涵的优秀品质和成长特质，知情合一、自我实现的完整儿童，课程目标一次次的有效达成检验和肯定了教师专业能力的提升。

观察幼儿→白描幼儿→走进幼儿→读懂幼儿→发现幼儿力量→捕捉幼儿兴趣→生成主题课程→支持幼儿自主探究，发现和解决问题→帮助幼儿获得经验→促进幼儿得到全面发展，在如此良性循环之下，每名教师都在乐此不疲的体验中收获了来自孩子们暖暖的关心关爱，来自家长、社会、专家领导们高度赞誉的职业幸福感。

第二节　课程研究经验成果

边研究边实践边总结，每学期末，课程研究实践成果以主题实施简表、课程案例、课程故事、课程研究报告，尤其是课程实践论文等方式呈现，旨在总结梳理课程实践经验，以备进一步形成教育教学改革进程中彰显价值的文献。

一、一日生活中的自主探究

大班生活环节中支持幼儿自主探究的策略研究

生活环节是幼儿园一日生活中重要的教育形式之一。在班级的一日生活中，如何抓住生活环节的教育契机，激发幼儿自主探究，使此环节的教育价值最大化，值得我们思考。

（一）营造优质环境，激发大班幼儿的集体意识与探究兴趣

营造良好的环境是第一位的。幼儿园的环境包括两种，一种是精神环境，一种是物质环境。优质的精神环境中，班级教师要合力为孩子们营造一种慢生活的状态与相互信任的人际关系，师师、师幼、幼幼之间和谐，激发大班孩子强烈的集体感，知道自己是班级的主人，明确在所有的生活环节中，自己可以怎样为班级服务。在学期初，与幼儿讨论"我在生活环节中可以为班级做什么？"，经过孩子们真实的体验观察后，她们梳理出可以做的事情：收拾整理材料、照顾动植物、保持地面、桌面整洁、帮助同伴整理衣物等。

优质的物质环境中，首先教师为幼儿提供可观察、可操作、可探究的环境材料，比如，在与幼儿身高匹配的位置设置不同难度的迷宫、可以拨动的钟表以及系鞋带、手头益智类玩具材料等符合大班幼儿年龄特点的辅助材料，便于幼儿在不同的生活环节里自主选择。具有挑战的材料可以激发幼儿的探究兴趣。

（二）开展优质区域游戏，启发幼儿在生活环节中自主学习

在每日区域游戏后以及饮水环节前后，是我园最具特色的自主生活环节，这个环节中，幼儿自主性的体现与区域游戏的质量有直接关系。幼儿对所有区域都能够有所了解，在收区结束后，可以互相欣赏同伴的成果，还可以听一听同伴的介绍，一起自由地讨论，构成同伴之间的自主学习。

（三）在优质观察中洞悉，及时适时调整目标与材料

当幼儿形成一定的习惯后，会在生活环节体现自主探究，老师在这个环节中最重要的工作就是观察，观察幼儿的行为以及行为背后的原因，对所提供的的现场、材料进行反思。比如，学期初提供了系鞋带的材料，想让孩子们锻炼一下穿鞋带，但是我发现几乎没有孩子选择此材料，于是我开始观察、分析，发现幼儿小肌肉的灵活性以及对线绳的使用方法等都是很不熟悉的，因此我调整了材料，换成穿鞋带、玩翻绳。过程中，孩子们的生活经验丰富了，生活能力也得到了提高。同时，对于已提供的一些粘贴类、走迷宫等游戏材料，要定期更换，孩子们基本每三周左右就能够"攻破"老师提供的材料，可根据本班幼儿的日常行为习惯进行观察，从而更换、调整材料。

（四）在优质倾听中启发，支持幼儿深度学习

在幼儿的自主探究中，教师要善于倾听幼儿的语言，倾听他们对于同伴作品、生活中的事物以及自然状态下的诸多兴趣，并且参与幼儿的讨论，利用这些信息形成课程，促进幼儿持续关注，在兴趣中深度学习。

1. 倾听幼儿，发现兴趣。秋天，孩子们经常讨论树叶落下来可以怎么玩，树叶为什么会落下来，以及一片树叶为什么这么多种颜色。每当户外活动的时候，孩子们看到漫天飞舞的树叶，便立刻找到叶子会掉落的点，伸手等待树叶落在自己的手中，如果位置错了，还会去追飘落的树叶，一定要把"宝贝"藏在手心，慢慢观察。对于树叶，老师们倾听且记录着孩子们的兴趣，同时也在分析树叶可以生成的活动。

2. 在对话中构建课程，支持幼儿深度学习。当发现了幼儿的兴趣，分析课程资源——树叶能够生成的活动后，教师请幼儿一起搜集资料，形成了"幼儿园里的大树真好"的主题活动。在活动中，孩子们感受大树的变化，并且利用大树的礼物——树叶、果实、树枝进行丰富的游戏，树叶画、敲拓染等无不体现儿童的一百种语言，促进幼儿全面的发展，而这一切都源于教师在生活中的倾听与对话。

（五）在优质优育中激励，支持幼儿持续自主探究

光荣榜不仅仅是一个榜单，还包含了环境的归属感、教师的鼓励、同伴的认同以及班级对幼儿的评价。每天评价积累，到周五进行统计，极大激发了幼儿对于探究的持续性，并且是幼儿发自内心的需求，而不是外在力量的驱使。

我班采取的生活评价以个人、小组为主，老师们每天都关注孩子的表现，进而进行学习品质、能力等评价，并针对个体的评价，在第二学期进行小组评价，用小红花等幼儿想要的材料进行榜单表扬。

（六）在生活环节中探究，成为优质的习惯基础

幼儿产生内驱力后，会从他人的评价中产生自我荣誉感，从而客观认识、评价自己，在这个过程中，孩子们通过回顾自己的成长，发现自己在多方面的

成长，在老师的帮助下，通过图片切实感受自己的探究，从而将好的习惯保持下去，形成良好的班级文化。

从创设环境、有质量地开展区域游戏，到调整材料、倾听商讨，再到榜单激励、发现成长，孩子们在生活环节的自主探究中逐步形成自主、自信、自立、自强的学习品质，并且思维灵活、交往友善，解决问题的能力也越来越强。有效利用生活环节构建的课程，带给了孩子们丰富、全面、无穷尽的成长体验，让生活环节体现的"幼有优育"成为常态。

（作者：高立，岗位：教师）

二、区域活动中的自主探究

大班幼儿在交往区游戏中的自主探究——以礼品店游戏为例

（一）礼品店的第一次收购，幼儿初现自主探究行为

班级开展"礼品店"交往区活动，经过讨论，确定由小朋友们提供货物，店主（幼儿）进行收购进货，价格由小朋友互相商定。

活动区开始了，么么、维维和紫薇来到交往区游戏。紫薇说："谁来当收银员呢？"维维向前凑了凑身体，说："我想当收银员。"紫薇回道："行。那你可不能收错钱啊。"么么这时候接上："我想当售货员，我卖东西。"紫薇回："那行，那我去请客人！"么么这时摇着头，似乎有些不解，说道："可是我有一个问题，现在礼品店里只有月饼，东西太少了吧！客人都不来。"么么将问题抛出，也成功引发了另外两个小朋友的思考。么么又说道："要不我们找找有没有人带商品吧，我们进货。"紫薇点点头说："那行，我看见早晨有人带东西了，我问问他们。"紫薇出了区，走到各桌开始询问。

不一会儿，萱萱拿着两个盒子来到了交往区。么么的身体晃动着，笑着问："你带的什么啊？"萱萱回道："我带了戒指、发夹、海绵贴、指甲贴、徽章和手指偶。"么么笑着说："那我们看看。"他们打开大的戒指盒，里面装了二三十个小戒指和发夹。么么拿起一个小兔子戒指说："这个挺好看，我觉得这个能收购！"紫薇也拿起一个小花戒指说："这个也挺好看的。"萱萱这时候拿起盒子盖递了过去："你们把要的放盖子里。"最后她们以10元的价格收购了戒指、卡子、徽章、海绵贴、指甲贴等物品。

通过对游戏情境的实录能够看出，选择交往区的三个小朋友具有一定的角色经验，能够将生活中的买卖经验迁移到游戏中，进行快速分工，并且能够较好地与同伴沟通。同时在游戏中，么么能够对没有客人这个问题进行自省，发现商品不丰富的问题，并且主动向同伴提出疑问，同伴能够尊重么么的问题，

共同讨论解决办法。这一问题引发了礼品店的一次收购活动，幼儿自主寻找货源、挑选货物，并且在过程中指定了相应的收购规则，针对商品品相、买卖难易程度等方面进行思考，有针对性地选择货品，创造性地制订规则，反映出幼儿在日常生活中有挑选货品的相关经验，并能够有效地迁移运用于交往区的游戏中。

（二）成功收购电风扇，幼儿的游戏探索进一步推进

活动区游戏开始了，小航、西西、紫薇来到礼品店游戏。不一会儿，成成提着一个鼓鼓囊囊的袋子径直来到了礼品店，将袋子放上桌，这引起了店里三位小朋友的注意。成成向上扬着头说："我今天带来了好多个电风扇，你们快来看看吧。这可是我最喜欢的东西呢！"三个人赶紧凑过来，小航边走边说着："快给我们看看，是什么电风扇啊？"成成见三个人过来了，从袋子里拿出三个电风扇，给了他们一人一个，说："这三个是能转的，打开开关。"他伸手将紫薇手中的风扇打开，扇叶开始快速地转动起来，小朋友额前的头发都被吹动了。紫薇说："这个还挺凉快！"成成说："这个转起来有风，可以用手拿着吹。但是得注意安全，手不能放里面，不然该受伤了。"一旁的小航和西西也找到手中风扇的开关打开了，说着："都有电！"紫薇把手中的风扇关掉说："赶紧关上，一会儿没电了。"成成又拿出来几个风扇给他们展示，子航问："那这个能转吗？"成成指着风扇上一个黑色的口说："这个是充电才能转的，得插线。"紫薇又问："那你带线了吗？"成成低下头在袋子里翻了翻，并没有什么发现。"我可能没带。"紫薇说："那个我们就先不要了，你把线带来我们再收购吧！"成成点了点头："那有电的要吗？"小航和紫薇点点头："有电的我们要，你想卖多少钱？"成成想了想说："我想要 10 块。"紫薇说："能不能便宜点，礼品店买了好多礼品，都没多少钱了。"小航也应和着点点头。成成说："那多少钱？"紫薇说："你这个是三个，一个两块钱，2、4、6，6 块行吗？"成成点了点头。

这一次交易活动的成功，使幼儿对交往区的游戏有了更多的探索。可以看出选择交往区的紫薇和小航具有一定的礼品店角色游戏经验，比较熟悉收购的相关流程，能够通过观察、操作检查货品的状态，并根据自己店内的经济状况洽谈价格。紫薇的语言能力较强，能够与同伴流畅沟通，并能够将群数的经验运用于游戏中，在游戏的过程中起着主导作用。西西的相关经验较欠缺，语言表达能力较弱，同时在交往区的游戏经验较少，仍然在探索阶段。作为卖家的成成，具有完整表达的能力，并有主动交往的意愿。小朋友在收购的过程中体现出相关买卖经验，对于货币兑换也有一定的经验。

在活动中，幼儿很主动地进行游戏，但也体现了班级交往区的一些问题。

班级幼儿相关活动经验不一，个别幼儿在游戏中获得的经验较少，游戏价值体现不足。目前出现了收购货品充足，但货币不足的情况，虽然给了幼儿谈价解决问题的机会，但也体现出缺失补货计划以及盲目收购的问题。教师与幼儿从礼品店人员分工、货品数量、留存货币以及记账等方面进行了沟通和推进。教师还要进行下一步跟进，关注幼儿实时的活动状态。

（三）礼品店正式营业，幼儿交往能力进一步提升

班级开设的"礼品店"交往区已经开始营业。活动区游戏开始了，今天的礼品店迎来了一位其他班的小朋友 A。

A 随着小朋友一起进了班，径直走向了放置玩具的柜子，拿起一个奥特曼在手中摩挲着。紫薇看到后问："你想要买这个吗？"A 点点头。紫薇接道："这个六块钱！"A 低着头看着奥特曼说："可是我只有 4 块钱。"紫薇摇了摇头说："那不行，这个是 6 块钱的。"A 又说："可是我只有四块钱。"紫薇的大眼睛轱辘一转，又开口了："那你可以努力去做好事情，赶紧攒钱。这个奥特曼我给你留着，等你钱够了再来买。"A 又继续说："我还是想今天把它带走。"紫薇说："你放心，我记着你呢，我给你留着。"A 摇了摇头："可是我就 4 块钱。"紫薇愣了几秒钟，看着周围，说："要不你再看看别的，我们 1、2、3、4 块钱的玩具都有。你可以买得起。"说着拿起来一个小回力车说："你看这个小车，能自己走。只要 3 块钱你就能带走。"A 说："我就想要这个奥特曼，明天我就不来了，我就想今天把它带走。"紫薇观望了一圈，看到了今天新上的奥特曼卡片，赶忙转过头对 A 说："我们这还有奥特曼卡片，你看看，一块钱就能得一张！"A 挪动脚步来到了桌前，拿起一张端详着，嘴里念叨着："这是××奥特曼！"紫薇看着 A，又开口了："你看！你有四块钱，你就能买 4 张奥特卡片。这个特别好看，今天我们新收购的！"A 还在一张一张地看着，并没有开口。紫薇说："那你买 4 张，我可以送给你一张，这样你 4 块钱就能得到 5 张了啊。"A 转向紫薇说："可是我不想把 4 块钱都花了。"紫薇转了转眼睛说："那你可以买三张，我也送你一张，这样你还剩一块钱！"A 沉思了几秒钟，点点头说："那好的，我要这张、这张和这张。"紫薇说："你还能再挑选一张，我们送给你一张。"A 又从中挑选了一张，满意地离开了商店。

在这一次的"礼品店"游戏中，紫薇具有较丰富的礼品店角色游戏经验，比较熟悉售卖的相关流程，也体现了她能够将以往的买卖经验迁移到游戏中，并能够自主展开游戏活动，通过观察沟通了解客人的需求，并根据情况进行随机沟通，能够较好地适应游戏角色。她具有较强的解决问题的能力，也掌握了一定的销售经验。在客人犹豫不决时能够通过创新调整规则的方式，利用买赠的手段进行促销，从而促成买卖。在过程中，紫薇展现了较强的语言沟通能

力，能够自信地与同伴进行沟通和交流，并且在尊重小朋友意愿的前提下与其进行有效的沟通。

从交往区的三个案例能够看出，幼儿在游戏中的参与度很高，能够自主地以游戏的方法进行探索。孩子们能够自行讨论商品进货价格以及出售价格，并开展理货、介绍商品、邀请客人、收银开小票等游戏内容，在此过程中发展了语言表达能力、社会交往能力以及数学运算能力。

幼儿在合作游戏中的交往活动对其积累社会性经验具有重要作用，交往区游戏为幼儿提供了广阔的空间，增加了幼儿之间的交往互动。幼儿在游戏中模仿社会、反映生活，也在自主探索着如何与他人建立良好的人际关系，如何发现问题、解决问题。交往区游戏有效促进了幼儿在交往游戏中的自主探索，逐步成长为全面发展的儿童。

幼儿交往能力的培养是一个长期的过程，让自主探究成为幼儿身上的优秀品质任重道远，需要幼儿园、家庭和社会各方面的密切合作、协调一致，利用各种手段促进幼儿社会性的发展，从而让幼儿更好地适应社会，达到幼儿的人格发展与社会性发展的和谐。

（作者：刘梦，岗位：教师，本文获第十八届
全国幼儿教师职业技能大赛论文评比特等奖）

浅析小班建筑区自主游戏的开展策略

学前教育中的自主性指的是幼儿独立生活能力、学习能力以及临时应变能力的一种综合体现，是培养幼儿不依靠外物辅助，独立自主地做出符合社会规范的行为，并在实践中为达成目标而进行的自我调节活动。幼儿自主性能力的锻炼方式主要通过游戏进行，因此，依据年龄特点在小班教育活动中设置适切的区域游戏是关键一环。本文结合多年的实践经验，先对当前幼儿教育中建筑区自主游戏教学的背景进行分析，而后就实际教学中存在的问题展开讨论，最后列举出一系列优化自主游戏教育活动的措施和策略，促进孩子在幼儿园阶段奠基良好素质。

（一）小班建筑区自主游戏教育活动的背景分析

随着社会竞争日趋激烈，众多家长在不断地寻求一种可以"让孩子赢在起跑线上"的教育方法，各个学段都在不断进行创新性研究，希望可以培养出更多优秀的人才。其中，学前教育阶段的区域自主游戏教育活动因其可以极大限度地提高幼儿的自主性和独立性，培养幼儿良好的自主习惯，在近些年的教育教学中备受重视。

区域自主游戏与传统集中教学活动有着明显区别，主要表现在幼儿活动的

自由度更高、自主选择性和主动参与程度更深入，这种"放养式"的教学方式并不是弱化了教师和学校的教学管理作用，反而对教师有着更高的专业化要求。区域自主游戏鼓励幼儿进行自主的游戏和活动，引导幼儿按照自己的喜好选择区域。教师在这个过程中应该观察每一个幼儿的表现，分析和预测他们的选择，针对性地对幼儿进行引导和教育，争取让每个幼儿都可以很好地参与其中，促进幼儿自主性、创造性等其他综合能力的发展。

（二）在小班建筑区游戏中培养幼儿自主性存在的问题

1. 建筑区游戏教学依旧是以教师预设为主。在小班教学中，为了将建筑区游戏教学简单化，教师大多是将教学内容、游戏时间、游戏区域等提前预设好，虽然极大地减少了教师的工作量，但也从侧面忽视了幼儿在教学中的主体地位，降低了幼儿在游戏教学中的参与程度。这种提前预设的教学方式，使得教师并不能准确地了解幼儿是否真正地喜欢和积极地参与到游戏教学中，过于规范化的教学方式也极大地消磨了幼儿的快乐游戏的积极性，对培养幼儿的自主性方面并没有起到应有的积极作用。

2. 建筑区游戏教学中缺乏对幼儿的自主引导。结合幼儿心理学方面的研究，小班幼儿的专注力时间较短，有着天马行空的想象力，并很喜欢将脑海中的想法付诸实践，这种情况在幼儿自主游戏过程中表现得尤为明显。教师在进行建筑区游戏教学中，应该实时地对幼儿进行有效观察，及时发现并鼓励幼儿进行创新游戏，在幼儿想要创建新的游戏区域时应该主动引导并给予相应的帮助，最大限度地满足幼儿的需求。但是在多数实际教学中，教师为了减少麻烦，不但没有及时地进行引导和帮助，甚至以规范化为借口来阻止幼儿自主生成区域游戏，极大打击了幼儿的自主性。

（三）优化建筑区自主游戏教育活动的策略

1. 鼓励幼儿主动参与到游戏区域的建设中。

（1）尊重幼儿的意见。创设幼儿喜欢的游戏内容。在建设建筑区的过程中，教师应该减少对游戏区域的干涉，尽量站在幼儿的角度来思考问题，不断与幼儿进行积极交流，尊重幼儿的喜好，最大限度地满足幼儿对游戏区域建设的需求，让幼儿参与到游戏区域的建设中来，真正体现出幼儿在区域游戏中的主体地位，进而极大地提高自主游戏的有效性。例如，教师在选择游戏区域建设主题时，可以让幼儿进行民主投票，选择出一个或是多个票数多的主题进行建设。此外，在实际建设中也可以鼓励幼儿参与其中，进行场景布置、材料选择等，充分体现幼儿参与区域设置的自主性。

（2）鼓励幼儿自主选择游戏时间和区域场地。幼儿对游戏区域的选择与游戏时间并不是一成不变的，教师应该结合实际情况进行灵活变动，将一些过渡环节利用起来，提高幼儿在区域游戏中的自主性。例如，在晨间入园后和早餐前，一些早来园的幼儿可以自主地在教室选择一块区域进行简单游戏；在午饭时间段，一些幼儿如果吃饭快，可以选择活动室外的楼道或是活动室内的周边等安全系数较高的地方进行游戏。因此，在进行游戏区建设时，教师可以不拘泥于传统建设方式，结合幼儿园实际情况，将园中的阳台、楼道、活动室角落地段等进行游戏区域设置，让幼儿园中的游戏区域与实际教学环境有机结合起来，变得更加和谐、高效。

2. 鼓励幼儿在游戏中自主生成新的游戏。在进行幼儿自主性培养时，教师应该全面了解幼儿的心理和行为特点，并利用这些特点最大限度地提高游戏中自主性的培养效率。首先，教师应该在游戏设置中增设一些幼儿相对陌生的玩具或是物品，以此来吸引幼儿的注意力，维系游戏中的纪律，方便管理。其次，教师应该鼓励幼儿在原有游戏的基础上进行改变和创新，引导幼儿自主开发新的游戏规则和方式，提高幼儿的创新能力。最后，教师应该在游戏中勤观察，及时发现幼儿在游戏过程中的闪光点，利用丰富的教学经验来引导和构建新的游戏活动，丰富幼儿自主探索的求知欲望，有效提高区域游戏教学的有效性。

（四）在教学中寻求规则性和自主性的平衡点

1. 减少教师在游戏中制订规则的比例，扩大幼儿参与游戏规则制订的比例。规则和自由自古以来就具有矛盾性，但在实际教育中，两者是缺一不可的。在幼儿园建筑区游戏活动中，应当适当地设立规则，让幼儿在游戏中学会控制冲动，并以此形成良好的行为习惯。但在具体的游戏过程中，教师应该有意识地减少自身对游戏的干预，引导幼儿自主参与到游戏规则的制订当中，让幼儿在游戏中明白什么是可以做的，什么是不可以做的，并鼓励幼儿在大的规则范围内创编游戏内容。在这个过程中，教师应该和幼儿一同探讨、分析，先将所有的意见收集整理起来，再经过协商进行筛选和更改，以此制订出一个教师和幼儿都能够接受的约定。此外，这些游戏规则都不是一成不变的，在开发出新的游戏后，或是想到新的游戏方法时应该及时进行更改和修订，以此来最大限度地满足幼儿游戏的自主性。

2. 不能全面放开幼儿游戏的自由性，教师应该适当干预。幼儿在心理和生理发展上都存在一定的局限性，虽然已经有了独立的意识，但受到生活经验和基础知识的限制，很容易在遇到问题时不知如何解决，进而影响游戏，这个时候教师就应该及时给幼儿提供帮助，观察和了解幼儿遇到的问题的前因后果，耐心地通过经验类比法来引导幼儿自主解决问题，帮助幼儿建立自信心，更好地培养幼儿的生活自主性。

(五) 结束语

综上所述，小班建筑区自主游戏是实现幼儿园教育目标的重要教育形式，在经过科学的教学培养后，可以有效锻炼幼儿的自主探索能力，提升幼儿的创新意识，并促进幼儿自主性的良好发展。教师在这个过程中应该结合实际情况，将幼儿放到主体地位，积极与幼儿开展有效的沟通交流，在游戏规则制订上充分考虑幼儿的兴趣和需要，寻求规则性和自由性的平衡点，尊重幼儿的想法和意愿，鼓励幼儿参与到游戏区域的建设中，并加强区域游戏的组织性，适时对幼儿游戏中出现的问题进行干预，为幼儿创设更好的游戏空间，有效提升幼儿的自主学习能力，从而逐步提高幼儿的综合素质。

（作者：王艳，岗位：保育员，本文获第十八届
全国幼儿教师职业技能大赛论文评比特等奖）

美工区自主探究活动的开展策略初探

(一) 发现幼儿的艺术兴趣，尊重幼儿主动探索

《纲要》指出，艺术是实施美育的主要途径，应充分发挥艺术的情感教育功能，促进幼儿健全人格的形成。要避免仅仅重视表现技能或艺术活动的结果，而忽视幼儿在活动过程中的情感体验和态度的倾向。例如，小班幼儿在美术活动"手指点画"中对工具材料感兴趣，喜欢自主探究尝试。幼儿在印画过程中也是边画、边想、边说，这也符合小班幼儿的特点。幼儿在印画的时候会说："老师，您看！这是我印的大象！"这充分说明幼儿希望得到老师的认可。因此，教师要先肯定幼儿作品的优点，然后用表达自己感受的方式引导其提高，如："你可真棒！你记住了大象有两只大耳朵，你可以再去试一试手指还能印什么。"有了教师的鼓励与提问，相信幼儿内心充满了自豪且作画兴趣更浓厚了。作为老师，不仅要为幼儿提供各种操作材料，而且要及时在区域分享环节对幼儿自主学习、自主大胆表现作品的行为进行鼓励，增强幼儿的自信心，增加幼儿对艺术活动的热爱。

(二) 丰富艺术环境和材料，支持幼儿自主表现和创造

1. 创设艺术环境，丰富幼儿的审美情趣。 在艺术活动中，幼儿通过与环境、材料的互动来进行探索和学习。教师要充分认识到艺术活动对幼儿身心发展的作用和重要性，在班级较好地利用空间、区域等创设多种艺术环境，供幼儿欣赏多种多样的艺术作品，引导幼儿接触周围环境和生活中美好的人、事、物，丰富他们的感性经验和审美情趣，激发他们表现美、创造美的情趣。

2. 尊重幼儿个体差异，提供多层次、多元化的材料。 幼儿艺术领域学习的关键在于充分创造条件和机会。在幼儿园，教师需要给幼儿提供各种各样的

游戏形式，帮助幼儿发现美，除了美工区常规游戏外，也要在大自然和社会文化生活中萌发幼儿对美的感受和体验，丰富幼儿的想象力和创造力。在美工区中可以结合幼儿的游戏兴趣，调动幼儿的积极性，引导幼儿根据自己的游戏需要自主搜集游戏材料。教师也要针对幼儿的年龄特点，考虑游戏材料的层次性和多元化，即根据幼儿的年龄特点以及同年龄段幼儿不同的发展水平来投放游戏材料。

例如，制作灯笼时需要剪直线，针对能力强的幼儿，可以直接提供一张红纸，针对能力中等的幼儿，教师在纸上画上一半线条，针对能力弱一些的幼儿，教师可以在纸上完全画好线条，这样分层次地提供材料，幼儿都可以收获不同的发展，从而促进幼儿充分自主地进行艺术创作活动。

（三）教师适时提供帮助，支持幼儿自主探究

幼儿是有能力的学习者和探究者，他们会自主发现问题、分析问题、解决问题。教师要及时鼓励肯定幼儿，支持幼儿自主创作。例如在美工树枝创意拼摆区，幼儿想用树枝拼摆一所幼儿园，在拼摆滑梯时遇到了困难，安安想让滑梯立起来，可是树枝太细了，根本立不住。他多次尝试，急得满头大汗的，可是一松手树枝就倒了。看到安安很沮丧，游戏停滞不前，我进行了介入："你想让老师怎样帮助你？老师要怎样做？"安安回答："老师，这个总是立不住，我想让滑梯立起来。""那树枝自己本身立不起来，还有其他方法吗？"安安低头思考了一会儿，想到可以用积木拼接一下。最后安安把积木当作滑梯的底座，树枝当作滑梯上端的游戏区，借助积木支撑，树枝滑梯真的立起来了。

（四）欣赏幼儿作品，领会创作意图

《纲要》指出，要了解和尊重幼儿艺术活动的特点，克服以成人标准评价幼儿艺术活动的倾向，欣赏幼儿用自己的方式进行表现与创造，关注并鼓励幼儿自发的艺术活动，从中发现幼儿的兴趣。学前儿童正处于3～6岁，他们喜欢接触多种艺术形式的作品，如绘画、泥塑、手工制作、皮影戏等。他们常常在自己的艺术作品上加上自己的理解。有幼儿绘画新年福娃时，晶晶把福娃整个脸全涂成黑色了。问其原因时他说："天黑了，娃娃的脸都看不见了。"

幼儿的作品不是用眼睛看的，而要用心灵体会。幼儿对多种艺术表现形式以及对事物的感受和理解不同于成人，他们的笔触蕴含着丰富的想象力和情感。教师要尊重幼儿的想法，领会幼儿的创作意图，鼓励幼儿欣赏多种多样的艺术形式和作品，从而发展其艺术表现与创造能力。

（五）结语

《指南》指出，幼儿艺术领域学习的关键在于充分创造条件和机会，在大自然和社会文化生活中萌发幼儿对美的感受和体验，丰富幼儿的想象力和创造

力，引导幼儿用心灵去感受和发现美，用自己的方式表现和创造美。一日生活皆探究，美工区中自主探究活动也可以生成集体教学活动，帮助幼儿提升、总结、梳理经验，使其形成终身受益的学习品质。

教师与幼儿之间的行为来往在幼儿成长过程中的功能与价值是极其重要的。因此，教师要支持幼儿在美工区的自主探究活动，根据幼儿的年龄及学习特点，采用开放式的问题，鼓励幼儿自主表达，了解、倾听幼儿的创作意图，丰富艺术环境和材料，肯定幼儿的想法，并用表达自己感受的方式引导幼儿提高。

（作者：郝艳泽，岗位：教师，本文获第十八届
全国幼儿教师职业技能大赛论文评比特等奖）

提升小班娃娃家游戏自主性的方法与策略

小班幼儿的表征能力较弱，需要真实物品的支持才能够具有一定的角色意识，因此适宜投放全逼真类型的材料。娃娃家游戏是小班幼儿最喜欢的区域内容之一，每天都会有很多的小朋友参与到娃娃家的游戏中。幼儿在娃娃家游戏中自主选择需要的游戏材料，模拟真实的生活，如做饭、喂宝宝吃饭、给宝宝更换服装等。同时，在幼儿的游戏中，也会出现以下几种情况：幼儿将玩具柜中的所有食材全部拿出来放在桌子上摆弄或将材料摆在地上，或是教师提供了很多的材料，但是幼儿使用的频率较低。

《纲要》指出，在幼儿园一日生活里，要创设宽松、自由、丰富的活动环境，尊重幼儿的兴趣和需要，让幼儿自主选择，自主发展。

（一）转变为儿童视角，倾听儿童的想法

1. 材料上转变：将教师所想、所做变成幼儿所想、所玩。 儿童视角的运用需要有倾听儿童的意识，儿童视角在幼儿园区域活动中的运用首先需要转变对儿童的看法。在瑞吉欧的教育实践中，把儿童视为主动的、有能力的、顽强的探索和发现者，而不是预先定义好的、脆弱的、需要帮助的和无能为力的儿童。

材料是开展游戏的一个组成要素，也是具体体现幼儿自主性的一个重要因素，特别是小班幼儿在娃娃家游戏时，主题往往很不明确，只对材料的操作动作感兴趣，主题和情节会随着不同材料或不同操作方法而改变。

班中幼儿从入园开始就非常喜欢娃娃家的游戏，每天都会有很多小朋友选择娃娃家。但是过了两个月，教师发现选择娃娃家的小朋友越来越少。看到这样的现象，教师召开了幼儿会议，与孩子共同讨论问题。教师发起提问："为什么最近娃娃家的小朋友变少了呢？""因为娃娃家的锅太小，跟家里不一样"

"娃娃家的东西是假的""娃娃家没有菜"。通过分析孩子们的回答，教师发现，幼儿虽然在游戏，但是也在真实地模拟生活。那如何才能让娃娃家的游戏更加贴近幼儿的生活，让幼儿在活动中更加自主、自由、自信，从而促进幼儿情感、社会交往能力的发展？教师调整了不适宜的材料，让玩具材料与真实生活更加贴近，将小的炊具进行了替换，增加了方便幼儿翻菜的大炊具，满足幼儿炒菜的兴趣。将成品的材料进行替换，还增加了半成品的材料，如面团、磨具。

2. 环境上改变：重新规划游戏场地，激发幼儿游戏的多样性。 儿童视角的运用需要重视幼儿参与的过程。教育是一种实践活动，教育意义的实现是在过程中实现的。在幼儿会议中，孩子们提出娃娃家中的餐厅与卧室的距离太近，地方小，小沙发只有两个，孩子们希望能够与宝宝一起吃饭。于是，教师和幼儿重新规划了娃娃家的场地，将小餐厅从原来在地毯上的位置迁移到地毯外，卧室和厨房的面积变大。因为餐厅迁移到地毯外面，孩子想到可以在地毯边上放拖鞋，小朋友可以穿拖鞋到外面的小餐厅。拖鞋的投放让孩子们的游戏更加贴近真实的生活。

（二）丰富幼儿的相关经验，挖掘幼儿游戏的深度

幼儿发展的核心是经验，经验的获得有赖于幼儿主体性的发挥，有赖于幼儿的体验和感受，有赖于幼儿动用多种感官与客观世界及自己的心灵发生相互作用，有赖于幼儿的思维和情感参与。

1. 家园合力，共同梳理"家中的事儿"。 娃娃家游戏重在贴近幼儿的生活，真实的游戏才是幼儿喜欢的游戏。结合这一特点，借助家长资源，请家长和孩子一起梳理我们在家中能做的事情，然后在幼儿会议中分享。娃娃家从开始的单一给娃娃穿衣服延伸出给娃娃洗衣服、晒衣服、叠衣服。在这个过程中，幼儿尝试给宝宝的袜子、衣服进行分类，初步尝试使用小衣架。在照顾宝宝方面，孩子们提出要给宝宝洗澡，需要有宝宝的小浴盆；娃娃家要有宝宝的小马桶，宝宝也要去厕所；还要有带宝宝出去玩的包。然后与家长共同收集材料，投放到娃娃家，幼儿的游戏也从开始的单一摆弄过渡到有一定目的的游戏。

2. 利用观察记录、学习故事，记录幼儿发生的"故事"。 观察记录、学习故事都是教师在有目的地观察幼儿游戏，记录幼儿的游戏方式，分析幼儿的游戏行为并提供适宜的支持。这个过程中，不仅能够记录教师的教育行为，也能记录幼儿真实的游戏状态。在故事中，教师能够反思自己的教育行为、材料支持是否符合幼儿的游戏，也能够反映出幼儿游戏的真实水平，这就需要教师提高自己观察和解读幼儿的能力，能够全面地记录、了解幼儿的游戏行为，用故事推动幼儿的游戏深入发展。

幼儿的游戏是真实生活的反映，幼儿在与材料的互动中，尝试进行探究，学习解决问题的方法。在与同伴的互动中学习交往方式。如果说有必要对幼儿的学习进行调控的话，最好的调控就是给幼儿活动的时间、空间，适时给幼儿提供必要的帮助。

（作者：武子威，岗位：教师）

三、主题活动下的自主探究

浅谈小班主题活动下的自主探究

主题活动是指在集体活动中，以一个主题为线索，围绕主题进行活动与交流。幼儿园主题活动是一种研究型的课程，是幼儿围绕一个主题，进行自主观察，探索周围现象和事物，教师适时适度地予以支持和引导，幼儿获得新的、整体的经验的系列活动。有的主题活动以认知为主，有的主题活动以技能训练为主，有的主题活动以情感体验为主，但这几类活动不是绝对割裂的，更多时候它们是综合的，主题活动具有多层次的综合功能。

小班幼儿对周围世界充满浓厚的兴趣，对新鲜事物具有强烈的好奇心，喜欢摆弄操作材料，通过多种感官与客观世界以及自己的心灵发生相互作用，在活动中体验感知。

（一）贴近幼儿日常生活的主题，增强幼儿自主意识

国庆假期结束了，在分享快乐假期时，幼儿根据爸爸妈妈发来的精彩照片进行表达。有部分幼儿去了天安门、长城、故宫等，亲自感受爱国情怀。绝大多数幼儿回农村老家或者和家人一起去采摘，感受秋收的乐趣。班中部分幼儿将自己采摘的萝卜、南瓜、花生、红薯等带到幼儿园，在自由活动时间看一看、摸一摸、闻一闻。自然角收集了各种各样的秋收农作物，幼儿根据农作物的特点进行美工创作，把自然角变成了一个农作物娃娃农场，用不同颜色、不同形状的图形进行装饰。

快乐假期这一主题源于幼儿的日常生活，幼儿经验的获得有赖于幼儿主体性的发挥，对于入园不到一个月的幼儿来说，贴近幼儿日常生活的主题内容增强了幼儿自主意识。

（二）顺应幼儿内在兴趣的主题，激发幼儿探究行为

"小手真能干"的主题开展中，预设主题中没有剥花生的内容。活动的开展源于十一假期后，幼儿将收集的农作物放在自然角。教师发现并顺应幼儿的兴趣，开展了认识花生、剥花生的活动。活动根据小班幼儿的年龄特点，从幼儿周围的事物入手，激发幼儿的兴趣，幼儿在说花生、猜花生、剥花生的过程

中探究核心经验，在轻松愉快的氛围中实现活动目标。幼儿在与花生相互作用的过程中，获得感悟、认识、能力、情感。

（三）解决幼儿真实问题的主题，形成幼儿关键经验

在开展主题活动的过程中，幼儿与他人或事物相互作用会产生问题，幼儿解决一个又一个问题的过程就是成长的过程，在成长中获得经验。这些关键经验就像火车头，指引着主题活动开展的方向，以确保主题活动的质量；能够解决幼儿真实问题的主题也能形成幼儿的关键经验。

在开展"过冬天"的主题时，班中幼儿在户外运动时感觉小手冷，偶尔把小手缩在袖子里或插在兜里，就出现了小朋友摔倒时小手来不及保护自己的事情。事后，老师和小朋友们一起分析为什么会发生这样的事情，小朋友了解到把小手插在兜里虽然小手不冷了，但是如果摔倒了会受伤，让小手暖和还有其他办法，例如戴手套或者搓一搓小手。随后孩子们从家中带来了小手套，户外活动前，幼儿自己穿戴手套占用了很长时间，我们就开展了"小手套找朋友""戴手套的好办法""漂亮的小手套"等一系列活动。在"小手套找朋友"活动中，幼儿通过目测、细致观察、比较等方法获得手套外形特征不同、大小不同、花色不同的关键经验。在"戴手套"游戏中，幼儿发现有时自己的手套会找不到，有些幼儿能够马上找出自己的手套，原来问题出在收放手套的方法上，一双小手套没有放在一起就容易找不到，如果手套放在自己的兜里，或者一只手套套进另一只里，就能快速戴好手套。活动中幼儿体验到了收放手套的好办法，也延伸到收放自己的袜子、衣服等。

（四）符合幼儿学习方式的主题，促进幼儿全面发展

游戏是个体主动的、自发的、愉快的自由活动。在幼儿园的一日生活中，游戏就是幼儿的"工作"。游戏是幼儿自我指导的活动，对幼儿的身体、认知、情感以及社会性的发展具有重要意义。

幼儿的学习是行动性的，是多感官参与的，不是简单的听与看。区域游戏中，小铭、小墨和小源来到建筑区。小铭一边说"我要搭一个动物园"，一边取出斑马、狮子、长颈鹿和犀牛的塑料动物模型放在了垫子上。小墨和小源看到小铭又拿起彩色方砖放在小动物的旁边，也跟着拿起彩色方砖放在旁边，这样，三位小朋友铺的方砖越来越长。小铭看见长长的方砖说："要围起来。"其他两名幼儿像没有听到一样，继续延长方砖，小铭看见自己说不管用，就把长长的方砖转了个弯。小墨和小源又按照转弯延长摆放方砖，小铭又转了个弯，最后三位小朋友把小动物都围了起来。这时小墨说："小动物要是想出来怎么办呀？"小铭说："弄个大门不就行啦。"说完就把一块方砖拿了下来，又拿出两块小的方砖放在两端，上面又放了一个小桥形状的软积木。完成后，小铭脸

上露出愉悦的表情，他轻轻地低下头，通过"大门"向里面看，高兴地说："小动物有家了。"

总之，落实园本课程，要选择贴近幼儿日常生活的主题内容，增强幼儿自主意识，激发幼儿探究行为。在贯彻落实《指南》的背景下，幼儿教育不仅要关注知识教育，更强调幼儿情感、态度、情绪、习惯的养成，是幼儿教育的重要导向。开展多感官、多体验的主题活动对幼儿的全面发展具有重要意义。

（作者：孙金萍，岗位：保健医，房山区幼儿园
2020—2021 学年度优秀论文评比一等奖）

四、课程资源的挖掘与利用

浅谈如何巧用课程资源生成生活化的主题活动

课程是幼儿园的生命力，构建适宜儿童发展的课程并努力落实，是实现幼儿园培养目标，也是贯彻《指南》精神的重要途径。我们要立足于幼儿园实际，做真实的课程，树立幼儿园课程自信，不断探索，促进幼儿全面发展。幼儿园是幼儿生活的主要场所之一。幼儿的一日生活、与幼儿有关的社会生活及幼儿的游戏都是重要的课程资源。幼儿园的主题活动事实上就是幼儿生活的世界。在我国幼儿园教育早期，张雪门先生就已倡导："生活就是教育；孩子们在幼稚园生活的实践，就是行为课程。这份课程，完全根据于生活：它从生活而来，从生活而开展，也从生活而结束。幼稚园的课程主要就是幼稚生围绕中心主题所进行的活动，但这种活动也不是放任的活动，教师必须通过自己的指导和帮助，将儿童的活动纳入正确的轨道。"如何以幼儿为主体生成生活化的主题活动呢？

（一）根据兴趣需求生成主题

关注幼儿兴趣需要的课程，才能真正促进幼儿发展、生命成长。老师在组织课程时一定要关注幼儿的兴趣需要，这样才能够不断地让幼儿喜欢游戏，在活动中不断地发展。如在组织活动中，幼儿被树上掉下来的虫子所吸引，这个时候我们就根据幼儿的兴趣，引导幼儿探索，开展了"幼儿园里的虫虫世界"主题。

1. 注重幼儿已有经验。 幼儿园课程的核心是幼儿经验的获得，是幼儿自己探索、发现、尝试、交往的过程。经验既可以指幼儿与他人或事物相互作用的过程，也可以指幼儿在相互作用的过程中获得的感悟、认识、能力和情感等。幼儿的原有经验是幼儿活动的基础，所以我们要注重了解幼儿的原有经验。

针对"幼儿园里的虫虫世界"主题中幼儿感兴趣的话题，我们展开了讨论。有些幼儿说树上掉下来的是毛毛虫，有的说这是"吊死鬼"，它会拉丝，从树上吊着下来，还有的说是小青虫。从幼儿的言语中我们能够发现，幼儿对昆虫有一定的已知经验，见过一些种类的昆虫，但是不能叫上名字，对于昆虫的特征习性等不了解。

2. 丰富幼儿相关经验。了解到幼儿的原有经验后，我们就要注重幼儿在活动中新经验的获得。我们利用家园合作，引导幼儿调查虫子的相关知识，丰富幼儿的知识。经过调查，幼儿所说的"吊死鬼"是尺蠖的幼虫，幼虫为害树木。了解了这些知识，幼儿又对怎样取出虫子、保护小树产生了兴趣，展开了进一步探索。

（二）根据季节生成主题

季节的变换是幼儿能够感知到的，季节中蕴含着中国传统的智慧和文化。结合季节生成主题活动，能够促进幼儿关注身边的事物变化，了解地域特点。

1. 注重引导幼儿观察。季节的变化不是一天形成的，所以我们一定要注意平时多引导幼儿观察周边的景物变化，激发幼儿的兴趣，形成课程资源，开展主题活动。如进入秋季，树木会有比较明显的特征变化。

2. 支持幼儿自主探究。在幼儿观察的过程中，我们还要注意倾听幼儿，从中捕捉幼儿的兴趣需要。如教师及时捕捉到幼儿对落叶感兴趣的点，是谁先落，为什么落，还是玩落叶等。再根据幼儿感兴趣的内容开展相关的探究活动，如针对叶子为什么会落展开调查，延伸到幼儿园周边及社区的树木种类、制作落叶标本等探究活动。

（三）根据幼儿身边的社会事件和生活事件生成主题活动

1. 抓住幼儿关注的社会事件。新型冠状病毒肺炎疫情让幼儿对疫情的感知更近了一步。全民进行核酸检测，让幼儿产生了很多的感悟。针对这样的社会事件和生活事件，我们开展了主题活动，针对"什么是核酸？为什么要做核酸？做核酸的时候你有什么感受？谁给我们做核酸？他们在工作时付出了什么？看到他们在炎热的夏天依然坚持工作，你想对他们说什么或做什么？"等问题开展系列活动。

通过活动，幼儿了解到疫情中无数人的努力付出，看到了中国精神，在心中埋下了感恩的种子，种下了爱国情怀；理解了责任与担当的意义，体会到生命的珍贵。生活永远是最好的老师，我们要用心去发现幼儿身边的课程。

2. 挖掘运用社区资源。在北京市开始实施垃圾分类后，家庭中也根据要求开始了垃圾分类。幼儿观察到社区及家中有不同的垃圾桶，扔东西时也将不同的东西放置在不同的垃圾桶内。结合幼儿的生活，我们就可以开展关于垃圾分类的主题活动，让幼儿通过社区调查，参与社区垃圾分类活动及宣传，激发幼儿保护环境的意识，同时在生活中用实际行动践行垃圾分类，保护环境、节约资源。

在当今新时代背景下的幼儿园课程改革中，"一日生活皆课程"早已成为我们的理念。结合当下孩子真实的生活和真切的体验，基于幼儿兴趣，挖掘自然资源、社会资源中接近幼儿生活经验的探究点生成主题活动，切实有效地开展教育活动，是将"幼有优育"精神真正落实到每一名幼儿的发展上最有效的途径之一。

（作者：王畅，本文获第二届"张雪门行为课程
与幼儿园课程游戏化"学术研讨会征文二等奖）

五、课程实践思考

让幼儿园课程成为孩子的真课程

落实到儿童生活上的课程，是幼儿园的真课程。儿童在自己的生活中，学习、发展获得经验的真课程，是幼儿园实现"幼有优育"，培养全面发展幼儿最有效、最直接的途径。那怎样的课程才是属于幼儿自己的真课程呢？首先我们要关注每个儿童的兴趣需要和发展。作为教师要充分观察儿童的表现，锁定幼儿的需求与意愿开展活动。及时抓住有价值的教育契机，与幼儿一起进行探究。在活动中教师根据幼儿的需求不断调整环境与材料，幼儿通过直接感知、亲身体验、动手操作获得经验与发展。

（一）观察幼儿，顺应幼儿意愿开展课程

开展课程的前提是观察幼儿，了解幼儿的需求，在众多幼儿感兴趣的活动中捕捉到最有教育价值的生活活动。如孩子们坐在教室里，总是望着外面雪的时候，教师要及时调整方案，让孩子们走入雪中欢快地游戏。"雪花好凉呀，老师快看！滑梯上都是雪，滑梯变白了。""树上也是雪，好像开花了。""我手上的雪变成水了。""快看！雪地里留下了我的脚印。"一个孩子发现了新的游戏，他指着脚印说："脚印上还有波浪形的花纹呢。"他抬起左脚，在没有踩过的平滑的雪面上使劲踩，随后他抬起脚看了看自己的鞋底，兴奋地跳起来："脚印上的花纹和我的鞋底的花纹一样。"其他小朋友也学着他的样子在雪地里踩呀踩。

孩子们对雪非常感兴趣。通过看一看、摸一摸感受雪的特征。在游戏的过程中，孩子们有很强的观察能力，发现走在雪上的咯吱声，看到雪地里留下不

同的脚印，并且快速联想到脚印的不同和鞋底的图案不同有关，在游戏的过程中提升了认知水平，认知力、观察力、探究兴趣、同伴之间的交往能力也得到了提升。

（二）在活动中，幼儿是主人，教师是客人

幼儿通过环境，与人、与物互动，在模仿、体验、探究中得到发展。幼儿在活动中亲身参与，真正地体验生活，主动参与并创造生活，发展自主性、主动性、创造性、解决问题等能力。教师要作为客人参与到孩子的活动中，追随孩子的意愿。如春天到了，师幼一起承包种植园，一起收拾土地，一起找适合种植的种子。老师在活动中不过多干涉幼儿的选择，不把自己的经验强加给幼儿，让幼儿自己去探索，即使失败了，也是一种经验的获得。在种植的过程中，孩子们学会了选种子，知道了植物在什么样的土地上容易生长，知道了植物的生长需要水分、阳光、空气和土壤，还要给种子施肥。在实际照顾植物的过程中，孩子们的交往能力、语言表达能力、勇于探究的品质都得到了发展。

（三）做幼儿的同伴，玩在一起

让幼儿园教育与生活实现一体化，首先需要牢固树立以幼儿为本的观念，在开展活动时遵从幼儿的意愿，跟随幼儿的兴趣，才能保障生活在当下的幼儿过有意义的生活，幼儿才能通过活动提升自己的能力，才能根据自己的兴趣提升发现问题、解决问题的能力。同时教师要像孩子一样，想幼儿所想，惊喜于幼儿的发现，永葆一颗童心，对事物充满热爱与好奇，能与幼儿玩在一起。如幼儿在户外游戏时发现了蚂蚁，随之而来的是一个个问题，蚂蚁长得什么样？蚂蚁的家在哪里？蚂蚁喜欢什么样的生活环境？在哪儿可以发现它们？它们爱吃什么？带着这些问题，孩子们分组完成任务，老师也加入组中。在活动过程中，孩子们通过观察、在网上查找资料和蚂蚁王国材料的投放，了解到蚂蚁的分工不同和蚂蚁家的结构。

（四）创设展示交流平台，发挥同伴之间的力量

为幼儿提供展示交流的机会，幼儿把自己的发现、解决方法与大家分享，不仅使幼儿增加了自信心，后续活动更加积极主动，而且通过交流展示，其他幼儿提升了认知经验，逐步培养了探究习惯。

陈鹤琴强调："儿童能够直接去学习，去研究，结果收获当然要比只靠书本的大得多。"应注重儿童直接经验的掌握，教师应积极地鼓励儿童去实践，去获得直接经验，幼儿形成直接经验的过程，就是他们思维能力提高的过程，也是他们"自动研究"的精神形成的过程。

作为一名教师，要关注幼儿的需求，开展幼儿自己的课程，陪伴幼儿在自己的生活世界快乐成长，让每一名幼儿都能在源于兴趣需求的自主探究活动中获得优质教育，实现全面发展。

（作者：董丽华，岗位：教师，本文获第十八届
全国幼儿教师职业技能大赛论文评比一等奖）

六、家园共建课程

教师是课程的实施者，好的课程滋养着幼儿，也滋养着教师。教师与幼儿在课程实践中共同成长，在研究、探索、反思中，感受课程研究实践带来的收获。

（一）教师心语

心语一：我学会了观察

在自主探究式主题课程的引领下，我慢慢知道在幼儿的活动中怎样观察，并且利用观察我发现，幼儿在户外活动中对自然界中光、影的兴趣，我们继而对自然资源进行开发与利用，挖掘资源背后适宜幼儿发展的各项目标。正是因为观察，我们了解到其实大自然对于孩子们的吸引力不仅在于它丰富的变化，而且孩子们能够从环境中发现自然界独有的奥秘。正是因为观察，才让我抓住了教育契机，让幼儿在充满探索性的生活中，编织更加丰富多彩的儿童生命。

白描式观察让我看到了有力量的学习者的含义，也让我感受到了职业幸福感。还记得孩子们在制作胖胖光影屋时，当外形制作好，准备制作墙面时却停止了游戏，我暗自心想：为什么不能用酸奶盒来制作呢？在活动区分享时，他们除了分享制作好外形的喜悦，还直接向班里的小朋友求助，询问哪位小朋友家里有大的纸箱、牛奶箱。原来他们心中早就有了自己的计划。第二天，孩子们纷纷将家里的纸箱带了过来，又继续开工了。利用白描式观察后，我看到了孩子们对游戏的坚持、努力、靠自己的力量解决问题的品质，也让我看到了孩子们自信的力量。白描式观察让我真正站在儿童发展的视角去开展活动，不仅收获了专业成长，而且感受到了满满的职业幸福感。

（张颖）

心语二：白描式观察让我读懂孩子，支持幼儿深度发展

通过白描式案例研修，我能够在读懂幼儿行为后进行支持。只有作为幼儿游戏的观察者和倾听者，才能成为幼儿真正的支持者。我利用家长资源搜集了小宝宝的衣物，投放在娃娃家中，这样幼儿在尝试给小娃娃穿脱叠衣服的过程中就锻炼了小手肌肉，也增添了整理衣服的情境。一次，一个小朋友照顾宝宝时，她把给小娃娃穿好的衣服脱了，以前的我会马上用游戏的方式介入，通过语言"小宝宝好冷啊！"来引导幼儿给娃娃穿衣服，但是在白描幼儿游戏以后，我学会了等待，看到她拿起衣架上的游泳衣，边给宝宝穿边说："妈妈带你去上游泳课，快到点了。"我意识到幼儿将自己上游泳课的经验迁移到照顾宝宝身上。于是，我请幼儿分享照顾宝宝的过程，并悄悄地投放了浴盆、花洒、浴巾、操作台等材料，幼儿第二天到娃娃家看到这些材料后，高兴地带着宝宝去游泳了。

作为教师，只有了解幼儿的游戏水平，熟知幼儿游戏发展的需要，才能对幼儿游戏行为进行正确的判断；只有日常关注幼儿的游戏行为，观察到幼儿游戏的需求，才能以材料为媒介与幼儿形成积极的互动，给予有效的支持，促进幼儿深度发展。

（赵茜）

心语三：自主探究课程实践心得

自主探究课程的实践与研究为我的专业打开了一扇快速成长的大门。经过一段时间的尝试，我对自主探究式主题课程与幼儿发展的关系有了真正深入的认识。

第一，真正体会了观察的作用。通过开展主题，倾听课程故事，真正看到了观察的作用，并了解了如何观察。我更愿意在日常工作中主动倾听幼儿的心声，观察了解幼儿的兴趣需要，对幼儿进行解读并支持幼儿学习，观察能力越来越强。

第二，真正理解了对话的意义。教师能从课程故事的分享中看到对话在课程中的关键作用，逐渐学会基于幼儿经验与发展需要筛选出有价值的问题，与幼儿进行对话，进而促进幼儿发展。

第三，真正感受到了创造的魅力。通过一个个具体生动的课程故事的分享，感受到课程的有趣和好玩，主动生成课程的意愿增强，课程意识逐渐凸显，课程评价能力也逐渐提升。

第四，真正发现了反思的价值。听课程故事的过程也是教师反思的过程，它会让我反思遇到类似情境"我是怎么做的"或者"我以后怎么做"，促使我基于实践进行真正的反思，进而在实践中调整行动。课程故事案例的撰写，使得我在不知不觉中完成了一次又一次的深度反思与学习，不仅仅是在讲述课程故事，更是在实现从经验的理解到理论的灵活运用，实现了真正意义上的自主建构，我的专业发展也迈上了一个新台阶。

（杨小平）

心语四：在探究活动中转变教育视角

通过撰写白描的观察记录，我的观察视角有了很大的转变，在以前的活动中，我的目标意识很强，在主题活动的开展中总是会引导孩子顺着我的探究思路去开展一系列游戏内容，而现在，我能够站在幼儿的角度，退一退、等一等，与幼儿一起活动。在游戏过程中，观察是我了解幼儿活动情况的第一步。通过白描的方法记录观察内容，我能够更准确地了解幼儿游戏的情况等。观是看，察是思考。在撰写白描观察记录的过程中，不仅仅是用教师的眼光去直接介入和支持，而是一边看、一边想、一边感知、一边思考幼儿活动的完整过程，因此使我对幼儿的现状和后期支持更有抓手。通过白描的方式进行更加深入的解读分析，对幼儿活动的支持策略是站在儿童的视角下，贴近儿童进行有发展的支持。比如小朋友在建筑区给小动物搭房子，搭着搭着房子就倒了。孩子看见房子倒了，有的会伤心，有的会生气。遇到这种情况，我以前本能地就会介入，问孩子"怎么哭了呢？老师帮你搭起来，别哭了"等。但现在运用白描观察，我的

观察就比较客观，不会盲目地介入，除了情感方面的安抚，还会去分析孩子的学习品质、认知、自我实现等方面，会多角度地进行支持。在每天的观察、分析、支持下，幼儿在自理能力、交往能力、适应能力等方面都有进步，家长发现孩子的这些进步后也会向我表达他们的认可与感谢。

（樊晨曦）

心语五：结伴同行共成长

在自主探究式主题课程的开展中，我学会用一双善于发现的眼睛去看幼儿，学会蹲下来走进他们的世界。幼儿的世界就像是一个隐藏的神秘宝盒，不断给我带来惊喜，让我深深地感受到儿童探究的力量。这样的发现也在一点一点地影响着我的教育视角，在这条课程建设的路上，我正在和幼儿结伴同行。

在自主探究课程实施过程中，我学会捕捉幼儿兴趣，让幼儿成为活动的主人，根据自己的亲身体验、实际操作、直接感知去发现问题，然后用自己的思维方式去解决问题。在开展"有趣的镜子"主题时，一天，彭彭吃完午点后，自己把餐盘洗得非常干净，他举起来向我展示着他的劳动成果，窗外的阳光照射到了他的盘子上，我身后的墙面被反射出了光斑，他突然指着墙上的光说："老师，你快看后面，我把光照在了墙上！"小朋友听到连忙围过来观看："真的呀，彭彭你太厉害了！"彭彭抬起了朗朗手中的盘子说："你也可以的，像我这样做就成。"一旁的馨馨大声地说："我知道，这是光的反射！"我激动地追问："那你们知道光是怎么反射到墙上的吗？"孩子们七嘴八舌地回答着。我继续提问："那还有哪些东西可以将阳光反射到墙上？""镜子！""对，我们班有好多镜子。"小朋友快速找来了镜子，纷纷在窗边尝试探索，还不断分享着自己的发现："老师，你看，镜子一移动，墙上的光也会改变位置。"我问道："那你能让阳光沿着墙移动吗？"话音刚落，孩子们就摆动着手中的镜子不断探索。看着他们专注的样子，我深刻体会到兴趣调动主动探索欲望的重要性。

在课程开展中，我的教育视角慢慢地从"重结果"转变为"重过程"。《纲要》中指出：能够让幼儿真正进行探究活动的条件，我们得尽量去创造，让幼儿切实感受探究的过程与方法，让幼儿体验发现问题、解决问题的乐趣。

通过自主探究课程，我学会了发现幼儿在活动过程中的闪光点，能够

看到他们的兴趣，能够倾听他们的发现，能够看到他们想尽办法去不断尝试，尽管失败了也会继续探索的良好品质，能够看到他们的进步和成长。在这条自主探究课程的路上，我相信未来还能学会很多，我也会坚持与幼儿结伴同行，共成长！

（耿爽）

心语六：让幼儿悦纳情绪，从课程出发

通过自主探究课程的实践与探索，我更加注重幼儿在活动中的情绪情感，也更深层次地去理解幼儿。儿童和教师都是单独存在的个体，在幼儿园里，我们把儿童和教师融为一起，成了互动者、合作者。

一般认为，开展课程就是为了提高幼儿的认知水平以及各方面的学习品质，却忽略了儿童的情绪情感。实际上，幼儿园的一日活动中，时时都贯穿着幼儿情绪情感的特定体验，这对幼儿心理与行为都具有持续而深刻的影响。所以，通过课程实践，我认识了情绪情感在幼儿学习与发展中的重要性，并在各项活动中重点关注幼儿的反应及表现，有意识地去营造温馨、良好的氛围和情境，支持和回应幼儿的兴趣与需求，培养幼儿积极的情绪体验。

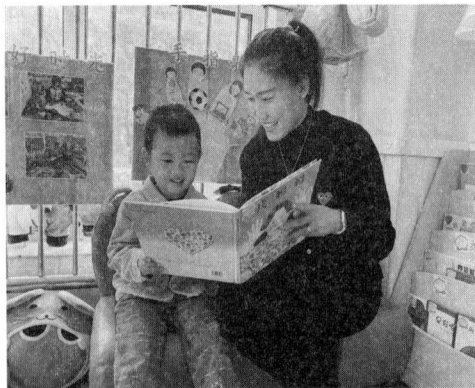

在开展大班主题活动"我们的运动会"中，经过幼儿精心地计划、准备，我们开办了一场热烈、激情的运动会。当大部分孩子在享受喜悦与成绩的同时，我关注到个别幼儿，有因为没有拿金牌而失落的，有因为没有与同伴配合好而气愤的，还有因得了最后一名而懊恼的。于是我把孩子们的想法展示给全体幼儿，让幼儿重新去认识自己，通过绘本、同伴、教师的支持与开导，让幼儿学会自我调控，学会直面问题，懂得成绩固然重要，但是努力、坚持、友情是最可贵的。

华爱华教授曾说过："对待幼儿的情绪情感更需谨慎，教师必须观察每一名孩子的行为，了解其背后的动机，从而做出准确的判断。"所以，我在课程实践中有意识地捕捉幼儿游戏及生活中的情感表现，分析幼儿的情感需求，走进幼儿的童心世界，为幼儿的成长铺就温暖的底色。

在自主探究式主题课程的实施过程中，家长也热情地参与其中，他们感受到了幼儿自由、自主、探究的力量，看到了孩子们的成长变化，体会到了以自主探究课程培养全面发展儿童的时代性。正如一位家长所言：从孩子的脸上看

到了阳光与爱，从孩子的行动中看到了兴趣与探究，课程给予孩子无限力量，小种子定会发芽、成长。

（高晨雪）

（二）家长感言

感言一：看见孩子的变化，感受孩子的成长

在孩子入园前，我对幼儿园的园所理念、文化及课程并没有深入的了解。在入园后的第一次家长会上听了园长详细介绍园所理念、文化及全人教育理念下幼儿园自主探究式主题课程，了解了课程的目标是培养德智体美劳全面发展、知情合一、自我实现的完整儿童，真的是醍醐灌顶、受益匪浅。

在孩子入园后，我也深刻地感受到园长提到的一日生活皆课程，理解了什么是孩子的自主。第一步就是要孩子勇敢地自己走入幼儿园，自主入园后自主吃饭、擦嘴、漱口、穿衣服、睡午觉等，出现问题会勇敢地表达，独立做事，区域游戏可以自主选择、自主探究。

我有幸成为班级家委会的委员，在一次作为家长代表进园参观时，我看到小朋友玩游戏的场面，有的小朋友在玩拼图，有的小朋友在美工区刷房子，还有的小朋友热情地请我吃"烧烤"，每个孩子的脸上都流露出自信、阳光、爱和温暖。

我的孩子所在的班级是小七班。在与班级三位老师的接触中，我也深刻感受到三位老师一直在严格践行园所理念。班级开展了丰富多彩的主题活动。在主题活动中，老师们会根据孩子们的兴趣生成活动。幼儿园的海棠红了，老师鼓励孩子们想办法摘海棠，孩子们自己洗海棠、品尝海棠。在"可爱的鸡宝宝"主题中，孩子们观察小鸡出壳的过程，在饲养小鸡的过程中探究小鸡吃什么、怎样照顾小鸡等。在生活中，老师会给孩子充分动手探的机会，鼓励小朋友自己的事情自己做，遇到困难时想办法自己解决。一系列的活动让我们家长看到了孩子的变化，孩子们对周围事物感兴趣，喜欢参与活动，愿意给爸爸妈妈讲自己的小发现，爱提问题，还会主动查找答案。

作为家长，我深刻地感受到幼儿园自主探究式主题课程真正促进了孩子的

发展，真心感谢园长和老师们，你们正在用心、用双手为孩子们的明天奠定坚实的基础！

（范相麟妈妈）

感言二：自主探究课程带给我的惊喜

孩子来到幼儿园已经有一年多的时间了，在这一年中，在与老师的沟通中，在班级群内视频、照片的分享中，我渐渐了解了"自主探究"的力量。

初识"自主探究式主题课程"是在小班开学后不到一个月的时间里。还记得那会儿奶奶不放心刚刚步入幼儿园的兜兜，在买菜时特意到幼儿园门口看了眼孩子户外活动的情况，结果发现小兜兜没跟着大队伍，正在墙边的一个小树坑边摆弄着什么。当时奶奶就拍照发在家庭群里，全家人都有这样的担心："孩子上过一段时间的私立园了，本以为她挺适应的，怎么不跟着大家呢？"大半天的焦虑后，在孩子放学后，我和老师取得了沟通，老师听完我的话笑着跟我说："兜兜当时跟老师说她发现了一个硬壳的小甲虫，当时孩子对这个小昆虫非常感兴趣，她在仔细地观察，于是老师尊重孩子的兴趣，允许她继续观察。同时班里的老师用视频的形式记录下来，回到班里后，孩子们一起去分享她的发现。"

在了解了事情的原委后，老师又和我谈到了"自主探究"这四个字。回到家中，我问了问兜兜，没想到她兴奋地说着自己看到那些小虫子的细节，那时我心里感觉特温暖，觉得"自主探究"是等等孩子，给孩子点时间，尊重孩子的想法，关注孩子的兴趣。

持续地了解自主探究式主题课程是在入园前半年，在与老师的沟通中，老师从专业的角度和我一起分析孩子的年龄及行为特点，与我交流在探究活动中老师和家长如何去支持孩子的想法，发现孩子的探究力量。经过了一年的幼儿园生活，孩子变得更加独立自主、乐于助人、自信向上了。作为家长，我的心态也发生了改变，从焦虑到坦然淡定。在这个过程中，我仿佛更了解教育的含义了。同时，我也进一步在微信群、班级活动、孩子口中了解了幼儿园的课程。

家长和孩子一起参与课程活动，孩子们在课程中成长。领养小兔子，培养

· 284 ·

孩子爱心；认识蔬菜，了解蔬菜的多种营养和秘密，还从一个食肉宝宝变成了喜欢吃蔬菜的健康宝宝；春天里的写生，与孩子们亲近自然，感受自然之美；阅读绘本，学会观察；庆"六一"线上运动会，与孩子度过难忘的儿童节。这些主题活动贴合孩子们的兴趣，符合孩子们现阶段的成长需求，寓教于乐，作为家长真心要给班级点赞。幼儿园自主探究式主题课程深深吸引着孩子，也吸引着家长，让我们共同陪伴孩子成长。

（秋垚锶妈妈）

感言三：自主探究课程促小雏鹰展翅飞翔

"妈妈，您拿出我的小筷子，我要试着夹菜吃""我觉得这个积木小车还有别的拼法""您洗手的方法不对，应该这样洗"……自从果果进入北京四幼长阳分园，我们的家里就陆续出现了这些声音，少了遇到困难就甩手不干的现象，少了遇到烦恼就哭闹不止的情况。仅仅在四幼分园成长了一年，孩子就变得敢于提问、勇于质疑、勤于探究、敢于挑战，想法古灵精怪，创意多多，令人惊喜。

（一）养成习惯，独立自主

果果在进入幼儿园之前，我怎么教穿脱衣服他都不愿意自己独立完成，这令我十分烦恼。进入幼儿园后，老师引导孩子们独立自主做事情，鼓励孩子们自己能做的事情自己做。老师像有魔法一样，短短一周的时间，果果做事情已经不再用我帮忙，可以独立地穿脱衣服，认真地刷牙，脱掉的衣服还能按步骤叠起来，早睡早起等。老师们非常有耐心，给孩子们尝试的机会，让他们自己动手去完成，并耐心地去指导孩子们，让孩子们发现做事情的小"诀窍"。老师们一次次的鼓励和肯定，增强了他们的信心，营造了宽松、和谐的氛围，把要做的事情化为自身需要，由"被动"变"主动"，让孩子们体会到了成就感，也让我的烦恼一扫而空。

（二）学会交往，文明守礼

因为我和果果爸爸工作繁忙，奶奶身体又不好，果果总是自己一个人玩，很孤单，我以为他是个害羞的孩子，这令我十分担心。结果，出乎意料，经过一段时间的锻炼，果果竟然成为幼儿园的"社牛"，每天在校门口，他见到老师一定要走到老师面前，挥手向老师问好，放学后，他大声地跟老师说"再见"，每次见到同班同学，扯着他的"大嗓门"喊出他们的名字说"再见"，路上也有很多人说"这个孩子真是懂礼貌、热情"，听到这些赞许，我既尴尬又开心。害羞、腼腆、见到小朋友不敢说话、总是往后退的果果，经历了什么，由"社恐"变得这么热情、主动？我想是因为幼儿园的教育，手工区的自主创意，阅读区的悦读乐享，自主课程的完整参与，游戏时的有趣欢乐，运动时的畅快淋漓，这一切都让他儿童的天性得到自由释放，老师的宽严相济，让他安全温暖文明守礼，同伴的相亲相爱，让他学会了交往，学会了宽容与分享。在班级时刻记录着他们成长的光影中，我感受到了园所课程理念的力量，感受到了教师们的温馨挚爱，我的孩子何其有幸在这样温暖有爱、育儿有方的环境中幸福成长，我真的太感恩了。

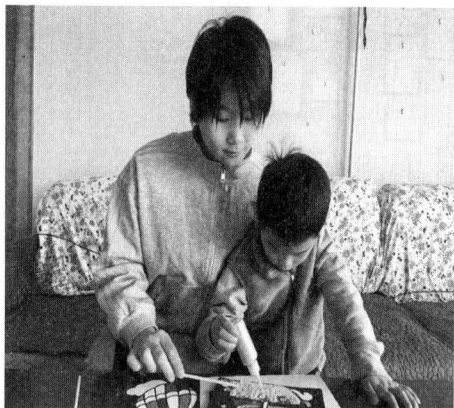

（三）自主探究，雏鹰展翅

在园中，老师们开发生成了很多自主探究式活动，无论是中秋特色活动，还是山楂树活动，都令人惊艳，不仅有传承中国传统文化和爱园如家四季如歌的教育意义，而且让孩子们学会观察生活，学会发现美、感受美、创造美。即使现在处于居家状态，条件有限，老师们依然开发了很多新活动，让孩子们居家也可以体验，培养孩子们的动手能力，促进小肌肉的发展。

在四幼长阳分园一年半的教育浸润中，我家果果有了由内而外的成长，作为一只小雏鹰，已经振翅跃跃欲试。我相信，在老师和小朋友的陪伴中，他一定会不断积蓄力量，在毕业时，一定可以振翅高飞。作为家长，我特别认同四幼长阳分园的教育理念，感谢班级所有老师的精心付出和培养。

（陈峻骁妈妈）

感言四：教育无痕，成长有迹

时光飞逝，岁月如梭，转眼孩子已经上中班了。看着他如今彬彬有礼的模样，落落大方的谈吐，独立自主的行为，回想初入园的情形，甚是欣慰。回忆孩子一路的成长点滴，作为一位母亲，我真切地感受到了幼儿园的魔力——自主探究的游戏氛围教会孩子独立，带动孩子玩耍，引导孩子成长。欣赏着班级相册里的照片，孩子的成长尽在眼前，园所和老师们的用心，给了我一次次的惊喜。

（一）活动引领趣味多

班级开展了丰富的主题活动，经常从孩子的口中听到："我们班开展车子主题了，我最喜欢车子了，我发现班里有很多好玩的小车，有大的消防车，小的小汽车。"“妈妈我们班开展筷子主题了，我今天还用筷子制作小灯笼了，筷子能做很多东西，还能拼摆。老师还夸我筷子用得好。"“我们班在开展我运动我健康主题，我们还要开运动欢乐会，我要运动起来，争取拿第一。"在主题活动中，孩子会有很多发现，回到家里也会主动和我们分享，看到孩子一点一滴的进步，我们非常欣慰。

（二）游戏互动花样多

孩子最开心的是班级有好多有意思的游戏。从孩子口中我知道了趣味搭建区、穿珠小游戏、水雾魔珠、磨坊的乐趣、国王的轿子等。孩子们读故事的时候接触到轿子，对轿子非常感兴趣，张老师就竭尽所能，全家总动员，用冰箱包装盒为孩子们做了一个轿子的外形，拿到班里由孩子们进行装饰。从老师分享的照片中我们看到孩子们为轿子刷颜料、穿珠帘、设计图案。穿的珠帘还是有规律的，有的孩子还会比一比珠帘的长短。看着孩子们坐在轿子里的开心模样，我们家长明白了什么是在游戏中发展。

（三）动手实践方法多

孩子上中班了，学会的技能越来越多，在家里也会主动自己的事情自己做。在使用筷子时，会先观察我们大人的使用方法，然后一次次练习，遇到困难也不放弃。孩子回家后常常与我分享他的收获。从孩子的眼神中我看到了一种神奇的力量。幼儿园的课程让孩子们在快乐中实践，在实践中发展。

成长不期而遇，这期间饱含老师们的辛勤与汗水，虽然教育不易，但是老师们愿意从孩子成长的需求出发，为孩子营造自由自主的氛围。教育无痕，成长有迹，再次感谢老师们的智慧，让儿童健康快乐成长。

（夏闻彬妈妈）

感言五：感受孩子成长，陪伴孩子进步

转眼间，孩子已经上大班了，通过这三年担任家委会委员，参加班级开展的一些主题、区域活动，观察孩子进入幼儿园后的表现等，我对四幼分园也有了更多的了解。时常听到老师说到幼儿园的课程目标是要培养德智体美劳全面发展、知情合一、自我实现的完整儿童。落实这样好的教育理念，作为家长的我也积极配合，共同培养孩子自主做事的能力。

第一，自己的事情自己做，从进入幼儿园就开始学习，独立入园、穿衣、

吃饭等；第二，为家庭服务，为父母长辈服务，例如在家关心父母，为父母长辈倒水，做家务等；第三，为他人服务，为社会服务，在幼儿园帮助他人，为大家服务，例如新闻播报、修复破损图书等。

很荣幸之前能够进入班级里参观幼儿活动，给我印象最深刻的是，当家长走进班中，孩子们沉浸在自己喜欢的活动中，丝毫没有被突然进入班级的家长所打扰，他们有的在美工区探究制作机器人，有的小朋友自主地在小舞台跳舞，有的在益智区专注进行拼搭游戏。活动中，教师与幼儿共同游戏，不断用启发式的语言支持幼儿进行深入的探究。游戏后，幼儿自主有序整理玩具材料。孩子的状态和小班时完全不一样。

在四幼精心设计的课程体系中，我家孩子在学会遵守规则的同时，能够积极参与各种主题活动，各种综合能力都在潜移默化中得到不同程度的发展。在班里搭建地铁长阳站和熙悦湾时，她开始主动要求去观察真实建筑的结构，并尝试与她们自己搭建的作品作比较；在班里办小汽车活动坊时，观察了汽车的轮子和工作原理，居家期间主动尝试用蛋壳和瓶盖做蛋宝小车。无论是做手工、绘画，还是做家务劳动，我们都看到了遵守规则的孩子，能够不受环境干扰，专注完成手头任务，即使遇到困难也不急不躁，不断尝试探索。

孩子们的点滴成长、进步与园所的课程定位有密切的关系，感谢四幼分园，感谢敬业的老师们。

（李象音爸爸）

感言六：感受课程，感受成长

孩子在幼儿园学习生活已经两年多了，作为家长，我感受到了园所课程对孩子的深远影响，我看到了孩子在关爱、尊重、兴趣、探索、交往、理解等多方面的成长。

（一）自主探究促进幼儿主动交往

孩子在家就是一个小公主，由于在家里老人包办代替的事情比较多，孩子在家语言表达的机会就会比较少，而且孩子与老人在一起的时间比较长，缺少了与其他小朋友游戏交往的机会。所以，在入园后，让我非常担心的事情就是孩子的交往与表达。老师给我们分享了促进孩子沟通交往的方法，那就是相信

孩子，给孩子自主的机会，让孩子能做的事情自己做，在动手中发现问题并想办法解决问题，多与孩子聊一聊，让孩子愿意表达自己的想法。到了中大班，班级开展了冬奥播报、新闻小主播的活动，通过同伴的激励，孩子更愿意表达了。在这个过程中，孩子也更愿意分享自己感兴趣的事，同时获得了自信。

（二）家长与孩子共成长

班级老师根据孩子们的兴趣创设了美食加工厂、食物旅行记、甜品屋、冬奥专区、绿植养殖区、护眼小卫士、果实大丰收等多个活动区角。在美食加工厂，老师为孩子们提供了不同的工具，让孩子们能够探索擦丝擦片、切丁切块的方法。在家里，这是我根本不会让孩子尝试的，但是老师们却能够支持孩子，并且利用语言指导孩子保护自己。真没想到孩子们的动手能力和探索能力这么强，班级的活动也弥补了我们在家对孩子劳动能力的剥夺，现在我每次准备做饭时，孩子总能询问我需不需要帮助。我也学着老师们的方法，引导孩子想一想怎样才能把菜择干净，怎样端饭更平稳。

在这里，感谢付出点滴滴的老师们，是你们用智慧装点孩子们多彩的世界，用爱心温暖着他们幼小的心灵。两年前，我们把孩子送到幼儿园，让他们接受集体教育和团队精神教育，今天，我们欣喜于孩子的成长，他们一天比一天懂事，一天比一天能干，就像小树苗一样正茁壮成长。明天，我相信，孩子们一定能像小雏鹰一样，振翅翱翔！

（杨圣熙妈妈）

图书在版编目（CIP）数据

幼儿园自主探究式主题课程／何成文主编．—北京：
中国农业出版社，2023.6（2024.11 重印）
ISBN 978 - 7 - 109 - 30718 - 6

Ⅰ.①幼…　Ⅱ.①何…　Ⅲ.①学前教育－教学参考资料　Ⅳ.①G613

中国国家版本馆 CIP 数据核字（2023）第 092861 号

幼儿园自主探究式主题课程
YOUERYUAN ZIZHU TANJIUSHI ZHUTI KECHENG

中国农业出版社出版
地址：北京市朝阳区麦子店街 18 号楼
邮编：100125
责任编辑：马英连
版式设计：杨　婧　责任校对：张雯婷
审阅：李　原
印刷：北京中兴印刷有限公司
版次：2023 年 6 月第 1 版
印次：2024 年 11 月北京第 2 次印刷
发行：新华书店北京发行所
开本：700mm×1000mm　1/16
印张：19
字数：362 千字
定价：58.00 元